最新
体育授業
シリーズ

中・高校
器械運動の
授業づくり

◎三木四郎＋加藤澤男＋本村清人―編著

大修館書店

まえがき

　今日、中学校や高等学校の体育は、生涯スポーツの観点を重視し、主体的に生涯にわたって豊かなスポーツライフを送ることのできる実践能力の育成を目指した選択制授業が行われている。学校体育が必修教科として位置づけられる根拠は、スポーツによって学習すべき内容があり、それを身につけることで生涯スポーツにおける資質や能力を養い、それらが人間形成にとって大きく寄与することが期待されるからである。しかし、一部には、選択制授業という名のもとに放任的な授業が行われていることも少なくない。それだけに、選択制授業の目的を明確にして、確かな授業構想力に基づく単元構成と学習活動の改善と充実を図ることがこれまで以上に求められてくる。

　本書では、選択制授業で求められる器械運動の在り方を念頭に置き、新しく「ステージ型の授業の展開」を提案している。それは、第1ステージから第4ステージまでの授業モデルを示すことで、器械運動特有のいろいろな楽しみ方とその学び方が学習できるように内容を構成した。

　また、器械運動の学習は、小学校からの積み上げを前提に学習が進められるが、生徒の中には、小学校時代に技が「できる」喜びを十分に味わうことのできなかった生徒がいることも配慮して、基礎技や予備的運動などの運動例を取り上げて指導ができるようにしている。第Ⅱ部実技編の第3章においては、技の系統性と段階性に基づく指導法を多く示すことによって、基礎技から発展技まで連続性をもって学習できるようにした。また、器械運動での仲間同士の教え合いを大切にする意味からも、補助の仕方の例示を多く示していることも特色のひとつである。

　アテネオリンピックでの体操競技は、多くの人々に感動を与えたことは記憶に新しい。今後、体操競技のルールが加点法に変更されることもあり、ルールと審判法などを学ぶことで、「見るスポーツ」としての楽しみ方も学習できるようにしている。さらに、体操競技の歴史や器械運動を学習するときに知っておきたい知識などをQ&A方式で解説しており、選択制授業としての生徒の興味・関心、思考・判断など、学習指導の資料として十分に活用もでき、深まりのある学習へと導くことができる内容になっている。

　本書は、中学校および高等学校の指導者を対象として内容を構成しているが、教員を志望している学生、教員養成大学での指導、地域のスポーツクラブで体操競技を指導されている方々にも大いに参考になると確信している。

　最後になったが、大修館書店の綾部健三氏、三浦京子氏に大変お世話になったことを記して心からの感謝の言葉に代えたい。

平成18年3月

　今回、改訂版ではないが、第2刷を増刷するにあたり、平成20・21年改訂の学習指導要領にも対応できるよう一部修正を行った。

平成26年7月
執筆者代表　三木四郎

目 次

まえがき……… 3

◇◆第Ⅰ部　理論編◇◆

第1章▶中・高校生における器械運動の学習指導の進め方 ── 9

第1節　これからの器械運動の学習指導に求められる役割 …………………… 10
1. スポーツとしての器械運動の特性を生かすこと／10
2. 技に挑戦し、「できる」楽しさを味わうこと／11
3. 「動ける身体」の獲得をめざすこと／12
4. 「生きる力」の育成に資すること／13

第2節　器械運動の学習指導を進めるにあたっての基本的な考え方 ………… 14
1. 自らスポーツや運動を楽しめる力を育てること／14
2. 技を覚える過程を大切にした指導を行うこと／14
3. 技術を身につけることを中心に学習を進めること／16

第3節　新しい視点に立つ器械運動の学習指導の進め方 ……………………… 18
1. 新しい視点に立つ器械運動の学習指導の進め方／18
2. 一人ひとりを伸ばす学習の道すじ／19
3. 選択制授業の学習の道すじ／20
4. 新しい視点に立つ各ステージの考え方／21
5. 器械運動の学習指導を展開するにあたっての留意点／24

第2章▶器械運動の学習指導の基礎的・基本的事項（Q＆A） ── 29

第1節　教育課程に関する事項 ………… 30
- Q1　学習指導要領において、器械運動の取り扱いはどうなっていますか？／30
- Q2　器械運動での学び方の学習では何を学ぶのですか？／31
- Q3　器械運動の年間計画を立てる際の留意点として、どんなことが挙げられますか？／32
- Q4　器械運動の男女共習での留意点として、どんなことが挙げられますか？／33

第2節　学習指導と評価に関する事項 …… 34
- Q1　学習指導要領における器械運動の特性とねらいは何ですか？／34
- Q2　教師は授業で取り扱う技について、あらかじめどんなことを理解しておくべきでしょうか？／36
- Q3　技が上達していく間には、どんなレベルがあるのでしょうか？／37
- Q4　学習の効率を高める補助手段にはどのようなものが挙げられるでしょうか？／39
- Q5　生徒自身が考えて練習できるように導くには、どのようにすればよいでしょうか？／41
- Q6　帮助についてはどのように指導したらよいでしょうか？／43
- Q7　開脚跳び、かかえ込み跳びの安全対策はどのようにしたらよいでしょうか？／44
- Q8　準備運動や体ほぐしの運動は、どのような工夫をするとよいでしょうか？／46
- Q9　学習評価を行う際、どのような工夫をしたらよいでしょうか？／47

第3節　器械運動に関する事項 ………… 49
- Q1　器械運動と体操競技は同じ運動ですか？　そうであれば、なぜ名前が違うのですか？／49
- Q2　器械運動の技の名称は難しく感じるのですが、俗名ではだめなのでしょうか？／50
- Q3　マット運動はどんな歴史的変遷を経てきたのでしょうか？　また、マット運動とゆか運動は違うのですか？／52
- Q4　跳び箱運動はどんな歴史的変遷を経てきたのでしょうか？　また、跳び箱運動と跳馬の違いはどんな点にありますか？／53
- Q5　鉄棒運動はどんな歴史を重ねてきたのでしょうか？　また、低鉄棒と高鉄棒ではどんな違いがありますか？／54
- Q6　平均台運動はどのようにして発展してきたのですか？　また、男子はなぜ行わないのですか？／56
- Q7　体操競技の選手はどうして空中でいろいろなことができるのでしょうか？／57
- Q8　鉄棒運動を行っていると手にまめができてしまうのですが、まめをつくらないような方法はないでしょうか？／58
- Q9　練習でスポンジマットを使用すれば安全なのでしょうか？／59

第3章 ▶ 新しい時代の体育の課題〈各種目共通の内容〉——— 61

第1節 これからの体育のめざす方向 …… 62
1. 「生きる力」をはぐくむ体育の学習指導／62
2. 運動に親しむ資質や能力の育成／63
3. 活力ある生活を支えたくましく生きるための体力の向上／64
4. 基礎的・基本的な内容の徹底と個に応じた指導の充実／65

第2節 指導計画作成の視点 …………… 67
1. 教科等の目標／67
2. 年間計画作成の基本的な考え方／68
3. 年間計画作成上の留意点／68
4. 単元計画作成上の留意点／71
5. 単位時間計画（指導案、時案）作成上の留意点／72

第3節 男女共習に対する考え方 ………… 73
1. 男女共習の背景／73
2. 選択制授業における男女共習／73
3. 男女の性差ではなく、個の特性ととらえること／73
4. 男女共習は中学校第1学年から行うと効果的であること／74
5. 男女共習の展開は弾力的に行うこと／74

第4節 評価に対する考え方 …………… 76
1. これからの評価の基本的な考え方／76
2. 教師による評価／77
3. 生徒にとっての評価の意味／77
4. 生徒による自己評価と生徒同士の相互評価／77

◇◆第Ⅱ部　実技編◇◆

第1章 ▶ 器械運動の学習内容 ——— 81

第1節 学習内容の考え方 …………… 82
1. 技能の内容／82
2. 態度の内容／84
3. 学び方の内容／84

第2節 学習内容とその取り扱い ………… 85
1. 第1ステージから第2ステージの内容とその取り扱い／85
2. 第3ステージから第4ステージの内容とその取り扱い／85

第2章 ▶ 新しい視点に立った単元計画の例と学習指導の展開例 ——— 87

●内容構成●
1. 各ステージの生徒の特性と本単元作成のポイント
2. 各ステージの学習内容とその単元計画・学習の道すじ
   ①学習内容
   ②具体的な単元計画・学習の道すじ
   ③具体的な指導手順と指導のポイント
   ④安全上配慮する事項　⑤評価の観点と評価法
3. 学習指導案の例

第1節 第1ステージ「各種目の特性を知って、技ができる楽しさを味わおう」…… 88
マット運動／88　鉄棒運動／96
平均台運動／104　跳び箱運動／112

第2節 第2ステージ「新しい技に挑戦しよう」（種目選択の授業）…………… 120

第3節 第3ステージ「技を組み合わせて楽しもう」（種目選択の授業）………… 128

第4節 第4ステージ「発表会や競技会をめざしてがんばろう」（種目選択の授業）…… 138

第3章 ▶ 器械運動の技とその学び方 ——— 149

第1節 マット運動 …………… 150
1. マット運動の特性と技の体系／150
2. マット運動の予備的運動と体ほぐしの運動／151
3. 前転グループの学習／152
   1. 前転／152　2. 開脚前転／154　3. 伸膝前転／155　4. 倒立前転／156　5. 跳び前転／158
4. 後転グループの学習／160
   1. 後転／160　2. 開脚後転／161　3. 伸膝後転／162　4. 後転倒立／163
5. 倒立回転グループの学習／165
   1. 側方倒立回転／165　2. 前方倒立回転・後方倒立回転／166
6. はねおきグループの学習／168
   1. 首はねおき／168　2. 頭はねおき／169

7．倒立回転跳びグループの学習／171
　　1．前方倒立回転跳び／171　2．側方倒立回転跳び 1/4 ひねり（ロンダート）／172　3．後方倒立回転跳び／174
　8．巧技系グループの学習／176
　　1．片足平均立ち／176　2．倒立／177　3．片足旋回・開脚入れ・開脚ジャンプ・ジャンプ 1 回ひねり／179
　9．組み合わせと演技構成の学習／180
　　1．技の組み合わせ（例）／180　2．演技発表／181

第2節　鉄棒運動　……………… 182
　1．鉄棒運動の特性と技の体系／182
　2．鉄棒運動の予備的運動と体ほぐしの運動／183
　3．後方支持回転グループの学習／184
　　1．支持からの後ろ跳び下り／184　2．逆上がり／185　3．後方支持回転／186　4．棒下振り出し下り／188
　4．前方支持回転グループの学習／189
　　1．前方支持回転／189　2．け上がり／190　3．転向前下り・踏み越し下り／191
　5．足かけ回転グループの学習／193
　　1．膝かけ上がり・ももかけ上がり／193　2．膝かけ回転・ももかけ回転／194
　6．懸垂系グループの学習／196
　　1．握り方／196　2．懸垂振動／196　3．前振り下り・後ろ振り下り／197
　7．組み合わせと演技構成の学習／199
　　1．逆上がりからの組み合わせ／199　2．足かけ上がりからの組み合わせ／200　3．け上がりからの組み合わせ／200　4．懸垂振動からの組み合わせ／201

第3節　平均台運動　……………… 202
　1．平均台運動の特性と技の体系／202
　2．平均台運動の予備的運動と体ほぐしの運動／203
　3．歩・走グループの学習／204

　　1．歩／204　2．走／205
　4．跳躍グループの学習／206
　　1．跳び下り／206　2．台上での跳躍／207　3．跳び上がり／207
　5．ポーズグループの学習／208
　　立位・座・臥・支持ポーズ／208
　6．ターングループの学習／209
　　片足ターン／209
　7．接転グループの学習／210
　　1．前転／210　2．後転／212
　8．倒立回転グループの学習／213
　　側方倒立回転／213
　9．組み合わせと演技構成の学習／214
　　1．演技構成で知っておくこと－基本的な組み合わせ／214　2．組み合わせの例／214

第4節　跳び箱運動　……………… 216
　1．跳び箱運動の特性と技の体系／216
　2．跳び箱運動の予備的運動と体ほぐしの運動／217
　3．切り返し系グループの学習／218
　　1．開脚跳び／218　2．かかえ込み跳び／220　3．屈身跳び／221
　4．回転系グループの学習／223
　　1．首はね跳び／223　2．頭はね跳び／224　3．前方倒立回転跳び／226　4．側方倒立回転跳び／227
　5．演技の構成（発表）の学習／229

第5節　器械運動の発表会にむけて　…… 231
　1．マット運動採点規則／231
　2．評価（審判）方法／232

第6節　器械運動の幇助（補助）法　…… 234
　1．直接的幇助法と間接的幇助法／234
　2．幇助の必要性／235
　3．幇助に求められる能力／236
　4．幇助の方法／236

補　章　……………… 241
　体操競技のルールと審判法および見方／242

第Ⅰ部
理論編

第1章

中・高校生における器械運動の学習指導の進め方

第1節 これからの器械運動の学習指導に
　　　 求められる役割
第2節 器械運動の学習指導を進めるにあたっての
　　　 基本的な考え方
第3節 新しい視点に立つ器械運動の学習指導の
　　　 進め方

第1節
これからの器械運動の学習指導に求められる役割

1 スポーツとしての器械運動の特性を生かすこと

　今日の学校体育では、豊かなスポーツライフの基礎を培う観点を重視することから、生徒の発達特性を考慮して、運動を一層選択して履修できるようにするなど、個に応じた指導の充実を図り、運動の楽しさや喜びを味わうことができるような学習指導のあり方が求められている。特に、運動の楽しさや喜びを味わうためには、スポーツの本質的特性、すなわちそのスポーツがもっている独自の楽しさに触れ、さらに楽しさを深めていくことのできる学習に重点がおかれる。

　学校体育での器械運動は、他のスポーツ種目と同じようにスポーツ教材として位置づけられ、技が「できる」喜びを味わうところにこの運動の特性がある。すなわち、いろいろな「技」に挑戦し、それが「できる」ようになる喜びを身体で感じ取り、それを根底にして技の習熟を深めたり、他人と技の出来栄えを競ったりして達成感を味わうことである。

　しかし学校体育では、今日まで器械運動の特性をめぐって、いろいろな議論が行われてきた。それは、器械運動が体力つくりや姿勢つくりに有効な運動なのか、それともスポーツとして楽しむ運動なのかという議論である。

　器械運動は、過去に体操および器械体操と呼ばれた時代があり、マット、鉄棒、平均台、跳び箱などを使った運動が体力つくりや姿勢つくりに有効な教材として、学校体育の中心的内容として取り扱われてきたのである。また、「体操」という名称は、明治5 (1872) 年の学制が施行されたときから「ギムナースティク❶ (Gymnastik)」の訳語として、今日の体育と同じ教科名として用いられ、途中、「体練」と名称を変えることもあったが、戦後まで教科名として「体操科」が使われた。

　当時の体操は、遊戯的な内容も含んではいたが、徒手による体操と器械・器具による体操とが中心となり、徒手体操や器械体操という呼び名で呼ばれていた。これらの体操は心身二元論的な考え方を背景にして、身体の動きを要素に運動を分解し、姿勢訓練的に動きを鋳型化して構成し、教師の号令に合わせて全員が一斉に行う方式で行われたのである。

　運動文化史的に見れば、この器械・器具を使っての運動にはもうひとつの流れがある。それはドイツのヤーン❷に源流をもつ「トゥルネン❸ (Turnen)」で、鉄棒や平行棒やあん馬などの器械を利用する運動である。

❶「ギムナースティク」と「トゥルネン」
　ギムナースティクは、グーツムーツ (J.C.GutsMuths) の『青年のための体操』(1793年)という指導書によって各国に広がり、そのひとつがスウェーデン体操の創始者リングによって取り上げられた。このスウェーデン体操が一世を風靡(ふうび)し、日本にも伝えられた。
　トゥルネンは、ヤーンが1811年にベルリン郊外のハーゼンハイデに体操場を開設し、そこに今日の器械運動のもととなるような水平棒、平行棒、あん馬、平均台、それに高い塔などをつくった。そこでは若者たちが喜々として活発に運動を行い、いろいろな運動を考案したのである。ヤーンはこのような運動をドイツ語的な表現で「トゥルネン」という言葉で表した。

❷ヤーン
　F.L.Jahn、1778〜1852年。ヤーンは「ドイツ体育の父」と称されるように、トゥルネンを通じてドイツ人の体力と気力を養成し、国民の自覚を高揚しようと努め、それをもって「祖国の解放と統一」を求める国民運動と考えた。しかし、そこでの体操は形式にこだわらず、自然的で自由であった。ヤーンの体操には各地から多くの若者が集まり、ドイツ全土に広がっていった。このことで、後のプロイセン政府によって体操禁止令(1820〜1842年)が出されるに至った。

そこでの運動はいろいろな動き方を考案し、人々を驚かせたり、熟練さを増しながら美しい動きに仕上げていくことを楽しんだりする運動であった。しかし、トゥルネンも日本語にすればギムナースティクと同じ「体操」と訳されて器械体操になってしまうため、学校体育の中で体力つくりの教材なのか、スポーツとしての楽しさを味わう教材なのか、常に特性論をめぐって、教材の扱い方で混乱することが多かったのである。そこで、昭和40年代の学習指導要領では、スポーツ教材としての特性を明確にするために器械体操を器械運動という言葉で表すようになり、今日に至っている。

　スポーツとしての器械運動は、ヤーンのトゥルネンにその源流をもち、非日常的な巧技系の運動（技）を習練目標にして、それを身につけ、その習熟を高めることに楽しさを求める運動である。そして、器械運動にはマット運動、鉄棒運動、平均台運動、跳び箱運動などの種目があり、そこでの学習の対象になる運動は、非日常的驚異性❸と姿勢的簡潔性❹を特徴として、誰にでも有効で客観的な技術（運動の仕方）をもつ運動（技）が取り上げられる。すなわち、器械運動は、このような運動の習得をめざして、その動き方を覚える中で動きのコツを身につけ、動き方を改善していくことによって「いつでもできる」状態にし、さらに、そのような運動を組み合わせて発表することで達成感を味わう運動である。

2　技に挑戦し、「できる」楽しさを味わうこと

　器械運動で学習する運動は、非日常的驚異性とその中に含まれる巧技的な動きを特徴として、昔から今日まで世界の人々によって伝承されてきた運動でもある。このような運動のルーツを見ると、大きく3つの系譜から成り立っている。

　1つめは、子どもの遊びとして、転がる、跳び越す、ぶら下がる、逆立ちをするなど、遊びの中から自然発生的に現れたもの。2つめは、馬の乗り降りの乗馬術として実用的な運動から発展したもので、跳馬（跳び箱運動）やあん馬などがそれにあたる。そして、3つめは、人間の動きの可能性を求め、それを腕自慢として新たに考案された運動で、技の多くがこの系譜に属している。また、今日の体操競技は器械の改良とともに新しい技の開発によって、多くの人に見るスポーツとしての楽しさも与えている。

　このように世代を超えて伝承されてきた運動は、人間が本来もっている遊戯性（ホモ・ルーデンス❺）に根ざすものであり、「できない」ことを「できる」ようにしたいという人間の運動欲求に支えられて、動きの可能性を求めて挑戦していく中に大きな達成感や喜びを感じるものである。

　器械運動では、あるまとまりをもつ動きで習練目標となる運動を「技」と呼び、運動課題に基づく技名❻がつけられている。その技には客観的な運動技術❼が存在することから、その技を「できる」ようにするためには、どうしても技術を身につけることが必要になる。そして、その技術を身につけることによって動き方が改善され、安定した実施へと習熟度が高まり、

❸非日常的驚異性
　多くのスポーツが日常的な走、跳、投、捕、打などの動きから発展してきた運動に対して、器械運動の技は、逆さになったり、ぶら下がって回転したり、手で支えて跳び越したり、日常的に必要でない巧技的な動きであり、人々を驚かせるような運動形態をあえて身につけようとするところにある。

❹姿勢的簡潔性
　器械運動の技は風変わりで非日常的驚異性の動きであっても、あるまとまりをもった練習対象になる運動であり、習熟の成果はその運動経過に現れる。その場合、経過中の姿勢はある簡潔なすっきりしたものへと導かれる。例えば、前方倒立回転跳びでは膝や腰を曲げ、頭を腹屈させて回転するほうが立ちやすいにもかかわらず、身体を伸ばしすっきりとした簡潔さに憧れて技の習熟をめざすことになる。

❺ホモ・ルーデンス
　オランダの文化史家のヨハン・ホイジンガ（Johan Huizinga）は人間を「Homo Ludens（遊戯人）」としてとらえるという画期的な提唱をした。そこでは「人間の文化はプレー（遊技）の中に、プレーとして発生し、展開されてきた」という新しい考え方を示した。

❻技名
　器械運動には相当数の技が存在し、それらには名前がついている。一般的には、前回り、側転、バク転、腕立て後転、コウモリ振りなど、俗語や比喩語で言われることが多い。しかし、技には動きの課題性があるところから、〈懸垂〉〈支持〉〈上がり〉〈回転〉などの基本語をベースに、〈面〉〈向き〉〈位置〉〈回転方向〉〈握り方〉などの規定詞を組み合わせることで技名をつける。例えば、側方倒立回転という技は、側方は〈回転方向〉を表し、倒立回転は足で踏み切り、倒立経過で回る〈回転〉を表す。

さらに、すっきりとした姿勢で動きが実施でき、美しさも表現することができるようになる。このことが身体状態感として動きのリズムや心地よさなどを味わうことにつながり、さらにそれが新たな技への挑戦意欲になっていく。

3 「動ける身体」の獲得をめざすこと

　学習指導要領では、器械運動は陸上競技や水泳と並んで、個人的スポーツ種目として位置づけられている。スポーツを楽しむということは、「見る」スポーツは別にして、「私の運動」として実際に自分の身体を動かす必要が出てくる。そこでの私の運動は、対私的動き方（自分の身体をどのように動かすかを意識すること）と情況的かかわり方（どのような情況にかかわって私が動けるかを意識すること）の二面性をもって現れてくる。

　個人的スポーツでは、対私的な動き方、特に、個人が運動課題に対して自分の身体をどのように動かすかに意識を向けて行うことが特徴になる。特にその中でも、陸上競技や水泳が走り方や跳び方、泳ぎ方などの動きを一度身につければ、その後の学習はスピードや距離の増大をねらいにおくのに対し、器械運動ではできない技や新しい技に取り組み、その技の動き方の「コツ❽」を覚え、「できる」ようになることをめざして、動き方そのものに意識を向けて行う学習が特徴になる。

　すなわち、器械運動の学習は、自分の身体の動かし方に意識をもち、動き方に工夫を加え、「できない」ことを「できる」ようにする動き方を身につける学習であり、器械運動の教材的価値がそこにある。ある意味では、器械運動は「動ける身体❾」を獲得するための学習と言ってもよい。このことは、これまでのように「できる」「できない」の二者択一的な評価による技能学習を意味するのではなく、いろいろな動き方を試行錯誤する中に動き方の感じを探す「探索位相」の学習を経て、偶然にも動き方が「できる」ようになる「偶発位相」、そして、いつでもできる「形態化位相」へと進む学習であり、動き方の「コツ」を身につけ、「動ける身体」を獲得する学習として位置づけることができる。

　この「動ける身体」を獲得するということは、ただ単に体力的に優れた身体を獲得するだけではなく、生理学的な意味での運動感覚よりさらに広がりのある時空間での動きの世界を可能にする運動感覚身体をもつことであり、そこには、キネステーゼ（運動感覚）❿能力が極めて重要な役割を果たすことになる。運動感覚能力とは「私はそのように動くことができる」という能力のことであり、今ここで動いている動きの中に、今、行った動きの感じをつなぎ止め、さらに、これから行う未来の動きの感じを取り込むことのできる能力である。運動学習で重要なことは、この能力をいかに身につけ、育てることができるかということである。このような能力は具体的な動き方を身につける中でしか形成されないし、他人が代わってやることもできない。器械運動での技の学習は、対私的動き方に意識を向けて、

❼運動技術
　運動やスポーツの技術とは、個人の動き方にかかわる技術と、ゲームなど対人技術や集団技術とは区別する。器械運動では個人の動き方の技術が問題になり、「私のコツ」が「私たちのコツ」になったもので、誰にでも有効で客観的な「運動の仕方」を示したものである。

❽コツ
　自分のやりたいと思っている運動を行っているとき、その運動の要になる「身体の動かし方」を自分でわかること。すなわち、身体が了解したこと。

❾動ける身体
　人間は運動によって世界（人、物、自然）に応答していることを考えると、今まで「やろう」としても「できない」状態であったことが、いろいろと試行錯誤を重ねて、コツをつかみ、できるようになったとき、そこに動ける身体によって新たな世界とのかかわり方が生まれている。

❿キネステーゼ（運動感覚）
　フッサール（E.Husserl）による造語で、運動のキネーシスと感覚のアイステーシスの合成語である。生理学的な意味での運動感覚は皮膚のところで遮断され、皮膚から外には存在しない。しかし、「私は動いている」という運動意識をもつとき、運動感覚（キネステーゼ）というものが働く。例えば、物に近づいたり、遠ざかったりすることなどを視覚以外でも感じることや、上下、左右、奥行きなどの空間を意識するときなどにも働いている。また、ステッキなどを持つ手は、物体としてのステッキの先まで運動感覚が拡大し、ステッキの先で対象物を知覚する。

技の「コツ」をつかむ学習であり、それは動ける身体の獲得をめざす学習と言ってもよい。そのこと自体が体育の独自性である身体性の学習としての「自ら学び、自ら考える力」そのものなのである。

4 「生きる力」の育成に資すること

　「生きる力」という教育理念の実現に向けて、教育基本法や学校教育法の改正によって、「確かな学力」「豊かな心」「健やかな体」の調和が重視されるようになった。さらに、学校教育法第30条の第2項において、「生涯にわたり学習する基盤が培われるよう、基礎的な知識及び技能を習得させるとともに、これらを活用して課題を解決するために必要な思考力、判断力、表現力その他の能力をはぐくみ、主体的に学習に取り組む態度を養うことに、特に意を用いなければならない」と規定されている。

　主体的に学習に取り組み課題を解決する能力は、基礎的・基本的な知識・技能を発達段階に応じてしっかりと習得させ、学習の基盤を構築していくことによってはぐくまれていくものである。特に、体育においては、運動への関心や自ら運動する意欲、各種の運動の楽しさや喜び、その基調となる運動の技能や知識など、生涯にわたって運動に親しむ資質や能力が十分に図られていない例も見られるとの指摘があることから、身に付けさせたい運動の技能を確実に指導することが求められている。また、知識についても、言葉や文章などの形式知だけではなく、勘や直感、経験に基づく知恵などの身体知を含み、意欲、思考力、運動の技能などの源になるものであるだけに、その指導の必要性も認識しておくことになる。

　体育では、主体的な学習と課題解決力を育てる学習として「めあて学習⓫」や「選択制授業⓬」を取り入れることで、生徒の運動欲求を満たし、多様な個人的特質を生かして主体的な運動実践能力を育てようとする。しかし、このような能力を育てるにしても、各種の運動やスポーツには特有の身体活動（動き方）があり、それが基盤となって運動の楽しさが特徴づけられることからすると、生徒にとっても体育学習で最も高い関心事は種目特有の身体の動かし方であり、特に器械運動では「技」ができるかどうかにかかってくる。

　選択制授業で生徒に選択させた技に対しては、生徒自身の「やりたい」「できるようになりたい」という思いが強いだけに、技を達成できる学習をいかに保障できるかが問題になってくる。そこには教師の支援的活動だけでなく、直接的な指導も当然必要になってくる。

　体育において「生きる力」を育てるということは、「めあて学習」や「選択制授業」などの授業形態を用いて、スポーツの多様な楽しみ方を身に付け、スポーツ実践能力を育成することである。加えて、「できる」喜びが学習意欲や実践意欲につながっていくことから、「動ける身体」の獲得をめざし、運動が「できる」ようになる学習を保障することが求められる。

⓫めあて学習
　運動の楽しさを「今できる運動で楽しむ段階」から「工夫を加えて楽しむ段階」へと進める学習過程で授業を行う。そして、それぞれの学習段階に応じて、子どもが自分の力に合った「めあて」をもって学習ができるようにする。

⓬選択制授業
　中学校および高等学校で、個に応じた指導の充実という観点から、自己の興味・関心などに応じて、学習指導要領上の一定の範囲の中から、運動（領域や種目）を選ぶことができる。それによって、自己目的的な課題解決型の授業をめざすことになる。

第2節
器械運動の学習指導を進めるにあたっての基本的な考え方

1　自らスポーツや運動を楽しめる力を育てること

　保健体育で育てようとする力は、生涯にわたって豊かなスポーツライフを送るための資質や能力であり、生活やスポーツの中に生かせる健康や体力である。そのためには、自己の能力などに応じて運動学習ができるようにすることと、将来に向けて主体的なスポーツ活動ができるスポーツ実践能力を育てることが重要になり、「主体的な学習と課題解決力」を育てる課題解決型の学習を中心に授業を展開することになる。

　特に、中学校・高等学校では生涯スポーツに向けての実践的学習として選択制授業が位置づけられている。選択制授業の利点は、この時期に拡大する生徒の個人的特性の違いに対応することにある。それは、体格や体力、運動能力、運動技能といった能力差だけではなく、運動に対する興味・関心や意欲、あるいは能力・適性などにも大きな違いが見られるようになってくるからである。また、同じ運動を行うにしても、運動に求める楽しさは個人によって異なり、多様化していることも事実である。

　このような運動の楽しみ方の違いを学習の中で生かすようにするには、選択制授業の基本的な考え方である「個を生かし、個を伸ばす」といった指導が重要になってくる。器械運動の授業でも「どの種目のどんな技に挑戦することで楽しみたいのか」といった種目選択❶や技の選択❶の判断を生徒に委ねることで、生徒選択の選択制の授業を展開することができる。そこでは、生徒が自己の能力・適性、興味・関心などに応じた運動種目や技を選び、技を覚えるために必要な動きの課題❶を自らの力で解決することができるようにする。そして、そこで養った資質や能力は自らスポーツや運動を楽しむ力として、生涯スポーツの中で生きて働くことになる。

2　技を覚える過程を大切にした指導を行うこと

　選択制授業では、生徒に種目や技を選択させることで授業が進められる。しかし、生徒が選び出した技だからといって、技を覚える学習すべてを生徒自身に任せてよいわけではない。特に、器械運動では、技の「できる」ことをめざして授業を進めるわけであるから、教師は「できる」ための指導を積極的に行う必要がある。生徒も教師の指導を受けることによって、

---

❶**種目選択**
　学習指導要領に示される器械運動の種目は、マット運動、鉄棒運動、平均台運動、跳び箱運動の4種目である。中学校、高等学校とも、現行の学習指導要領では選択する種目数を示さず、学校や地域の実態に応じて多様な運動も指導することができるようにしている。

❶**技の選択**
　自己の能力に適した技を習得したり、技を組み合わせて構成したりするために、学習指導要領の例示で示している。そして、各種目とも多くの技を系、技群、グループの視点によって分類し、技を選ぶための目安にしている。

❶**動きの課題**
　器械運動の技は、技と技とを区別することができる「動きの課題」をそれぞれがもっている。それを端的に表すのが、技名になる。例えば、伸膝前転は、前転で膝を伸ばして立ち上がることが課題になり、それをくずすと伸膝前転と前転との区別がつかなくなる。跳び前転は、前転で着手から頭越しに回転にはいる前に、体を一度、空中に浮かして前転になることが課題になる。その課題を解決するための動き方の「コツ」が一般化されたものがその技の技術ということになる。

「できる」ようになる過程に喜びを感じ、意欲的に取り組むことができる。

　技の指導といっても、図解や示範によって技術的なポイントを説明し、回数や時間といった授業マネジメントの管理的指導だけでは、技が「できる」ようになる指導にはならない。特に、器械運動のように「できない」技を「できる」ようにするためには、「やってみたいができない」とか「もっと上手になりたい」という生徒の悩みに対して、動きの指導をいかに行うかが教師に求められる指導力になる。

　技を覚えるためには、基礎的技能や運動感覚能力（私はそのように動くことができるという能力）を身につけておくことが必要となり、単元のはじめや授業の導入段階でそのような能力を身につけさせる指導が特に必要になる。ここで言う能力とは体力的な能力も含むが、むしろ「私の動く感じ」として、「今・ここ」で動くことができるという能力に、動きの先読みも同時に共有する能力のことである。このような能力を身につけさせるには、動きのアナロゴン⓰（類似の動き例）などを用いることで動きの感じが「わかるような気がする」といった運動感覚意識をもたせる指導が大切になってくる。

　さらに、生徒が技に取り組もうとするとき、生徒の運動形成位相から見た技能レベル状態を知っておく必要もある。それは「できない」技を「できる」ようにする過程には、「原志向位相」と「偶発位相」の間にある「探索位相」の段階の学習が極めて重要になってくるからである。特に、「探索位相」での学習は、できない技や新しい技を身につけるのに最も大切な学習段階であり、この段階での学習がいかに充実したものであるかどうかで、その後の技の質や出来栄えに大きく影響を与え、「できた」ときの喜びや達成感も違ったものになってくる。

⓰**動きのアナロゴン**
　アナロゴンとは、ギリシャ語の「類似物」「類似体」を意味する。ここでは、まだやったことのない運動の動きの感じを想像するとき、その素材となる運動感覚的な類似の運動例のことで、動きのかたちや力の入れ具合が類似した運動を前もって経験させておくことで動きの習得がスムーズになる。

　運動形成位相とは、動きのかたちが形成されるレベルに対して、5つの動きの形成位相を示したものである
　①原志向位相：目の前に示された運動に対して感情的に嫌ではないというかたちで、すでに運動感覚的に共感が生じている「やってみたい」と思う状態にある。
　②探索位相：私のアナロゴン的動きを駆使して探りを入れ、運動感覚の触手を伸ばして探索をする。何となく「わかるような気がする」と思う状態にある。
　③偶発位相：初めて「できる」とき、偶然に「コツをつかむ」ことであり、何となく「できそうな気がする」という身体状態感をもって、コツをつかむ頻度を高める状態にある。
　④形態化位相：思うように動くことができる感じに出会い、コツは身体化される。さらに、コツの危機克服、修正やわざ幅への志向などに向かう。「いつでもできる」と思う状態にある。
　⑤自在位相：自在に動けるということ、他者とのかかわりの中で自ら動くのに何の心身の束縛も障害もなく、感性や質を求め、動きと合体した心のもち方への志向状態にある。
　（参考文献：『わざの伝承』金子明友、明和出版）

3 技術を身につけることを中心に学習を進めること

器械運動の学習は、技が「できる」ようになれば終わりというものではない。「できる」という言葉は、「偶発位相」として動きができたときだけではなく、「形態化位相」での洗練されたスムーズな動きになったり、組み合わせのための課題を解決したり、また、「自在位相」の段階で周りの情況の変化にうまく対応して動くことができるようになったときなどにも使われる。また、「うまくなった」という言葉も習熟過程を表しており、技能の完了や完結を意味するものでもない。

スポーツでは常に新しい質を伴った動きのかたちへと動きを修正し、改善する努力が求められる。そのことは、古いコツを消滅させ、新しいコツを生成させることであり、この過程を繰り返すことで動き方の習熟が見られるようになる。

マイネル⑰は、運動学習で最も大切な学習は「獲得された粗形態を精形態に高めていくこと」であると言う。そのとき「それは指導によって、子どもの意識に働きかけ、反復練習しながらも、合目的性や経済性、また、美しさに向かって動きを改善することである」とも言う。そのためにも、運動技術を身につけることが大切な学習内容となる。運動技術は合目的性や経済性、また、美しさを身につけるために確認された運動の仕方のことであり、動き方を改善して「よりうまくなる」ためにはどうしても技術が必要になってくる。そして、技術は教師の指導すべき内容であり、生徒にとっては覚えるべき内容になる。ここでの技術を覚えることとは、技術としての運動の仕方⑱を目標に、私の動く感じとして動き方のコツをつかむ学習と同じ意味になる。

技術の学習で大切なことは、生徒が自ら動きを改善しようとする意志が前提になるが、気持ちや意志だけではそれを解決することはできない。それは「こうしたいのだが、思うように身体が動かない」といった動きの悩みを自分の身体で解決しなければならないからである。そこには生徒が身体を備えた主体として「どうしてもうまくいかない」という動きのパトス的世界⑲、つまり身体的な悩みの学習が強要されることになる。すなわち、「できる」楽しさとは正反対の「うまくできない」という苦しみに身をおくことになり、もしこのような状態を避けて、楽しいことばかりを行う運動学習であれば、楽しさは単なる経験にとどまり、「動ける身体」をつくり出すという本当の運動学習にはならない。また、体育で育てようとする「生きる力」も育てることができない。

技術を身につけることは、そう簡単なことではない。身体で覚えようとする苦しみを試練として乗り越えたとき、初めてより高いレベルの「動ける身体」をもつことができる。それによって、周りの世界や他者との関係も今とは違った新しい関係と意味が生まれてくる。

器械運動の学習では、「できない」から「できる」、そして、「うまくできる」から「いつでもできる」までを含んでのことである。それだけに、

---

⑰**マイネルの学習位相**
マイネル（K.Meinel）は『スポーツ運動学』という本の中で、学習位相について述べている。
粗形態：初めて運動ができたという段階で、基本的な運動経過を、あるまとまりをもって実施できる状態。そこではまだ運動の質的なことや成功率などは求めることができない。
精形態：粗形態の運動を何回も繰り返し行うことにより、動きに修正が加わり、安定性と洗練された動きになる段階で、いつでもうまく行うことができるようになる。また、発展技や変形技へと挑戦することができるようになる。
自動化：運動がますます正確に、いつでもできるようになると、多くの意識的注意を払わなくても目的が達成できる自動化状態に進み、最高精協調へと発展する。これによって、今度は他の目標、例えば運動の結果や戦術、相手の動きに対して集中できるようになる。

⑱**技術としての運動の仕方**
技術とは、技の課題性を解決するための私の「コツ」がわれわれの「コツ」になったもので、誰にでも有効で客観的な「運動の仕方」を示したものである。それだけに、技をできるようにするためには、技術として求められる動き方を身につけることが必要になる。例えば、伸膝前転では、順次接触回転技術と回転加速技術が必要になり、スムーズな転がりの中で腰角度を増大させて回転加速をつくり出すことで、起き上がりが容易になる。

⑲**動きのパトス的世界**
動きを覚えようとするときの悩みや苦しみのこと。私たちが身につけようとする運動は、すぐにできるとは限らない。「やろう」としても「うまくできない」という悩みや苦しみの中で身体を動かし、試行錯誤しながら「コツ」を身につけ、初めて動ける身体を獲得することになる。そこに教育としての意味がある。

難しい技を覚えたから楽しいのではなく、生徒が今覚えたいと思っている技の「コツ」をつかむことによって、新しい運動感覚能力を身につけることが楽しいのである。それは情緒的な楽しさだけではない、技術の習得による「動ける身体」に出会う楽しさであり、器械運動の本質的特性がここにある。

第3節
新しい視点に立つ器械運動の学習指導の進め方

1 新しい視点に立つ器械運動の学習指導の進め方

　生涯スポーツを視野におく学校体育では、各種目の運動特性に基づく楽しさを味わい、さらに深めていく力を養うことでスポーツ実践能力を高めようとする。そのためには、生徒の能力・適性、興味・関心など、個に応じた指導の充実が求められてくる。器械運動においても、中学校2年生から高等学校を通じて、生徒が自ら運動領域や運動種目、さらに技を選ぶといった「生徒選択」の授業を行うことが原則になる。

　生徒自身は、小学校低学年の「器械・器具を使っての運動遊び」領域、そして、中・高学年での器械運動領域で各種目の基本的な動きや多くの技をすでに学習している。さらに、小学校段階では、「めあて学習」を中心にして、「今できる技で器械運動を楽しむ」段階（めあて1）から「新しい技への挑戦や技に工夫を加えて器械運動を楽しむ」段階（めあて2）の学習の道すじ[20]によって学習活動を展開しており、自分に合った「めあて」（技）をもち、その技が「できる」ようにする課題解決型の学習を行っている。それだけに、中・高等学校では、より発展した「生徒選択」による器械運動の授業が展開できるようになっている。しかし現実には、器械運動の技が非日常的な運動だけに時間が経つと「できなくなる」こと、小学校期から中学校期にかけて生徒の身体的発達が著しく、体重と筋力のバランスも崩れやすくなることなどが影響して、既習技であっても興味・関心、意欲、さらに技能面での個人差が大きくなっていると考えられる。

　器械運動の授業では、「生徒選択[21]」を原則に、個人の能力に適した技を選ばせて授業を展開することになるが、個人差の拡大を考えると、既習技の基礎技能やその技の系統性から見た基礎技能のポイントを再確認させておく必要がある。さらに、新しい技に挑戦させるための動きのアナロゴンなども共通に経験させておくことになる。そのために、単元のはじめや1時間の前半の「ねらい①」の学習段階で、教師主導の一斉指導などを取り入れ、器械運動の基本的な技能の理解とその能力を身につけるように指導することが大切になる。それによって、初めて「生徒選択」の学習をスムーズに進めることが可能になり、個に応じた技の習得を保障することができる。

　ここでの学習指導の基本的な考え方は、中学校・高等学校別、学年別にそれぞれの単元計画を提示するというより、中・高等学校を通して器械運

[20] **学習の道すじ**
　学習過程のことを言う。特に、機能的特性に着目した指導にあたっては、一定のまとまりとしての単元をどのような道すじで学習指導を仕組んでいけば効果的な学習が展開できるかを示すことになる。

[21] **生徒選択**
　中学校および高等学校では、個に応じた指導の充実という観点から、自己の興味・関心などに応じて、学習指導要領上の一定の範囲の中から、運動（領域や種目）を選ぶことができる。複数の運動から生徒が選ぶのを生徒選択といい、学校の実態などから学校が選んで生徒に選択させる場合を学校選択と言っている。

動の学習内容をどのように取り扱うかを示している。このことから、本節4で述べる「ステージ」という考え方に立った単元計画モデルを示していく。例えば、器械運動はマット運動、鉄棒運動、平均台運動、跳び箱運動の各種目をひとつのまとまりある学習として単元を組むことになる。そこで、まず第1ステージとして種目別の学習を基本にして、第2ステージから第4ステージをその発展段階の学習や種目選択の学習として単元計画モデルに示すことで、生徒の実態に応じた授業展開ができるように考えた。

　器械運動の特性に触れる「できる」楽しさや喜びを味わうためには、各種目の単元の授業時数は8～12単位時間をあてる計画とする。現行の学習指導要領では、中学校は時間数が前回の90時間から105時間に復活したことと、授業時数はその内容の習熟を図ることができるように考慮して配当することとしている。器械運動は、「マット運動」「鉄棒運動」「平均台運動」「跳び箱運動」の4種目で構成しているが、中学校第1学年と第2学年においては、「マット運動」を含む2つを選択できるようにしている。さらに、いずれかの学年で取り上げて指導することもできるとされ、領域の取り上げ方の弾力化が図られている。中学校第3学年から高校入学年次までは、器械運動、陸上競技、水泳、ダンスのまとまりから1領域以上を選択し、高等学校の第2学年、第3学年では体つくり運動および体育理論以外の運動領域から2領域以上を選択して履修することになる。そして、時間数においても各学校の実態を踏まえ、内容の習熟を図ることができるように適切な取り組みが求められていることから、明確な授業時間数の配当例は示されていない。このことから、選択領域の数にもよるが15時間程度から最大限30時間程度の時間数を確保できると考え、それを2種目ないし3種目程度実施するとすれば各種目8～12時間になるとの考えによる。

2　一人ひとりを伸ばす学習の道すじ

　生徒一人ひとりを伸ばす学習指導の道すじについては、原則として次のように考える。

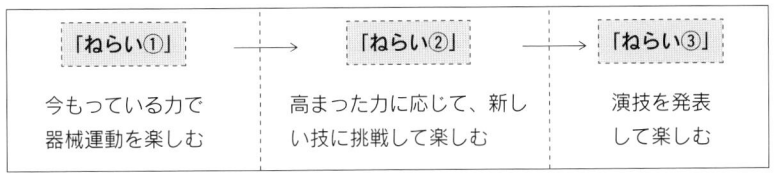

　学習過程は、基本的には「ねらい①㉒」「ねらい②㉓」の2段階からなるが、課題解決型の学習の成果、およびまとめの学習として「ねらい③」を設定している。

　器械運動の授業では、技の達成をめざして「できる」喜びを味わうことになる。それだけに「できない」状態のままでいる生徒は、技に挑戦する

㉒ねらい①
　その運動について既習している場合、今もっている力で運動を楽しむことをねらいにした学習段階を指している。

㉓ねらい②
　ねらい①の発展段階の学習として、高まった力でその運動を楽しむことをねらった学習段階。

意欲や運動の仕方を工夫する意欲などを失いがちになりやすい。そこで、技を「できる」ようにする過程の学習を重視し、今もっている力に応じて練習の仕方や工夫を加えることで、自分の身体の動かし方が変化したり改善されたりしていく中に、「わかるような気がする」「できるような気がする」といった動きの感じ（運動感覚意識）が変容していく学習の重点をおく学習過程を工夫することが大切となる。

　単元の前半を「ねらい①」の段階として、小学校段階での既習技を中心に、その技が「よりよくできる」ようにするための技の系統性に基づく練習方法を理解し、動きの修正および発展課題に挑戦できるようにする。単元の後半の「ねらい②」は、「ねらい①」で高めた力をもとに挑戦できそうな新しい技に取り組み、練習の仕方やそれに工夫を加えて「できる」ようにする。さらに、学習のまとめとしての「ねらい③」では、できるようになった技を組み合わせ、友だちの前で発表するために「よりよくできる」ことをめざす学習になる。

　このような学習過程で留意することは、生徒は「ねらい①」よりも「ねらい②」の新しい技に挑戦することに興味・関心をもち、すぐにその学習段階を要求する傾向がある。しかし、それぞれの学習段階での運動学習には、ねらいに応じた学習内容があることを生徒に理解させておくことが大切になる。それは、①すでにできるようになっている運動の習熟を高め、いつでもできるようにする学習（形態化位相）、②新しい動き方に挑戦し、それをできるようにする学習（探索位相、偶発位相）、③いろいろな状況に応じて思うように動けるようにする学習（自在位相）である。それぞれは異なる内容をもっているので、「ねらい①」「ねらい②」「ねらい③」をただ楽しむだけではなく、運動学習の意味を十分に理解させて取り組ませる必要がある。

3　選択制授業の学習の道すじ

　生徒一人ひとりが自己の能力などに応じて運動種目を選び、その運動課題の解決をめざす選択制授業は、次のような学習の道すじを考えることができる。

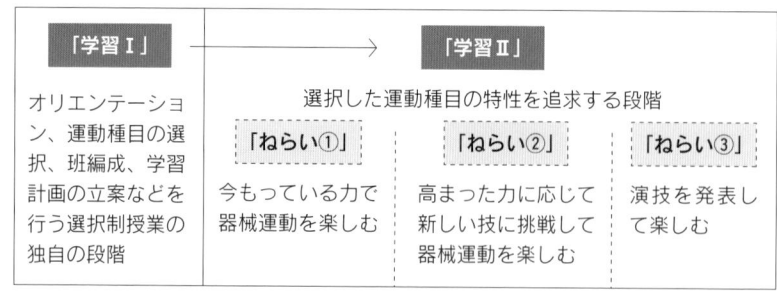

このように選択制授業の学習過程は、大きく「学習Ⅰ[24]」と「学習Ⅱ[25]」の2つの段階で構成される。これまでの一般的な単元の学習過程（ねらい①→ねらい②）である「学習Ⅱ」の前段階として、「学習Ⅰ」の内容が加えられている。

　選択制授業における「学習Ⅰ」は、生徒自身が運動種目を選ぶという重要な学習活動である。それは、自己の興味・関心、適性、過去の運動経験、運動の楽しさ経験、学習の見通し、追求したい運動課題（技）などから、自分に適した運動種目を選ぶのであるから、生徒の自発的・自主的な学習を進めるうえで重要な出発点になる。そのうえで、共通の課題をもつ者同士で班をつくるなど、学習のねらいに応じて班を編成し、みんなで協力して学習活動の計画を作成することになる。これは学び方にもつながる大切な学習内容であり、選択制授業の正否を決定する重要な活動である。この計画に沿って「学習Ⅱ」が展開されることになるが、「計画─実施─評価」の一連の学習過程を通して、生徒自ら選んだ運動種目で自己の運動課題を決定するなど、その運動の楽しさや喜びを味わうことができるようにすることが選択制授業のねらいである。

4 新しい視点に立つ各ステージの考え方

　中学校および高等学校に共通する各学習段階のステージについては、次のように考え、生徒の器械運動に対する興味・関心、意欲をはじめとして、運動を楽しむための資質・能力を高めていくことになる。

　いずれにしても、第1ステージは中学校・高等学校で初めて器械運動の授業を受ける生徒を対象として、第2ステージから第4ステージは発展学習として、中学校および高等学校の3年間を通して生徒の学習状況に応じて進めることになる。

学習段階	単元のねらい	学習の重点	時数
第1ステージ 　マット運動 　鉄棒運動 　平均台運動 　跳び箱運動	・各種目の特性を知って、技ができる楽しさを味わう	既習技の習熟をめざすことを基本にして、発展技や新しい技の習得をめざす	8～10時間
第2ステージ	・新しい技に挑戦して楽しもう	自分の力に応じた新しい技に挑戦し、習得する	8時間
第3ステージ	・技を組み合わせて楽しもう	組み合わせをスムーズに行うために技の習熟を高める	8時間
第4ステージ	・発表会や競技会をめざしてがんばろう	演技を構成して発表会や競技会をめざす	12時間

　なお、各学校の実態、あるいは特色ある学校づくりの一環として、これ以上の授業時間数をあてることができる場合には、各ステージの学習活動

[24] 学習Ⅰ
　選択制授業における固有の学習過程であり、そのなかで、単元計画の導入の部分にあたる学習過程を指している。ここでは、自己の能力・適性などに応じて種目を選ぶことや、学習計画を立てるという学習過程が重視される。

[25] 学習Ⅱ
　選択制授業における固有の学習過程であり、そのなかで、単元計画の展開の部分にあたる学習活動を指している。ここでは、自ら立てた学習計画（ねらい①、ねらい②に対応）に沿って実践し、単元の目標を実現していく学習過程が重視される。

㉖補充的な学習
　個に応じた指導の推進ということから言われてきた学習指導である。一斉指導では、特に学習の遅れがちな子どもが出てくる。こうした学習に遅れがちな子どもに対して繰り返して指導するなど、その学習の遅れを補うことを目的として行われる学習指導を言う。

㉗発展的な学習
　補充的な学習とは違って、十分にわかっている、できている子どもに対して、その理解や技能をより深めたり、応用したりするなどの指導を行うことで、個性のさらなる伸長を図ることを目的として行われる学習指導を言う。

㉘技の習熟
　適切な練習や訓練によって運動が正確に安定した状態になることを「運動習熟」と言う。つまり、新しく覚えた運動が修正され、洗練、さらに、自動化によって意のままに動かすうちに、あらゆる情況に対応できる状態になっていく過程のことで、逆戻りのできない順序や発達がはっきりと表れる位相を示す。運動の覚えはじめのまだ荒削りな基礎経過である粗形態から、淀みなくスムーズで洗練された精形態に変容し、多くの意識的注意を払わなくても目的が達成できる自動化状態に進む。

㉙技の系統性
　器械運動には多くの技が存在するが、各種目の技を動きの構造の共通性や類縁性に着目して分類すると、技の系統性（ファミリー）として、いくつかの系や技群を見出すことができる。その系や技群には、共通の中核的な技術を内包しているので、技を指導する場合、基礎技能や予備的な技から目標技へ、さらに変形技や発展技へと学習の道すじが明らかになる。

にゆとりをもたせて補充的な学習㉖をしたり、次のステージの一部を取り込み、発展的な学習㉗として実施したりすることもできる。さらに、第4ステージ以降の内容としてグループで行う集団演技などにも発展させることができる。

1 第1ステージ　「各種目の特性を知って、技ができる楽しさを味わおう」

❶単元のねらい
　小学校における学習をベースにして基礎技能を確認しながら、既習技の習熟㉘を高めるとともに、自分に合った新しい技に挑戦し、それらを組み合わせて楽しむことができるようにする。

❷対象とする生徒、および学習指導上の留意点
・中学校、または高等学校の1年生を対象としている。
・第1ステージは、第2ステージから第4ステージの基礎・基本になる学習であるから、それまでの小学校および中学校で身につけた技を「ねらい①」の学習によって確実にできるようにしておく。できれば、形態化位相にまで高めておくことが必要になる。それによって、技の系統性㉙に基づく新しい技への挑戦ができるようになる。
・技の系統性に基づく発展性を理解し、基本技術をもとに、新しい技の練習段階を知ることができるようにする。
・新しい技を目標にするとき、技の系統性からそのベースになる技や動きのアナロゴンとなる運動を用いて、運動感覚能力を養いながら挑戦できるようにする。
・今、確実にできる技で組み合わせを行い、その組み合わせを基盤にして新しい技を組み入れることができるようにする。
・技の組み合わせは、できるだけ異なる系統の技で組み合わせができるように工夫する。

2 第2ステージ「新しい技に挑戦しよう」

❶単元のねらい
　第1ステージの学習経験をもとに、そこで習得した技を系統的に発展させて新しい技に挑戦できるようにする。また、技能の高い生徒には、難度的に高い技にも挑戦できるように段階を踏ませて取り組ませるようにする。

❷対象とする生徒、および学習指導上の留意点
・第1ステージを学んだ生徒を対象としている。
・どんな技に挑戦したいのか、生徒の希望を前もって調べておく。
・「ねらい①」では、今もっている力でできる技から新しく覚えようとする技へと、系統性に基づいて発展的に練習できるようにする。「ねらい②」では、「ねらい①」の学習を生かして新しい技を身につけ、ひとりでできるようになるまでをねらいにする。
・新しい技を身につけるための技能レディネスを高めておく。特に、動き

方の感じがわかるようにするために、アナロゴン的な動きを選び出して経験させておく。また、動きの中で必要な力の入れ方がわかるように筋力も養っておく。
- 技を覚えるために、補助具の使い方や幇助㉚の仕方を指導しておく。
- 技ができたと思っても次にはできなくなることがあるので、1回1回自分の動き方に意識を向けて「コツ」をつかむことができるようにする。
- 新しくわかった「コツ」はできるだけ確認させるようにする。そして、コツはひとつとは限らず、違うコツに出会うことによって、技の習熟が高まることも教えておくことが大切である。
- 新しい技を覚えるときに、どんな失敗があるのかを知らせておき、失敗したときの安全な対処の仕方を練習させておくことが大切である。
- 新しい技を覚えるときの習得時間も個人差があるので、個に応じた適切な指導を行うことが必要になる。
- いろいろな練習の場の工夫などを資料で示し、友だち同士でどんな場で練習すれば有効な練習ができるかを話し合わせる。

❸ 第3ステージ「技を組み合わせて楽しもう」

❶単元のねらい
これまでに学習した既習技を中心に技を組み合わせ、技と技とのつなぎめに求められる技術的課題を解決することで、スムーズな技の組み合わせ方を身につける。そして、単元の終わりに発表会を行うことができるようにする。

❷対象とする生徒、および学習上の留意点
- 第1ステージと第2ステージを学んできた生徒を対象としているが、第1ステージのみの生徒もこのステージでの学習は可能である。
- 技を組み合わせる場合の技の局面構造㉛と先取り㉜について理解することができるようにする。
- 既習技の技のポイントを確認し、その技がいつでもできるように習熟を高めておく。特に、技の終末局面まで確実に行えることが大切になる。
- 簡単な技を組み合わせて、融合局面でのスムーズな組み合わせができるようにし、技と技とを単純につなぐだけでは組み合わせにならないことを理解させる。
- まず、今できる技でいろいろな組み合わせを工夫し、自分が得意とする基本的な組み合わせをもつことができるようにする。
- 新たに組み入れたい新しい技に挑戦させるとき、ただ新しい技へのチャレンジではなく、組み合わせの中に使えるような技を選んで練習するようにすることが大切になる。
- 異なる系統性の技や運動の方向、難易度などを考慮して、さまざまな組み合わせのバリエーションがあることを知り、自分に合った組み合わせ方を学ぶことができるようにする。
- 組み合わせで技を連続して行うとき、不十分な体勢から行うと危険な状態になることなどを知らせ、安全面に十分留意して行えるようにする。

㉚幇助
　幇助は、一般的には補助とも言われるが、実施者の技の実施に対して直接に支えたり、安全のために抱きかかえたりすることを「幇助する」と言う。補助は何らかの不足を補充して助けるという意味であり、極めて消極的な意味でしかない。技を正しく成功させるために積極的に手助けをしていく行為を表す必要性から幇助の言葉が用いられ、重要な指導法のひとつである。

㉛局面構造
　人間が行う運動は、ひとつのまとまりをもつ動きのかたちを形成している。そこには部分は全体に、全体は部分に密接なかかわりをもつ構造によって成り立っていることを前提にして、動きの構造を知るためにある局面に区分することを局面構造と言う。運動は、非循環運動、循環運動、組み合わせ運動の3つに分類して、それぞれの局面構造を特徴づけることができる。基本的には、準備局面（動きをスムーズに行うために準備する動作）、主要局面（目的を達成するための課題解決する動作）、終末局面（余韻を残してバランスをとって終わる動作）の3つの局面に区分できる。循環運動や組み合わせ運動の場合、終末局面が次の準備局面の役割をもつ融合局面が現れ、この局面での成果がスムーズな組み合わせの鍵を握ることになる。

㉜先取り
　これから運動を行おうとするときや組み合わせ運動で次の運動を行う前に、どんな感じで動けばよいのかをすでに感じ取り、そのための準備をすることを「先取り」と言う。運動をするときに、不可欠な運動感覚能力としての未来の動きの感じを取り込むことのできる能力となる。

標をもたない、単なる繰り返し練習になりやすく、本当の器械運動の楽しさを深めていく学習にはなりにくい。

技は明確な課題性㊱をもち、その課題性によって他の技と区別することができる。さらに、繰り返し学習がなされると、運動に質的な習熟がはっきりと現れるものである。人間の運動はどんな運動でもすぐに完ぺきな運動を習得するわけではない。

はじめは、運動経過に多くの欠点をもって、大まかで粗い運動形態で実施されるが、一応の技の課題性を満たし、技が「できた」と判断される時期がある。学校体育では時間的な制約もあり、粗形態の状態で学習を終わることが多いが、運動学習で大切なことは、目的に適合し最も経済的な運動の仕方で行われるように運動を修正することである。この運動修正によって技は習熟され、初めて「できた」ときの喜びとは違った喜びを感じる。この喜びは継続的な学習を保障すると同時に、新しい技や発展技への挑戦意欲につながっていく。中学校では完成された技を実施するために、どんな方法や手順で運動を修正すればよいかなど、具体的な情報を与え、その学習過程を重視することも大切になる。

4 仲間との教え合いを大切にする学習

器械運動は個人的スポーツではあるが、生徒の技能を向上させ、技ができる楽しさをより享受するためには、仲間同士の教え合いや観察による情報交換を通じた学習の場づくりが必要になる。中学校では選択制の授業が進められると、個人の能力に応じて各自が種目や技を選択して学習することになる。そこでは個人個人が勝手に好きなように練習するのではなく、共通の種目や技を目標にする仲間同士が集まることで、器械運動における独自の教え合いを大切にする学習を展開することができる。例えば、勇気づけや幇助をし合うことで仲間の成功に協力することであったり、友だちの運動を観察することで欠点を見つけ、修正のための助言や手本を示すことなどで共通の目的意識が芽生え、仲間意識が高まったりすることである。

また、これまでの器械運動では学習する場の施設や用具にあまり工夫がなされなかった。マット運動はマットを並べるだけだったり、跳び箱運動では跳び箱の高さや向きを変えるだけだったりでは、生徒の挑戦意欲や興味・関心はあまり湧いてこない。学習の活発性を促すには誰もが容易に挑戦でき、技術的課題や形態的課題を解決しやすい練習場面を、仲間で話し合ったり場を工夫したりしてつくり出し、できる喜びを共有できるようにする。

新しい器械運動の学習は教師からの一方的な技術指導を受ける学習から、教師の支援を受けながらも生徒同士が運動感覚に共感して、教え合いながら自発・主体的に器械運動の本質特性に迫る授業へと転換することである。

5 「知識、思考・判断」を重視する器械運動

これまでの「学び方」の内容が「知識、思考・判断」に改訂されたこと

㊱技の課題性
　習練目標となる運動は誰が行っても同じ運動形態になるものでなければならない。他の運動形態では置き換えることのできない独自の"あるまとまり"をもっている必要がある。すなわち、それぞれの技には動きの課題性をもつことで技として認められることになる。例えば、前方倒立回転と前方倒立回転跳びは空中局面があるかないかで、技の成立要件が異なるのである。

によって、技の名称や行い方、器械運動に求められる体力の高め方、運動観察の仕方、課題解決の方法、発表会の仕方などを理解させることも大切な学習内容になる。

　器械運動ではどんな楽しみ方をめざして「技がよりよくできる」ようにするのかによって、どんな知識、思考・判断が求められるのかが明らかになる。それによって、①今、できる技をより上手にして、条件を変えたりしてもよりよくできるようにする学習、②まだやったことのない新しい技を覚えるために、いろいろな練習の仕方を工夫して、よりよくできるようにする学習、③個人や集団で技を組み合わせて演技をよりよく発表できるようにする学習など、学習のねらいを明確にしたうえで、自己の能力に適した技を選んで学習が行えるようにする。それによって、技の選び方、練習の進め方や場づくりの方法、仲間との教え合いや技能の高まりの認め合いなど、ねらいに応じた「知識、思考・判断」を学ぶことができるようにする。

　器械運動での「知識、思考・判断」は「技がよりよくできるようにする」ことの実践を通して学習することになるが、この「知識、思考・判断」で身につく力は、生涯スポーツの中でいろいろな運動を「よりよくできる」ようにして、「動ける身体」を獲得するための実践能力として不可欠な能力になるものである。

第2章

器械運動の学習指導の基礎的・基本的事項（Q＆A）

第1節　教育課程に関する事項
第2節　学習指導と評価に関する事項
第3節　器械運動に関する事項

第1節
教育課程に関する事項

Q1 学習指導要領において、器械運動の取り扱いはどうなっていますか？

A 平成20・21年の学習指導要領において、器械運動を含めた各領域の指導内容は、小学校から高等学校までの12年間を見通して体系化が図られている。

具体的には、小学校1年生から4年生までを「各種の運動の基礎を培う時期」、小学校5年生から中学2年生までを「多くの領域の学習を経験する時期」、中学3年生から高校3年生までを「卒業後に少なくとも一つの運動やスポーツを継続することが出来るようにする時期」と捉えた上で改訂されている。これにより、平成10年の学習指導要領では希薄であった各校種の接続がより鮮明

[表I-2-1] 運動領域・種目の選択の仕方

内容			B 器械運動	C 陸上競技	D 水泳	E 球技	F 武道	G ダンス
内容	運動領域		B 器械運動	C 陸上競技	D 水泳	E 球技	F 武道	G ダンス
	運動種目		ア マット運動 イ 鉄棒運動 ウ 平均台運動 エ 跳び箱運動					
領域の取り扱い	中学校	1年 2年	必修であるが、いずれかの学年で取り上げて指導することができる					
		3年	B、C、D、Gから1つ以上選択					
種目の取り扱い		1年 2年	2年間で、アを含み2つ選択					
		3年	ア〜エから選択					
領域の取り扱い	高等学校	1年	B、C、D、Gから1つ以上選択					
		2年 3年	B、C、D、E、F、Gから2つ以上選択					
種目の取り扱い		1年 2年 3年	ア〜エから選択					

になっている（表Ⅰ-2-1）。

● 選択制授業の後退

　従前の学習指導要領からの大きな変更点として、中学1・2年生で器械運動を含む全ての領域を履修させることになったことが挙げられる。従前の学習指導要領では、1年生で武道またはダンスのいずれかを選択とし、それ以外の領域は必修となっていた。しかし、小学校高学年との接続を踏まえ、多くの領域の学習を十分させた上で、その学習体験をもとに自ら探求したい運動を選択できるようにするという改訂の趣旨により、中学1・2年生で全ての領域を履修させるとともに、選択の開始時期が3年生からに後退した。

● 領域内容の取り扱いの弾力化

　器械運動については、従前通りマット運動、鉄棒運動、平均台運動、跳び箱運動の4種目で構成されている。しかし、これら4種目をすべて指導しようとすれば、小単元を組まざるを得ず、一つの種目に時間をかけて指導することができない。そのため学習指導要領では、2学年単位で内容が示されている。

　具体的には、器械運動領域は中学1・2年のいずれかの学年で取り上げて指導することが可能であり、器械運動の各種目はマット運動を含めた2種目を選択して履修できるようになっている。つまり、各学校の生徒の実態に応じて一層弾力的な指導ができるようになっている。さらに、3年生においては、4種目から選択して履修することが可能であるため、自己に適した種目を選択するとともに、1・2年生での学習を一層深められるように配慮することが必要である。

● 中学校と高等学校での学習指導

　中学1・2年生では、小学校との接続を踏まえ、「技がよりよくできること」をねらいとした学習が展開されることになる。3年生ではそうした学習を受けて、「自己に適した技で演技する」ことが学習のねらいとなる。

　高等学校では、中学校までの学習を踏まえて、「自己に適した技を高めて、演技すること」がめざされるようになる。

　このように、指導内容の体系化が図られたことによって、技の系統性に基づく学習の連続性が校種を超えて重視されるようになっている。

Q2 器械運動での学び方（知識、思考・判断）の学習では何を学ぶのですか？

A　これまで器械運動をはじめ各運動領域の学習内容については、各種運動（技）の動き方とその動ける感じを直接学ぶ運動技能に関する内容、および運動学習を通して育成する協力、公正、責任などの社会的態度や健康・安全に留意する態度に関する内容、つまり技能の内容と態度の内容が示されていた。平成20・21年の学習指導要領では、生徒たちの目標達成能力や課題解決能力の向上を図るうえから、「知識、思考・判断」に関する内容が新たに加えられている。

　一般的に学び方（知識、思考・判断）に関する内容については、①どうしたい、どうなりたいという学習目標の設定の仕方、②その目標を達成するための学習課題の把握の仕方、③その課題を解決するための学習活動の工夫の仕方、④目標に照らしての学習成果の確認の仕方、が考えられている。つまり、学習の手順や段取りのことであり、特に、学習課題を解決するための学習活動の手順や段取りの工夫が大切である。

[表Ⅰ-2-2] 学び方（知識、思考・判断）と留意点

学び方（学習活動の手順）	留意点
①学習目標の設定の仕方	目標運動（技）を設定する
②学習課題の把握の仕方	目標運動（技）の動き方の要点を把握する
③学習活動の工夫の仕方	目標運動（技）の動き方とその動ける感じを覚えるための手順を工夫する
④学習成果の確認の仕方	目標運動（技）の出来栄えと学習過程での動きの感じを確認する

● マット運動にみる学習の内容

マット運動での学び方（知識、思考・判断）の学習で何を覚えるのかについて述べる。

①目標の設定

ロングマットの上で「倒立、前方回転、側方倒立回転、後方回転、前方倒立回転跳び」の中から3つの技を選び、それらを組み合わせて演技をするという目標を立てる。

②課題の把握

まず、個々の技の習得程度を実際に行って点検しなければならない。その結果として、他の技に比べて前方倒立回転跳びの習得程度がかなり低いことがわかる。そこで前方倒立回転跳びの習得程度を高めるための具体的な運動課題を把握する必要がある。そのためにはその技の動き方の要点（技術ポイント）を明らかにしなければならない。動き方の要点としては、ホップのための動き方、着手のための動き方、および回転加速のための動き方が挙げられる。これらの中で回転加速のための動き方とその動ける感じの習得程度が不十分であり、その動き方とその動ける感じを覚えることが課題になるということが把握できたとする。

③活動の工夫

回転加速のための動き方とその動ける感じを覚えやすいよう、つまり課題を解決しやすいよう段階的な学習手順を工夫しなければならない。

第1段階では、マットの上に膝の高さ程度の跳び箱を縦向きに置く。実施者の生徒はその上に乗り、着手の姿勢から倒立を行う準備をする。跳び箱の前方の両側には幇助者の生徒2名をつける。幇助者の2名は片膝立ちになり、着手姿勢の実施者の肩関節付近に実施者側の手を添える。実施者には着手姿勢から倒立を行い、そのまま倒れるよう指示する。幇助者は倒立姿勢で倒れてくる実施者の背中にもう一方の手を添え、両手で支えながら回転を助け、マット上に実施者が直立できるようにする。このことを繰り返して倒立で回転できる感じを覚えさせる。

第2段階では、跳び箱の上の実施者は直立の姿勢から第1段階と同様の動き方を繰り返す。

第3段階では、ホップしてから同様の動き方を繰り返す。

第4段階では、跳び箱を取り除いてマット上で助走し、ホップしてから同様の動き方を繰り返す。

④成果の確認

目標とする3つの技を組み合わせて演技を行い、その出来栄えを自己観察や他者観察によって確認する。

このように、覚える事柄については、技の選択と演技の構成の仕方、技の動き方の要点についての把握の仕方、技の動き方とその動ける感じを覚えるための学習手順についての工夫の仕方、および自己観察や他者観察による技の出来栄えの確認の仕方などがある。

Q3 器械運動の年間計画を立てる際の留意点として、どんなことが挙げられますか？

A 年間計画を立てる際の一般的な手順としては、①目標の確認、②年間授業時数の把握、③運動領域・運動種目の選定、④単元構成・単元規模による授業時数の決定、⑤単元の配列の決定などが考えられる。

器械運動の年間計画を立てる際の留意点について述べてみたい。

①目標の確認

社会的態度の育成などのような教育としての目標と、運動の技能の習得や喜びの体験など、運動学習そのものの目標について、器械運動による達成度合いを調査・検討し、十分達成可能な目標を確認する。

②年間授業時数の把握

中学校では各学年とも授業時数は年間90時間となっているので、そこから保健、および体育理論の時間を差し引いて、実技に要する総授業時数をはじき出す。

③運動領域・運動種目の選定

生徒の能力・適性、興味・関心などについて調

査するとともに、必要な器械器具を確認して決める。

④単元構成・単元規模による授業時数の決定
　重点とする運動領域や学習成果を考慮し、授業時数を決める。

⑤単元の配列の決定
　器械運動の特性を考えると、特に寒い季節は避けて配置するほうが望ましいと考える。

Q4　器械運動の男女共習での留意点として、どんなことが挙げられますか？

A　体育授業は、各種運動種目や個々の運動（技）を学習対象として、個人と個人、個人と集団、集団と集団のかかわり合いによって学習活動が展開される。互いの個性を知ったり、生かしたり、伸ばしたりすることが体験できるとともに、共生社会を営むための能力や態度を育てるうえで有効である。

男女共習授業の長所は以下のとおりである。
① 運動技能に関する内容の学習においては、運動に対する興味・関心、動き方とその動ける感じの習得過程、動き方と動きのかたちの発生過程、それらを支える体力などの男女の違いを知ることができる。
② 態度に関する内容の育成においては、協力、責任、公正などの社会的態度や行動の仕方、健康・安全に留意して、運動を行う態度や行動の男女の違いを知ることができる。

●マット運動にみる男女共習の留意点
　ここでは、マット運動の男女共習での留意点について述べてみたい。
　マット運動の授業においては、個人の能力や興味に応じて目標とする技を選んで学習し、それらを組み合わせて演技を行い、その出来栄えを評価することが求められている。
　したがって、まず、動きが優雅なのか、リズミカルなのか、大きく伸び伸びとしているのかがわかるよう、互いに観察の機会を設け、自己観察能力や他者観察能力を高める必要がある。
　次いで、演技（技）の出来栄えを評価するにあたっては、できたか、できないかだけでなく、技の習得過程や演技の発表過程において、どんな動きの感じを体験したかを聞き、評価に加えることが必要である。さらに、技の動き方とその動ける感じを覚えやすいように、互いに幇助し合うことが必要である。

●男女の特性の相違について
　また、器械運動の学習指導において、男女の特性の相違について踏まえておくことが大切である。
　器械運動の学習指導においては、運動種目に含まれている多くの「技」の中から、自己の能力・適正、興味・関心などに応じて適切な「技」を選択させ、グループごとで「技」の「動き方とその動ける感じ」を互いに工夫しながら覚え、「動き方や動きのかたち」を発生させ、「技」をできるようにすることがねらいである。その際、身体的側面や心理的側面から男女の特性を踏まえておくことが必要になる。
　技の「動き方とその動ける感じ」を習得する際には身体的側面での「体力」が支えとなっている。その体力の要素である筋力・瞬発力、持久力、調整力（敏捷性、平衡性、巧緻性）および柔軟性についての男女の特性の違いを見ると、筋力・瞬発力、持久力などのエネルギー系体力は男子のほうが上回っており、調整力の平衡性や柔軟性は女子のほうが上回っていると言われている。懸垂したり、支持したりするための上肢の筋力は、男子に比べ、女子はかなり弱いことを知っておく必要がある。
　一方、「技」の取り組みや出来栄えを心理的側面から見ると、男子は難しさや雄大さを求め、女子は易しさや優雅さを求める傾向にある。したがって、鉄棒運動や跳び箱運動の「技」は男子に適しており、平均台運動やマット運動の「技」は女子に適していると言われており、「技」の選択の仕方や学習のねらいの設定を考慮する必要がある。

第2節
学習指導と評価に関する事項

Q1　学習指導要領における器械運動の特性とねらいは何ですか？

A　明治初期に日本に伝わった器械運動は、学校体育の中で常に中心的位置を占めてきた。時代の変遷とともにその在り方は変わってきたが、今日のスポーツとしての器械運動は、できない技をできるようにすること、できる技をよりよくできるようにすることをねらいとして学習が進められる。高等学校の学習指導要領では、「技がよりよくできる楽しさや喜びを味わい、自己に適した技を高めて、演技することができるようにする」と示されている。

器械運動は「できる」「できない」がはっきりする運動領域であると言われ、その取り扱い方については保健体育審議会の中でも一時議論になったことがある。けれども、器械運動の学習が他の運動領域では代替できない特性をもち、独自な教育的意義を有しているからこそ、器械運動は学校体育の中で重要な位置を占めているのである。

身体運動を伴う遊びをしなくなった今日の子どもたちにとっては、これまで以上に体育の必要性が叫ばれている中で、器械運動の重要性も改めて認識されなければならない。

●学習する器械運動の技とは

器械運動では、マット、鉄棒、平均台、跳び箱などを用いてさまざまな運動を練習して覚える。この運動をわれわれは「技」と呼んでいる。

日常生活の中で行われる運動と同様に、多くのスポーツにおいても、足で立ち、足で身体を支え、頭が上の体勢で行われる運動がほとんどである。ところが器械運動の技は、転がったり、回転したり、逆さにぶら下がったり、腕だけで身体を支えたり、逆さの状態で移動したり、日常の運動とは異なる多様な体勢が要求される。このことから、器械運動の技は「非日常性の運動」と特徴づけられる。

けれども、器械を使って行われる非日常的運動すべてが技になるわけではない。数回試みただけで誰もが簡単にできてしまい、その後練習を重ねても熟練度がほとんど高まっていかないような動きは、多くの人をひきつけることはなく、技として定立することはない。

すなわち、器械運動の技は非日常的な動きであるとともに、基礎形態を発生するために試行錯誤が繰り返され、できるようになってからもその習熟がますます深まっていくような動きである。そして、それが人を魅了し、それを覚えようとして練習に駆り立てるものである。

●器械運動の学習の独自性

技をできるようにし、さらに磨きをかける器械運動の学習では、技の出来栄え、すなわち「動きの質」へと生徒の関心をむかわせる。

どの運動領域であっても動きを身につける学習は不可欠なものである。

ボールゲームでは、パス、ドリブル、シュートなどの基本的な動きを身につける学習はもちろん行われる。しかし、それだけでなく、ゲームを楽しんだり、ゲームのレベルを上げたりすることに学習のねらいが移り、基礎的な動きの練習時間は徐々に少なくなる。

また、個人種目の陸上競技では、よりよい走り方や跳躍の仕方の学習は当然行われるが、それに終始することはない。どれくらい速く走れたか、どれくらい遠く高く跳べたかが計測され、その結

果に関心が移っていく。どれほどかっこよく走っても、どれほどきれいなフォームで跳んでも、タイムや距離に驚くべき成果が現れなかったなら、その走り方、跳び方は誰からも注目されない。

器械運動の授業では、学習の締めくくりとして、演技発表会が行われることもある。しかし、そこでの生徒の関心の的は技の出来栄えである。それは練習してきた技、技と技との組み合わせがどれくらいうまくできるかという動きの経過の善し悪しにむけられているのである。すなわち、器械運動では常に動きの質を追求する学習に終始するのであり、これこそが器械運動の学習の独自性と言えよう。

● 器械運動の学習の意義

器械運動では動きの質を追求する学習に終始することが他の領域とは異なるが、これはどんな教育的意義を有するのかを見ていこう。

第一に挙げられるのは、技ができたときやよりよくできたときの大きな喜びである。苦労して初めて技ができたときは何ものにも換えがたい喜びを味わうものである。今日の楽しい体育で求めようとする「楽しさ」は愉快な気分という皮相的な意味を越えて、苦労して得た「喜び」を意味しているはずである。この喜びは技が成功したときだけでなく、欠点が修正され洗練された動き方になったときにも生じるものである。自分のねらいどおりに技がうまくさばけたときの心地よさは、軽やかな動きのリズムを伴った動きの快感であり、ひとつの達成感なのである。

技の達成に伴う喜び、それを生徒が自己の身体を駆使して試行錯誤の成果として獲得することは、仮想現実の遊びの中では身体を動かすことのない今日の生徒にとっては特に重要である。

第二は、運動感覚意識の広がりである。技を習得するには多くの時間を要する。練習は単にドリル的に何度も同じように繰り返されるのではなく、はっきりとした意図をもって行われるべきである。その意図とは、行おうとする試みに対して注意すべき点を具体的な動き方として意識することである。この意識は生徒が自己の運動感覚世界の中で、今行った試みを振り返って評価し、分析した内容に基づいている。今行った試みを評価し、分析した結果を踏まえて、次に行う試みが意図される。

この運動感覚を伴った一連の内的プロセスは、目に見えるフィジカルな試みとは異なり、目ではとらえられないが、運動学習には欠かすことのできないメンタルな活動である。フィジカルな試みとメンタルな活動の組み合わせが学習内容として何度も繰り返される。このような経験を通して運動感覚意識の世界が広がり、まだやったことのない動き方も想像世界の中で臨場感をもって創り上げることができるようになる。スポーツにおけるメンタルトレーニングの重要性が指摘されているが、運動感覚意識はその基礎をなすものである。

第三は、自己の身体支配能力を高めることが挙げられる。非日常性を特徴とする技を習得するには、逆さになった体勢や、不慣れな姿勢で自己の身体をコントロールしなければならない。技ができないとき、思ったような動き方ができないとき、誰しも自分の身体でありながら自分でコントロールできない身体に出会う。そのとき、どうすればいいのか頭ではわかっていても、そのように動くことのできないもどかしさを味わうことになる。この自分と身体との関係は、技ができるようになるにつれ、少しずつ身体のコントロールできるようになり、技が意のままにできるようになって、思うように動かなかった身体は再び自分と一体化していくのである。

多くの技を覚えるということは、自己の身体とのかかわりを豊富に経験するということである。この経験を通して、空間における身体支配能力が高まった身体を「動ける身体」、あるいは「賢い身体」と呼ぶ。このような身体は環境の変化に臨機に対応できる幅広い能力、言い換えれば危機的状況において、それを乗り越えられる力、回避できる力となる。これこそが体育にとっての「生きる力」になるのではないか。

Q2 教師は授業で取り扱う技について、あらかじめどんなことを理解しておくべきでしょうか？

A 器械運動の授業で指導する技について、教師は前もって理解しておかなければならないことは多いが、一連の授業計画を立てるうえでは、まずその技の系統性の理解を欠かすことはできない。

●技の系統性の理解

器械運動の技は種目ごとに数多くあるが、それらは他とのつながり、関連性においていくつかのグループ（ファミリー）に分けられ、縦・横の関係が整理されている。これによって、一つひとつの技の位置づけ、相互の関係が明らかになる。この関係を理解することが技の系統性を理解することになる。

ここでは、マット運動の伸膝前転を例に挙げて見ていく。

伸膝前転は前転ファミリーに属する技である。前転はでんぐり返しから発展した、前方に転がって1回転する技であり、前転ファミリーとはこの前転を核として、そこから派生した技のグループである。伸膝前転はこの前転の立ち上がる局面が発展した技である。前転から伸膝前転への縦・横のつながりを示したのが図Ⅰ-2-1である。

この図から、前転がどのように伸膝前転につながっていくのか、つまり伸膝前転はどのような技がベースになっているのかがわかる。しゃがみ立ちから両手を着き、両足をそろえて転がって両足で立つ、いわゆるモデルとして示される前転から、変形技としての片足で立つ前転や倒立前転、走りながら前転して、立ち上がって走り出す発展技、さらに伸膝前転の予備技としての開脚前転、これらの技の上に伸膝前転が位置している。これが前転ファミリーを系統的に学習するための技のつながりである。前転はできるから、次は後転を練習するという発想などは、前転の系統性を全く理解していないということである。

このような技の系統性を理解しておくと、技のつながりに沿って授業を展開することが容易になる。それは次に指導する技だけではなく、反対に1歩戻ってより易しい技の指導をやり直す場合にもその道すじが明らかになる。例えば、生徒が伸膝前転をできるようにしたいと言ってきたとき、前転の変化技・発展技あるいは開脚前転などを行わせてみて、伸膝前転の練習に入ってよい段階にあるのか、それとも1歩手前の開脚前転の練習からスタートしたほうがよいのかを見極めることができるからである。

技の系統性を理解することによって、1つのファミリーに属する技と技とのつながりを知り、系統的な授業の展開が可能になる。そして、授業計画をより具体化するためには、そのファミリーに核となる共通の運動技術と個々の技の指導段階を理解しておく必要がある。

●運動技術の理解

運動技術とは、逆上がりやボール投げといった運動の課題を合理的に解決し、その運動ができるための具体的な身体の動かし方、あるいは運動の仕方のことである。この技術の特徴として、可視性、公共性、可変性が挙げられる。つまり、運動技術は目でとらえることによって長所・短所を見つけることができ、改善することができるのである。また、公共性をもつからこそ他人に伝承が可能になるのである。言い換えれば、指導する技の

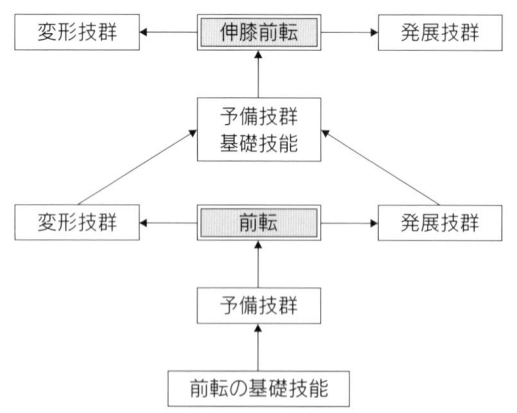

[図Ⅰ-2-1] 前転から伸膝前転への系統図

運動技術を理解していないと、指導内容は明らかにならないということである。さらに、運動技術は時代とともに変化することから、合理的に学習・指導を展開するには常にその時点での新しい技術を理解していなければならない。

この運動技術を理解することを、先ほどの前転ファミリーを例に挙げて考えてみる。前転ファミリーに属する技に共通している運動技術は、順次接触の技術と回転加速の技術である。これはスムーズに、しかもスピーディーに回転して立ち上がるための具体的な身体の動かし方である。すなわち、背中を丸くして、頭から腰あたりまで順にマットに着くこと、下半身の大きな回転の勢いを上半身に伝えることは、解説書などを読めば知識として理解することができる。

しかし、教師はこの運動技術を単なる知識としてではなく、運動感覚と結びついた身体的理解にまで発展させておかないと運動観察の精度を高めることはできないし、適切な指導にはつながらない。反対に、運動技術を運動感覚的に理解することによって、運動観察の精度は高まり、適切なアドバイスやいろいろな補助手段をうまく利用できるようになる。

● **指導段階の理解**

1つのファミリーにおけるいくつかの技の縦・横のつながりは中核となる運動技術を理解することによって、その関係をさらによく理解することができる。そしてそれは指導段階の工夫に結びつく。

指導手順において、教師が細分化した段階を示すことは、生徒の立場から見ると自分たちが練習していく細かなステップになっている。

伸膝前転を例にとれば、この指導段階ないしは練習段階は、基礎技能→予備技→伸膝前転→変形技→発展技と進んでいくが、それぞれはさらにいくつかの段階に分けられる。予備技としての開脚前転は開脚度を少しずつせばめたり、傾斜や落差を利用したりする場づくりの工夫などがその段階に相当する。傾斜、落差による場づくりは伸膝前転の練習で用いられる最も有効なやり方である。

したがって、大まかな指導段階は技の系譜に沿って立てられ、さらに技の技術的な観点からよりいくつかの細かな段階が設けられる。それは生徒にとっては多くのスモールステップになり、いくつもの段階を用意することが学習を活気づけることになる。

Q3 技が上達していく間には、どんなレベルがあるのでしょうか？

A　器械運動の学習には生徒一人ひとりのレディネスが大きく影響し、「できる」「できない」がはっきりする運動領域だと一般に言われる。

しかし、技ができないと言ってもいくつかのレベルがあり、できた後でもいくつかのレベルを経て「よりよくできる」ようになっていくのである。したがって、できる・できないの二分法だけで生徒を単純に振り分けることは適切ではない。上達していくレベルを知らずに、この二分法だけで生徒を評価しようとすれば、学習は「できるか・できないか」だけに終わってしまい、生徒の伸びを適切に評価できなくなる。

以下では、一般に生徒はどのようなレベルを経て技ができるようになり、どのようなレベルでよりよくできるようになっていくのかを見てみる。

● **技ができるまでのレベル**

私たちはやったことのない技に挑戦する場合には、その技を見ることからスタートする。「百聞は一見にしかず」というように、まず見ることを通して漠然とではあっても、その技がどんな動き方をするのかをつかみ、その技がどんな技なのかを判別できるようになる。つまり、判別できるということはその技の特徴をとらえ、似たような他の技との違いがわかることである。

次は教師の運動技術の解説を通して、自分なりにどうすればよいのかという「やり方はわかる」

というレベルである。やり方がわかったからといってすぐにできるわけではないし、まだ「できそうな気はしない」のである。

　これを経て次は「できそうな気がする」レベルへと進む。このレベルは「初めてできる」レベルの一歩手前であるが、ここまで到達するのは容易ではない。このレベルになると生徒は目の色を変え意欲的に集中して練習するようになる。勘のよい生徒は教師の説明を聞いただけで、あるいは示範を見ただけで、できそうな気がするレベルまで一気に進むことも希にはあるが、いかにしてこのできそうな気がするレベルに生徒をもっていくかが教師の指導力になる。

　ここまでのレベルを以下に整理しておこう。
①技を初めて見る。
②どのような技なのかを判別できる。
③やり方はわからないし、できそうな気がしない。
④やり方はわかるが、できそうな気がしない。
⑤やり方がわかり、できそうな気がする。
⑥初めてできる。

●技ができた後のレベル

　技が初めてできたときは、それがいつでもできる状態ではない。できたり、できなかったりと不安定な状態が続き、いくつかの欠点を多くもっている。このようなレベルをマイネル（ドイツ、P.16脇注参照）は「粗形態」と表し、この荒削りのレベルで見られる欠点が修正され、改善され、すっきりとした経過を示す次のレベルを「精形態」とした。精形態でも粗形態と同様に、欠点のない経過がいつでも安定してできるわけではなく、うまくいったりいかなかったりを繰り返して、いつでも安定したさばきができるようになっていく。そのためには考えて練習することが不可欠となる。考えて練習することについては、本節Q5を参照してほしい。

　さらにマイネルは、精形態の次のレベルを最高精形態として、どのような状況でも揺るぎのない安定したさばきができるというレベルを設定している。学校体育における器械運動では精形態の獲得までの学習で十分であると考える。

　初めてできた粗形態の最初のレベルから精形態が安定するレベルまでは、以下のように整理される。

■粗形態
⑥欠点があるが、初めてできる。
⑦欠点があるが、時々できる。
⑧欠点があるが、いつでもできる。

■精形態
⑨欠点のないさばきが、初めてできる。
⑩欠点のないさばきが、時々できる。
⑪欠点のないさばきが、いつでもできる。

　技を初めて見るレベルから欠点のないさばきがいつでもできるレベルまで概観したが、どのレベルでも大切なことは、生徒の動きの変化とそれによる表情の変化を見逃してはならないということである。それをもとに、生徒とのコミュニケーションができるのであり、生徒の現在のレベルがどこなのかを教師は判断することができる。また、コミュニケーションを通して生徒に考える材料を与えることも忘れてはならない。

Q4 学習の効率を高める補助手段にはどのようなものが挙げられるでしょうか？

A 授業では、技の一般的な練習段階に沿って指導内容は具体化されるが、すべての生徒は同じようにこの練習段階をクリアしていくわけではない。生徒によってつまずく段階はさまざまであり、ある段階をなかなか越えられない生徒に対しては、その都度教師の指導が必要になる。教師の指導力が発揮されるのは、まさにこの点においてである。

学習のための補助手段はさまざまあるが、ここでは示範、動きのアナロゴンの活用、場づくりの工夫について説明しよう。

●示　範

示範は、かつては師範と表記され、教師がお手本を見せるという意味で用いられたが、最近では教師だけではなくて、生徒が上手なさばきを見せることも含めて示範と表される。さらに、示されるのはお手本や上手なさばきだけではない。教師であれ、生徒であれ、典型的な失敗例を演じて見せるのも示範と解される。ただし、上手な生徒を前に出し、お手本となる動き方を見せてもらうのはまだしも、できない生徒にみんなの前で失敗例を行わせるのは問題がある。それは、その生徒に嫌な思いをさせたり、練習意欲を削いだりすることになってしまうので注意が必要になる。

また、生徒が自分の動き方がよくわからないとき、教師がその動きをまねて演じて見せることもある。これにはかなりの実技力が必要になるために、ＶＴＲなどで代替させることがある。これについては、本節Ｑ５のところで説明する。

いずれにしても、示範は練習意欲を高めたり、運動のイメージづくりにプラスの影響を与えたりするものである。

●動きのアナロゴンの活用

アナロゴンとは、金子明友が「運動観察のモルフォロギー」（『筑波大学体育科学系紀要10』）の中でサルトルを引用した際に用いた語であり、それを契機に「動きのアナロゴン」という言葉は運動学習にかかわってよく用いられるようになった。アナロゴンはギリシャ語であり、「類似性をもつもの」という意味である。それに「動き」という名詞が組み合わされると、単純に「類似性をもつ動き」と解されるが、類似しているのは単に技の名称や経過中の特徴的な体勢ではない。それぞれの動きに伴って生じる特徴的な運動感覚が非常に似ていることが重要になる。

ところが、動きのアナロゴンという言葉が頻繁に使われるようになって、動きのアナロゴンとは練習対象の技よりも簡単で似たような技であるという皮相的な理解、あるいはアナロゴンを与えると指導しなくても生徒はうまくなるという短絡的な理解がなされていることが多い。

動きのアナロゴンとは運動感覚のアナロゴンであり、すでに存在している技だけを指しているのではなく、遊びとしての動きや練習対象の技をわずかに変化させたりすることなども含まれる。また、そのアナロゴンを与えた後でも生徒が教師の意図どおりに動けるための指導が不可欠になる。

例えば、跳び箱運動の開脚跳びにおける着手の感じをあらかじめ練習するために「馬跳び」や「タイヤ跳び」が、鉄棒運動の後方支持回転で肩の回転感覚をつかむために、「腰の高さの鉄棒で片足を振り上げながら逆上がりのように後方に回転する動き」が動きのアナロゴンとして挙げられる。繰り返すが、このアナロゴンを与えれば十分

跳び箱運動の開脚跳びの動きのアナロゴンのひとつとして、馬跳びが挙げられる

なのではなく、課題として与えた後でも、馬跳びやタイヤ跳びで前のめりに着地しないように、後方回転の開始の局面で肩を後方に回すように指導しなければならない。

これが動きのアナロゴンの活用であり、アナロゴンとして与えられる動きは、取り組んでいる技より易しく、より簡単にできる動きであると同時に、それらは教師自らの運動感覚によって、動きの類似性が確認されたものなのである。

多くのアナロゴンを経験することで生徒のレディネスを高めたり、またつまずいた局面で必要な運動感覚をつかませたりすることが可能となる。

● 場づくりの工夫

場づくりの工夫ということが体育学習で大きく取り上げられるようになったのは、最近のことではない。「場づくり」とは物的環境づくりの意味で、具体的には、課題を容易にすること、めあての確認、練習量を多くすること、安全性の確保などが挙げられる。

場づくりは課題を容易にするという意味で使われることが最も多く、できない技の練習でいろいろな器具、道具を用いて技をできやすくすることである。よく用いられているのは、鉄棒の逆上がりの練習で鉄棒の前にアーチ型のバーンをセッティングする場合、開脚前転や伸膝前転の練習でマットを重ねて落差をつくったり、マットの下にロイター板などを入れて傾斜をつくったりして、立ちやすくする場合などである。

めあてを確認するための場づくりには、例えば側方倒立回転でのゴムひもの利用がある。大きな倒立回転ができるためには、足を高く振り上げなければならない。ところが、逆さになると自分の足がどれくらい高く上がったのかなかなか確認できない足が届いたゴムひもの高さによって自分のめあてをどの程度達成できたかを確認することができる。

場づくりの工夫は生徒一人ひとりの練習時間を少しでも多く確保するためにも行われる。1時間の授業では生徒1人の練習時間は限られている。限られた時間内で1人分の練習量をいかに確保するかは、器具の代替物の利用による物的環境づくりによる。例えば1つの跳び箱に10人も生徒が集まると、なかなか順番が回ってこない。そのような場合に、回転系の跳び方であれば、マットを積み上げて跳び箱の代わりに利用したり、あるいはステージを利用したりすることもできる。

安全性の確保については、本節Q6、Q7を参照していただきたい。

動きのアナロゴンの活用、場づくりの工夫、幇助の利用のいずれも補助手段であり、それをどのように取り入れて学習の効率を上げるのかは、当然のことながら教師の判断に左右される。生徒がどこでつまずいているのか、何が不足しているのか、どんな感じをつかむことができないのか、どんな危険をはらんでいるのかなどは、教師の観察に基づくことになる。この教師の観察が不十分だと、アナロゴンや場づくり、幇助の知識がどれほどあってもそれを有効に活用することは難しい。

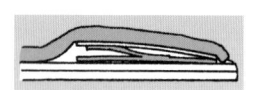

重ねたマットの上に踏切板を置き、落差と坂で起き上がりやすくする

跳び箱に踏切板を斜めに立てかけ、逆上がりの足がかりをつくる

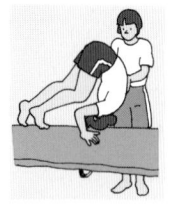

平均台の上にマットを乗せて

重ねたマットの上に跳び箱1段を置いて

跳び箱を2台並べて

[図Ⅰ-2-2] 場づくりの工夫

Q5 生徒自身が考えて練習できるように導くには、どのようにすればよいでしょうか？

A 「考えて練習をする」ということはよく耳にする言葉であるが、実際の学習の中で、「何を」「どのように」考えさせるのかをはっきりと理解して指導している教師は少ない。

大学生に質問しても、「考えて練習しなさい」ということはよく言われたけれども、何を、どのように考えるのかは教えてもらったことはなく、しかもそれはダラダラしているときにハッパをかけられる言葉くらいにしか理解していなかった。部活動の場合では、その言葉は命令口調であったり、ときには体罰さえも伴ったりしたという。

●考えて練習するということ

器械運動の学習は動きの質を追求するものであるから、当然のことながら考えることは自分が練習している技の経過に関してである。そして、技の経過、出来栄えについて考えることは、練習で生じる成功、失敗をどのように生かすかを工夫することであり、それによって練習の効率は大きく変わる。

マイネルも運動の精形態の習得にかかわって、考えながら学ぶことの大切さを主張し、機械的な反復ではなく、自分の動きに対して意識を向ける必要性を説いている。

器械運動の練習では、生徒は同じ技を何度も繰り返し試みる。しかし、ドリル的にただ回数を重ねるだけでは練習の成果は期待できない。考えるとは、1回の試みについて評価し、その動きの全体経過や重要な局面の出来栄えを分析し、さらにそれを踏まえて、次の試みに対する注意点ないしは意図を確認することなのである。これが考えて練習することのプロセスである。

このプロセスは毎回の試みに対して行われることはなくても、偶然うまくいった試み、あるいは予想に反して失敗した試みの後ではぜひとも必要である。考えるプロセスが何度となく繰り返されることによって、注意点や意図が次の試みにうまく生かされるようになり、コツが意識できるようになってくる。

●動きを見る＝技を観察する

教師の指導は生徒が行う動き（技）を見ることから始まる。見るとは観察することであり、見ることによってその動きの特徴をとらえ、善し悪しを判断し、それに基づいて指導が展開される。

動きを見るということは教師だけが行うのではない。教師が生徒の技を見るのと同様に、生徒自身も自分の動きを見ることができる。見るというより、自分の動きを感じ取るといったほうが適切である。われわれは自分が行った運動を知覚された内容として把握することができ、それを言語化することができる。そして、それに基づいていろいろな試みがなされるようになる。

マイネルは、教師の観察を「運動の他者観察」、生徒が自分の動きを感じ取り、それを言語化することを「運動の自己観察」と呼んだ。

生徒自身の主体的学習が求められる今日、生徒が自ら考えて学習を展開できるようになるには、生徒自身による運動の自己観察がこれまで以上に重視され、指導に生かされなければならない。それには生徒が積極的に自己の動きに注意を向けるように教師は働きかけなければならない。

●生徒への問いかけ

「今の動きは〜だから、次は〜しなさい」というのは、従来の教師主導型での一方通行的な教師の働きかけである。今の試みに対して教師が評価し、次の試みに対して生徒に指示を与えるだけの指導形態では、生徒が考える余地などどこにもない。漠然としたままの、あいまいな生徒の自己観察はいっこうに改善されはしないどころか、生徒は言いたいことも言えず、教師と生徒それぞれの意志はすれ違いのままである。部活動の指導ではいまだによく見られる指導形態である。

教師は生徒の学習を促進させるためにも、生徒の自己観察力を高めるためにも、生徒の運動感覚

世界を開くためにも、指摘や指示をすぐに行うのではなく、生徒に問いかけることが大切である。その問いは各個人に応じてケースバイケースであるが、一般的な問いの順序を以下に挙げておこう。
①どんな動きの経過をめざしているのか？
②それに対して、今の動きはよかったのか、悪かったのか？
③なぜそう思うのか？
④次はどのように行いたいのか？

①は生徒が目標としている技さばきは具体的にどのような経過なのかを確認することである。これは必要がないと思われるかもしれないが、誤った経過、あるいはレベルの高すぎる経過を目標においていないかを確認するためである。不適切な目標設定では効果的な学習はできないからである。②は今行った動きの出来栄えに対する自己評価を確認することである。この出来栄えの善し悪しを評価できないと、次には進めない。③はその評価の理由であり、なぜよかったのか、なぜダメだったのか、その分析結果を確認することである。④はそれを踏まえて、次の試みに対する意図、あるいは注意を向ける動きの局面を確認することである。

このような順序で生徒に問いかけ、生徒の注意や関心を単なる「できた」「できなかった」という結果だけではなく、動きの経過そのもの、動きの質的な側面に向けさせるのである。生徒は何気なく行っている動き、気づかずに行っている動きに意識を向けるようになる。場合によっては、教師は自分の観察結果を説明しながら問いかけることで、生徒自身の動きへの気づきが早まることになる。

この教師の問いかけが生徒の自問自答へと発展させるように指導すべきである。考えて練習することの積み重ねが生徒の自己観察の育成、自己の動きへの気づき、コツの発見へと進展し、そして仲間の動きを観察する力にもなる。これは自己評価から他者評価への発展であり、相互の教え合いを可能にする。

●VTRの活用

視聴覚教材としてのVTRの利用は、学習効率を上げる補助手段であるが、運動観察との関連からここで説明することにする。

VTRを利用すると、自分の動きを外から客観的にとらえることができるという利点をもっている。最近では停止、巻き戻しをしなくても撮影からある時間差でモニター上に動きが再生される機器が開発され、より便利になった。

自分の動きを外から見ることで、動きの全体経過を視覚的にとらえることができる。しかし、そこからどのような情報が得られるかが問題である。課題が漠然としている生徒にとっては、自分とはかけ離れた単なる映像に過ぎず、どこを注視してよいのかわからない。また、課題がはっきりしている生徒でも必要な情報を得ることは難しい。スローや静止画像にすると、わかりやすいと思われるが、どちらも大切な動きのリズムは壊されて、単なる姿勢の変化としかとらえられないことが多い。

VTRを有効利用するには、第一にどの角度から、あるいはどの方向から動きを撮影するのかが問題になる。幾何学的な方向からの撮影は定量分析がしやすいためであり、現実の動きの問題点を観察するための方位ではない。何を観察したいのかによって撮影位置は当然異なる。教師はまず何をどこから観察するのかを明らかにしておかなければならない。

第二は、生徒にただ再生映像を見せるだけでなく、何を見るのかをはっきりさせておかなければならない。見るための具体的なねらいは生徒によって異なるので、教師のかかわり方もそれに応じて一律にはいかないが、映像を見せる前と後に生徒に質問することは欠かせない。

例えば、どの局面を見るのか、その局面の動きを自分ではどう感じているのかなどをあらかじめ聞いてから映像を観察させるべきである。そして場合によっては何度も巻き戻し・再生を繰り返して観察しながら、教師の指摘も付け加えて、生徒の理解が深まるように指導しなければならない。そして、ビデオを見終わった後でも、何を感じたのか、次からどのように取り組むのかなどを聞いておくべきである。

Q6 幇助についてはどのように指導したらよいでしょうか？

A
●幇助とは
技の練習において、第三者が何らかの援助をし、その実施を容易にしたり、安全を確保したりすることは「幇助（ほうじょ）」という専門語で表される（P.23脇注㉚、P.234参照）。

例えば、逆上がりで腰を押し上げてやることや、跳び箱の前方倒立回転跳びで足から着地できるように身体を支えることなどである。一般には補助と呼ばれるが、「何らかの不足を補って助ける」という補助の消極的意味に加えて、幇助は「技を正しく成功させる」という積極的な意味をもっている。

●直接的幇助と間接的幇助
幇助は「直接的幇助」と「間接的幇助」に区別される。

直接的幇助は技を行う者の身体に直接働きかけて技を正しく成功させることである。これは幇助者が技の実施者の身体に直に触れるやり方と、柔道の帯や長い縄を腰につけてそれらを通して力を加えるやり方とに区別される。

間接的幇助は安全面での措置である。これも幇助者が落下時などに実施者の身体に直に触れて行うやり方と、スポンジマットなどを用いるやり方に区別される。

直接的幇助と間接的幇助は便宜上このように区別されるが、実際には危険が伴う技を練習するときは2つの幇助は組み合わされて、両者の機能をもった幇助行為が行われることになる。

●幇助の意義
どんな学習でも学習の対象となる事柄をあらかじめ理解しておくことによって、学習の効果は変わる。ところが動きを覚える場合には、技の細かな技術的なことを知識としてわかっていても、それがただちに練習に反映するわけではない。特に、初期の段階では自分の身体がどのように動いているのかということを漠然としかつかめずに、教師の指摘や指示が理解できないことが多い。そのようなときに、直接的幇助で成功したときの感じを体験することによって、全体経過の正しい感じをつかむことができたり、自分の欠点に気づいたり、練習での注意点や課題を把握したり、技によっては飛躍的にいくつかの段階をクリアしてしまうこともある。

一方、間接的幇助については、器械運動の技が非日常的な運動で、不慣れな姿勢が要求されるだけに、危険が伴うことも多いので、細心の注意が必要になる。

また、安全対策に問題がなく万全であっても、不安や恐怖を抱く生徒は技をやろうとしても動くことができなくなることがあり、このような生徒にはどれほど安全性をかみ砕いて説明しても不安や恐怖心の解消にはならない。このような場合には、安心して練習できるように、何度も幇助を繰り返して、マイナスの心理的要素を少しずつ取り除いてやる必要がある。

このように積極的な援助活動としての幇助は、技を習得するためにも、また、安全に練習するためにも不可欠であり、幇助の学習効果は極めて大きい。

●幇助ができるようになるためには
ある技の有効な幇助ができるようになるためには、その技の全体経過のどこでどんな失敗が起こりやすいのか、その予期される失敗はどんな危険をはらんでいるのか、それにはどのような幇助が適切なのかを十分に理解しておく必要がある。しかし、タイミングよく手が入ったり、適度な力を加えたりする幇助をできるようにするためには、幇助のやり方をただ知識として知っているだけでなく、繰り返しの訓練が必要になる。それもワンパターンの幇助の繰り返しではなく、技の善し悪しを見抜き、生徒の欠点に対応した幇助の訓練でないと効果は期待できない。

タイミングがずれてしまうと、相当の力が必要になるだけでなく、技の実施にマイナスの影響を与えてしまうことにもなる。

● 生徒同士の幇助について

　生徒同士で幇助を行わせると、動きの観察や協力的な学習という点で多くの教育的効果を期待できる。しかし、その反面、誤った幇助が行われると実施の妨げになるだけでなく、予想外の事故やけがを引き起こすことにもなりかねない。

　生徒同士で幇助を行わせようとする場合、まずは幇助がうまくいかなくても事故やけがにつながらないかどうかの判断が必要である。けがにつながる心配がないときには、教師は技の経過のどこで、どのような幇助を行うべきかという一般的な幇助のやり方を生徒に説明して、行わせることになる。

　しかし、幇助の失敗が危険を伴う場合には、決して安易に生徒同士で幇助を行わせてはならない。それでもあえて生徒同士で行わせる場合には、幇助する技の予期できる失敗とその危険性について、また幇助の具体的なやり方について教師は十分に説明し、何度も手本を示してやるべきである。

　生徒に幇助させるときには、その都度、注意や指示をして、幇助の失敗がないように細心の注意を払わなければならない。安心して生徒に幇助が任せられない場合には、当然のことであるが、教師が行うべきである。

Q7　開脚跳び、かかえ込み跳びの安全対策はどのようにしたらよいでしょうか？

A　安全対策は器械運動全般にかかわることだが、跳び箱運動の切り返し系の跳び方だけを取り上げる理由は、これまでに大きな事故が起こっているからである。大きな事故とは脊椎損傷のことである。捻挫、打撲であれば機能は回復するが、頸椎損傷は半身不随になったり、最悪の場合には死亡にまで至る。訴訟に発展したケースもある。

　切り返し系の開脚跳び、かかえ込み跳びは小学校4年生から学習の対象になっており、回転系の頭はね跳びや前方倒立回転跳びよりも簡単で、危険性もそれほどではないと考えられがちである。しかし、小学校、中学校で跳び箱運動の授業を見ていて、ヒヤッとさせられるのはほとんどが切り返し系の跳び方においてである。

　跳び箱運動の技の紹介や段階的な練習法については第Ⅱ部で取り扱われるので、ここでは基本的な学習のねらいと切り返し系の跳び方に起こり得る危険とその対処法について説明する。

● 跳び箱運動の学習のねらい

　まず、跳び箱運動の学習のねらいを確認しておこう。跳び箱運動の学習は克服型として、高さをねらいとすることが多い。4段を跳べたら次は5段、5段が跳べたら次は6段と、より高い跳び箱を跳べることに学習のねらいがおかれるようである。これには跳び箱は障害物であり、より高い跳び箱を跳び越えることに障害物克服としての価値があるという考えが背景にある。

　跳び箱運動の学習のねらいは、どんな跳び方であれ、よりよく安定してできるようにすることである。よりよくできるということは、第2空中局面が大きく、安定して跳び越すことができ、しかも確実に安全に両足で着地ができるということである。それでは跳び箱の高さはどれくらいが最適なのだろうか。生徒一人ひとりの最適な高さは異なるし、切り返し系、回転系の跳び方によっても異なる。また同じ生徒でも助走と踏み切りの能力に応じて変わってくるので一概には言えないが、これまでの経験から、切り返し系ではへそより少し上の高さを基準とし、回転系ではそれよりやや低い高さだと考えてよい。

● 起こり得る危険と安全対策

　頸椎損傷は着地の際に起こるものであり、足で立つ着地が頭から落下することによって大事故につながる。切り返し系の跳び方で頭から落下してしまうのは、着手がうまくいかない場合に起こりやすい。着手はただ手を着くのではなく、回転を切り返すために両手で跳び箱を突き放す、あるいは突き返すような働きをもっている。この着手の働きが十分でないと前のめりになって、足での着

地が難しくなる。最悪の場合には着手の後、さらに前方への回転が生じると、頭からの落下になる。

例を挙げると、腰より低い高さの跳び箱でかかえ込み跳びを行うことを想像してほしい。助走のスピードが速く、踏み切りが強いと、頭から落下しやすくなる。それに加えて、跳び箱の手前に着手し、踏み切りと着手がほぼ同時に行われると、その確率はさらに高まる。この例からわかるように、着手がうまくいかない条件は低い高さの跳び箱、助走のスピードと強い踏み切り、第1空中局面の欠如が挙げられる。

したがって、頭からの落下を予防するために、着手がやりやすくなる条件を整えてやる必要がある。

第一は、最初から生徒各自に合った高さで練習させることである。その高さに怖がる生徒には、1段だけ低くしてもよい。

第二は、助走距離を短く制限することである。歩数は3、4歩で十分である。これは、着手の際に両手にかかる負担を少しでも軽くし、突き放しができるようにするためである。

第三は、第1空中局面をはっきりと行うように指導することである。怖がる生徒は踏切板を跳び箱に接するように近づけ、手前に着手する傾向がある。仮にその着手位置のままで勢いをつけて跳び越そうとすると、突き放しが不可能となり、お尻が高く上がって回転の切り返しが起こらないまま跳び越すようになり、大変危険である。したがって、手の着く場所に目印をつけて視覚的に確認できるようにし、少しずつ遠くに着手するように指導しなければならない。楽に跳べるようになった生徒には、着手が十分にできるように、跳び箱と踏切板の間を少しずつ広くすることが大切である。

切り返し系でも回転系でも、安全のために着地する場所にスポンジマットが置かれる。これも決して十分ではない。生徒はスポンジマットだと安心して着地で力を抜いてしまい、足首、膝のけがを引き起こすことになる。初期の段階では、スポンジマット上でも膝をわずかに曲げた体勢でしっかり踏ん張って着地する練習が必要となる。

●**着手機能を考慮したセッティングの例**

手で突き放すような動きはほとんど行われることがないので、初期の段階では多くのアナロゴンを経験させる必要がある。そのアナロゴンの経験が実際の跳び方につながるセッティングの例を紹介する（図Ⅰ-2-3）。

①は、同じ規格の跳び箱を横に2台並べ、着地側にそれと同じ高さまでマットを積み上げ、その上にロングマットを敷き、さらにその上に跳び箱の1段を置いた状態である。このセッティングで開脚跳び、かかえ込み跳びの練習を始める。

開脚跳びの場合、助走、踏み切り、第1空中局面、着手の後、上に置いた1段の跳び箱の両側に開脚立ちになる。その立つ位置が少しずつ前方になり、跳び箱を越えたところで開脚立ちができるようになったら、②③へ移っていく。

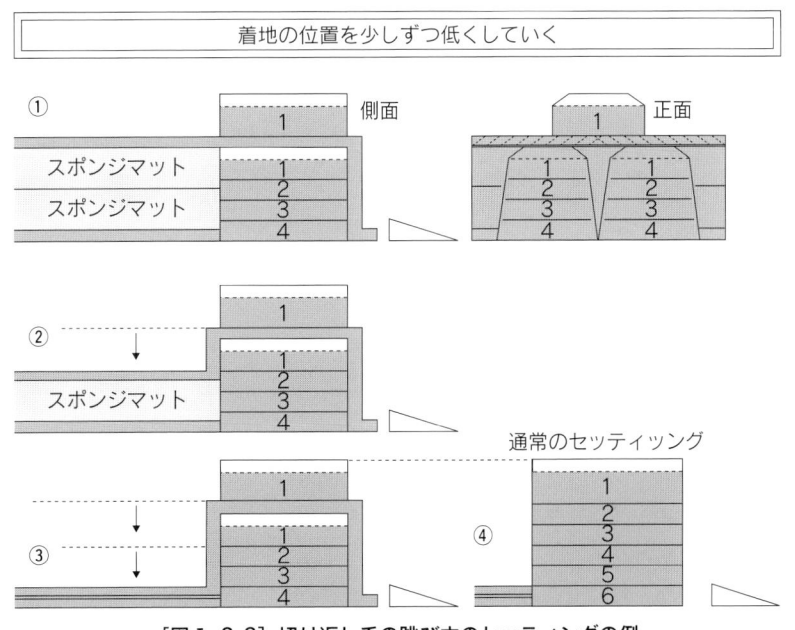

[図Ⅰ-2-3] 切り返し系の跳び方のセッティングの例

かかえ込み跳びでは、1段の跳び箱上にしゃがみ立ちになる。正座になるのはよくない。慣れてきてその1段の跳び箱を跳び越えてマットの上に立てるようになったら、開脚跳びと同様に②③へ移っていく。

このセッティングだと跳び越せなくても安全に着手の練習ができるという、これまでにない利点がある。

Q8 準備運動や体ほぐしの運動は、どのような工夫をするとよいでしょうか？

A ●準備運動の工夫

準備運動は体育の授業の最初に、あるいはスポーツを行う前に身体が十分に動くことのできる状態にもっていくこと、けがを予防することを主な目的として行われる。

かつてソ連の女子体操選手がピアノに合わせて、フロアでジョギングしたり、関節を回したり、柔軟運動をしたり、倒立をしたりしながら、いつの間にか床運動の練習に移っていたのに驚かされたことがある。

体育の授業ではこのような準備運動はできないにしても、最近は簡単な徒手体操とストレッチング、または曲に合わせたリズム体操など、形式的に済まされることが多いようだ。

準備運動は一般的な内容と、その授業で主に行われる活動に対応した個別的な内容によって構成される。一般的な準備運動は軽いジョギング、筋肉、腱、関節などを伸ばす柔軟運動やストレッチングなどで構成され、どの運動領域でも行われるが、各運動領域で工夫されなければならないのはその後の個別的な内容になる。

器械運動の授業では、例えばマットの後転倒立を学習するのであれば、首を回す柔軟運動や首の後ろをよく伸ばすストレッチングを特別に取り入れることや、基礎技能としての後ろに転がっての首倒立や倒立などを組み込むことになる。

また、跳び箱の前方倒立回転跳びを学習するのであれば、マットの前方倒立回転跳びの基礎技能である倒立や倒立移動、倒立を経過してスポンジマットに倒れたり、スポンジマットの上で前方倒立回転跳びを行ったりすることなどが個別的内容として考えられる。

個別的準備運動の内容は、段階的な予備的練習とも考えられるが、主に練習される技に応じた身体的、運動感覚的、心理的な準備という特徴をもっている。

準備運動と対照的なのは整理運動である。整理運動は、体育の授業の最後に練習でこわばった筋肉をほぐし、疲労をなるべく残さないように行われるが、準備運動ほど重要視されておらず、あまり行われていないのが実状である。

●体ほぐしの運動について

平成10年の学習指導要領において従来の体操領域は「体つくり運動」に改められた。「体ほぐしの運動」はこの体つくり運動の一部である。

学習指導要領によれば、体ほぐしの運動は、自分や仲間の体や心の状態に気づき（体への気づき）、日常生活での身のこなしや身体の調子を整えるとともに、精神的なストレスの解消に役立つことができ（体の調整）、仲間と豊かにかかわることの楽しさを体験し、さらには仲間のよさを互いに認め合うことができる（仲間との交流）というねらいをもつ、手軽な運動や律動的な運動である。

器械運動の授業で、このような多岐にわたる内容をもつ体ほぐしの運動を取り扱うとなると、最もわかりやすいのは柔軟性の訓練として行われる2人組の柔軟運動やストレッチングであろう。律動的であれ、静的であれ、1人が力を加えながら、仲間の柔軟性に気づき、その状態に応じて適度に力を加減して、筋肉が伸びる気持ちよさを感じられるようにし、その過程でコミュニケーションを交わすことが考えられる。

しかし、これは一般的な準備運動や整理運動の内容とさほど違いがなく、どの運動領域でも行われることである。器械運動独自の体ほぐしの運動を取り扱うとなると、仲間との交流という点では

幇助が考えられる。

●幇助による仲間との交流

　仲間と交流するということでは生徒同士の幇助が考えられる。生徒同士の幇助は、幇助に失敗しても事故やけがにつながる心配がなく、幇助によって成功体験を味わうことができる技に限ってのことである。相互に幇助することでコミュニケーションが生まれ、それは教え合いへと進んで、自分の身体の状態や運動感覚に気づかされることにもなる。

　例えば、2人で交互に倒立を幇助する場合、ただ足をもつだけでなく、肩にまっすぐ乗った感じをつかませるために、一度足を真上に引き上げて、まっすぐの倒立姿勢にし、そこで尻、膝、足に力を入れさせると、幇助の手を離してもしばらくそのまま静止していることがある。手を離したり、また支えたりを繰り返すと、逆さでまっすぐな身体の状態を感じ取ることができ、バランスを調整することができるようになる。その協力した幇助活動での互いのコミュニケーションは交流を深めることにもなる。

Q9 学習評価を行う際、どのような工夫をしたらよいでしょうか？

A　観点別評価の内容が明らかにされてから、いろいろなかたちで評価が工夫されてきた。そのひとつが学習ノートの利用である。観点別規準が明らかにされてもこのノートを利用することには変わりはない。むしろ、より積極的に使われることになる。もうひとつは単元の終盤で発表会を行うことである。採点する競技会形式の発表会を行っている学校もある。

●学習ノートの利用

　学習ノート、あるいは学習カードは生徒が自主的・意欲的に課題に取り組むために考案されたものであり、授業中の出来事を記録に残すものである。特に、課題別学習が進められている今日では、学習ノートを有効に利用することは学習の効率を上げるひとつの方法である。

　学習ノートを利用する際に問題になるのは、まずは記録する内容である。課題を達成できたかどうか、仲間と協力できたかどうか、楽しく学習できたかどうかなどをアンケート形式で問うだけでは次の学習に生かすことは難しい。

　次は、生徒はいつノートに記録するのかということである。小学校でよく見られるように、授業の終わりに記録する時間を設けると、活動時間が少なくなってしまう。しかも、記述する内容が多ければ、練習時間が短くなるだけでなく、授業時間外にずれ込んでしまう。仮に、練習時間を確保し、記録は授業時間外にすると、大切なことはどこかに忘れ去られてしまう。

　この2点を考慮して、器械運動で学習ノートをどう取り扱うべきかを考えてみる。

　まず、生徒がノートに記録する時間帯だが、授業時間内に書き終えるべきである。器械運動では大勢が同時に練習することはなく、1人ずつ順番に行うのが一般的である。器具の数、生徒数にもよるが、順番を待っている時間というのは意外にもある。この時間帯を利用すると、わざわざ全体で書く時間を設けなくても各自練習の合間に記録することができる。順番を待っている間は、仲間の練習を見たり、場合によっては幇助したり、ただ時間をもてあましているわけではないが、それでも順番がまわってくるまでに記録する時間を確保することは可能である。

　それでは、練習の合間に何を記録に残すのか。

　器械運動の学習で記録にとどめておきたいことは、技の運動感覚意識に関することである。「コツ」に関することと言ってもよい。これが中心になる。練習の合間には今行った技の出来栄えを振り返って自分で評価し、分析し、次の試みに対する注意点（意図）をはっきりさせる。これを繰り返すのだが、毎回コツに関する情報をつかむわけではない。何回か試みた後で記録してもよい。

　とりわけぜひ記録に残しておきたい内容は、「うまくいったこと」、そして「それはどんな点を

注意したからなのか」、あるいは「うまくいかなかったこと」、そして「それはどうしてなのか」ということである。うまくいった理由が自分なりに運動感覚意識として把握できると、次の時間でもそれに集中でき、さらにうまくいくようであれば、その動き方をコツとして自覚できる。うまくいかなかったことを記録しておくと、次の時間に向けての取り組み、注意点を考える糸口になる。また、この点にこそ教師のコメントが必要であり、教師のコメントが生徒の意欲を高め、ノートを通しての教師と生徒とのコミュニケーションにもなる。

動きを言葉で表現することは難しく、適切に表現できないもどかしさを感じることもあるが、記録するために今行った技の感覚を何度も呼び起こし、それを言葉に置き換える努力こそが自己の動きを把握するには大切である。

● 発表会

発表会については第Ⅱ部で詳しく説明するので、ここでは発表会を行うための基本的なポイントだけを説明しておきたい。

1人ずつ行う発表会は普段の練習とは違って、ある種の緊張感を生む。クラスの仲間に注目されていることと、失敗しないでうまくやりたいという気持ちとともに、緊張状態は高まる。さらに採点されて点数が公表されるとなおさらである。その緊張した状態の中で、どのようなさばきで技ができるかは学習成果を確認することでもある。うまくいけば自信につながり、コツはより確かなものになる。予想外の失敗は今まで理解していたはずのコツを改めてとらえ直すチャンスでもある。となれば、発表会は単元の最終時間ではないほうがよい場合もある。

発表会の形式はいろいろ考えられる。1人ずつ順に演技を行う発表会もあれば、簡単なルールを決めて採点する発表会もできる。採点するためのルールは、あまり複雑でなくわかりやすいものにしておくべきである。そして採点は教師だけでなく、生徒同士で行うように指導するほうが望ましい。採点の基準が練習の目安になり、学習も活発になる。

どんな形式であれ、演技は原則としてやり直しのきかない1回限りと決めておいたほうがよい。やり直しができるのであれば緊張感は出てこないからである。失敗できない状況だからこそ、そのためのよりどころが必要になる。それは練習でつかんだ自分のコツにほかならない。そのコツにしがみつくしかないのであり、これまでの学習の成果が試されるところである。

小学校で子どもたちが採点する発表会を何度か参観したが、どれも好評であった。競技会形式で発表会を行うこと、発表会の進め方、ルールなどをあらかじめ生徒に伝えておくと、それが動機づけとなって学習は意欲的になり、採点することが仲間の技を注意深く観察するきっかけになる。仲間の技の出来栄えを関心をもって見ることは子どもたち相互の教え合いを促すことにもなる。

発表会は多くの点でプラスの影響が期待できる。しかし、器械運動の苦手な生徒に対する配慮を忘れてはならない。参観した小学校の発表会が成功したのは、担当の先生ができない苦手な子どもに相当かかわり、授業外でも丁寧な指導をしたことによる。発表会で初めて開脚跳びが跳べたその子どもは涙を流して喜んだが、もっと感動的だったのはその成功にクラスのすべての子どもたちが大きな拍手で称えたことであった。

第3節
器械運動に関する事項

Q1 器械運動と体操競技は同じ運動ですか？ そうであれば、なぜ名前が違うのですか？

A 現在、オリンピック種目として取り扱われている体操競技（Artistic Gymnastics）も、学校体育の中で取り扱われている器械運動（Apparatus Gymnastics）も発祥は同根である。

原始時代の洞窟壁画、子どもの遊びや曲芸師などに見られるように、有史以来、人が逆立ちしたりでんぐり返しをしたり、また、ぶら下がったりする運動は、地域、文化、時代を問わず行われてきている。現在の体操競技・器械運動のルーツを考えるとき、ひっくり返ったり逆立ちしたりというスポーツ種目の運動特性からさかのぼれば、どこまでもさかのぼることは可能である。

● 体操競技の原点はヤーンのトゥルネン

しかし、現在、行われているスポーツとしての体操競技を考えるとき、フリードリッヒ・ルードゥヴィヒ・ヤーン（F.L.Jahn）によって、1811年に当時のベルリン郊外のハーゼンハイデに開設された体操場に起点を求めるのが一般的である。なぜなら、固定された器械を使い、運動の出来栄えを競い合うという器械運動・体操競技の基本的特性、あるいは、そこで使われる器械の種類や形状、また、今日のような競技種目の発展と術語との関係その他を考えると、ヤーンの体操（トゥルネン、Turnen）に起点を求めざるを得ないからである。

ヤーン自身が体操を始めた時代、ドイツ語に「ギムナースティク（Gymnastik）」という言葉も存在していたにもかかわらず、ドイツ人であるヤーンは自分が創った体操に純粋ドイツ語である「トゥルネン」の名称を与えた。他の多くのヨーロッパ言語から考えて、体操の訳語としては、むしろ、ギムナースティクの名称のほうがギリシャ文明以来の伝統的名称であり一般的だったにもかかわらず、わざわざドイツ語でトゥルネンとした背景には、ある特別なわけがあった。

当時、ドイツはプロイセン（ドイツ帝国）と呼ばれ、皇帝が国を治める国家体制であった。そして、強大な勢力をもつナポレオンが実権を握っていたフランスと隣り合っていた。ヤーンが体操場を開設する前、彼はドイツ皇帝の式典を見た。

それ以来、国の安定、安全が彼の脳裏から離れなかったようであり、その悩みに対する彼自身の解決策がハーゼンハイデの体操場開設につながった。ヤーンのトゥルネンは、隣接するフランスから自国が侵略されないようにドイツの若者を鍛えようとする意図があって発生したものであり、確かに国粋主義的思想が根底にあったと言える。現に、ヤーンは過激な思想の持ち主として国家から弾圧された。また、国中に広まったトゥルネンに

[図Ⅰ-2-4] 1811年のハーゼンハイデの開所式

対して禁止令も出されている。その結果、多くのトゥルネン愛好者たちが国外に逃れるようなことも起こっている。現在のハーゼンハイデはベルリンの町の中の公園になっているが、その公園にはヤーンの大きな立像が建っているだけであり、その他にトゥルネン発祥の地らしいものは何も見あたらない。彼が思想的な追及を受けたことがどことなく尾を引いている光景である。このような背景から、ヤーン自身はあまり幸せな一生だったとは言えない。

● ドイツからヨーロッパ全土へと広がったトゥルネン

しかし、ヤーンのトゥルネンは、ギリシャの昔から発展してヨーロッパ全土に数多く存在していた各種のギムナースティクのように、身体の矯正のためや、健康や医療のためといった具体的目的をもつ体操からはある種の逸脱をしていた。身体を鍛えるという点までは他の多くの体操と同じであったが、前述したようにそのやり方が違っていた。固定された器械で出来栄えを競い合わせ、医療体操のように処方によってやり方を強制する体操ではなく、どんなことができるかという創造心をあおるものであった。当時の他の体操に比べると、明らかにこのやり方のほうが楽しく、面白いのは自明のことであり、あっという間にドイツ全土に広まったのもうなずける。

ただ、ヤーンのトゥルネン自体は競争心や想像をかき立てる点で大変楽しいものだったと思われるが、その急激な広がり方に問題があった。当時、体操を行うグループはフェライン（Verein）と言われ、どちらかというと閉鎖的でグループ単位の発展であった。ヤーンが自国を思ってあちらこちらで演説した内容から、国中に広まったフェラインが国家から邪悪な思想の巣窟といった見方をされ、トゥルネン自体の面白さとは裏腹に、国粋主義的な思想との関連で弾圧される結果になってしまった。

その後、ドイツから逃れた人たちの力でトゥルネンの楽しさは国を越えてヨーロッパの広域に広がり、今日の発展につながってくる。

したがって、このような発生経緯である器械運動と体操競技は、そこで行われる種目に制限や違いがあるにせよ、元をたどればその楽しみ方は同じであると言える。名称が異なるのは、日本に入ってくる過程で訳語上の取り扱い方や学校体育という枠の問題などが関係して現在に至っているのである。

Q2 器械運動の技の名称は難しく感じるのですが、俗名ではだめなのでしょうか？

A 俗名でいけないということはない。ただし、俗名を使う時と場合を考慮する必要がある。器械運動の技の名称も一種の言葉であり、言語としての役割をもっている。この役割を確認しておかなければ意味不明、誤解、ひいては練習の効率にも支障をきたす場合がでてくる。

● 技名に求められる「正確さ」と「簡潔さ」の2つの役割によって使い分ける場合がある

技の名称（技名）は一種の専門語（術語）であり、器械運動・体操競技では大切な役割を果たしている。専門語も俗名も言葉であり、基本的には「正しく内容を伝える」ことと「できるだけ簡潔にする」といった矛盾する性格をもっている。

正確さという役割を知るには、まず、器械運動・体操競技の基本的性格を知る必要がある。この性格をひと言で表すならば、「器械運動・体操競技は技の出来栄えを競うものである」と言える。器械運動・体操競技で用いられる「技名」は競争するために用いる「技」の骨格を表すものであり、ある一定の法則でもって区別されている。もし、競争するための技を表す名前が不正確、不明確であったら、比較評価が困難になり、競争が成立しなくなる。例えば、マット運動やゆかのかかえ込み前転と伸膝前転の区別がつかず、同じ技として扱われるようなことがあったら、その競争は不公平なものになる。技名は誰が使っても、その技の内容がおおよそ理解・伝達されなければならない

ものである。

　一方、簡潔さの例としては、自分たちの練習場で使っている技名や俗名が挙げられよう。技名として正しく技の概略を伝えるという言葉の働き以外に、もうひとつ、言葉の働きとして要求される簡略さに利点をもつ。現実の練習場面では時間的に余裕がない場合、いちいち正式な長い名称を使うより、その内容が周知のことであればできるだけ短く簡潔なほうがよい。自分たちの練習場では、誰が、どんな技を、どのような過程で練習してきているかなどは明確に表す必要もないほどよく知っているものであり、毎回、正式名称を用いる必要はない。むしろ、長々しい正式名称を使うことによって、大切な成功の機会を逃してしまいかねない。

● **正式名称は技の法則性に基づくものであることを知る**

　自分たちの練習場から一歩外に出ると、同じ技でもそれぞれの練習集団ごとに別な表し方をしている可能性がある。同じ国の中でも相当な内容の異なりがあり、また、国を越えれば言語自体が違っており、決して同じ技名を使っているわけではない。言葉がある集団を越えて有用であるには、必然的に前者の正確な伝達の働きが優先されなければならなくなる。

　インターネット時代に入り、国内はもとより、国を越えた情報交流が簡便になった今日、俗名を使ってそのまま誰にでも理解され得るかどうかを考えてみる必要が生じてきている。コンピュータ上では言語的には英語が強く、世界共通語化していると思われがちであるが、英語、特にアメリカ（米）語の技名はほとんどが外来語であり、また、地域的俗称が激しい。一般言語として英（米）語が共通性を備えてきているようだが、体操競技に関して包括的に技の区別をするという点では、現在まだ問題がある。言葉、特に国際間で用いられる技名は、その言葉によっておおよそその技の骨格を伝達するための機能をもっていなければならない。技の基本的な異なりを表す「基本語」と、それを修飾する「規定詞」が設定され、それぞれの使い方による一定のシステム（造語法）がなければ、技の創造を許容する世界には対応できない。外来語、擬態語、人名などが雑多に使われる率の多い米語は、一般語・日常語としては別であろうが、体操の専門語としては熟していないのが現状である。

　技の区別、造語法においてヤーンの体操は発祥と同時に大きな利点をもっていた。ゲルマン人の性格的なものかもしれないが、ヤーンの著した本では、すでに体操専用の基本語と規定詞が定められており、いろいろな技の開発にも対応できるような状態にあった。

　ドイツ語は少し角張っていて親しみがもてないきらいはあるが、技を区別するという点では系統的な区別の仕方をした。そのことによって異人種、異文化を含んだ世界中の体操の統括が可能になったと言っても過言ではない。

　技の正式名称は多少難解かもしれないが、その法則性を理解すれば、まさに的確なものであることがわかる。日常的に使用する場合は別であり、内容が伝わる範囲で簡略化されて当然である。しかし、技名全般については、何の脈絡もない俗称だけに依存すると、星の数ほどある技の整理、新しい技の開発といった点で行きづまりを招くことになり、また、言語を異にした人たちとの交流も難しくなる。幸い『体操競技のコーチング』（金子明友、大修館書店）に見られる日本語の正式名称は国際比較考察の上に成り立っているものであり、その考え方は非常にグローバルであると言える。結論としては、日常使う言葉としての俗名とは別に、正式な名称（専門語ないし術語）を理解する必要はあるということになる。

Q3 マット運動はどんな歴史的変遷を経てきたのでしょうか？ また、マット運動とゆか運動は違うのですか？

A マット運動は日本の学校体育の中で使われる名称である。諸外国の体操の授業で、日本と同じやり方でマット運動を行っている国はない。本来は体操競技のゆか運動（古くは徒手体操）を簡易的に狭いスペースで行おうとしての工夫なのである。ゆか運動はヤーンの体操にはなかったものであるが、競技の発展に伴って現在の位置づけに至っている。

●ヤーンのトゥルネンには見られなかった「ゆか」

現在、ゆか運動の中で行われている運動の特徴としては、巧技的（アクロバティック）な運動の多いことが挙げられる。逆立ちしたり、ひっくり返ったりというように、びっくりするような姿勢保持や力技などの運動は、実に歴史が古く、踊りと同様、人類出現と同時に存在していた可能性がある。各時代、地域を問わず、曲芸、子どもの遊び等々の世界で伝搬・伝承されてきている。

本節Q1でヤーンのトゥルネンが今日の体操競技の発端であることを述べたが、トゥルネンに「ゆか」という器械はなかった。巧技的な運動を中心テーマとして考えれば、トゥルネンのほとんどが巧技的であり、現在に通じるゆかという道具こそなかったものの、最も歴史の古い巧技形態の伝承は他の種目で行われていたとも言える。

トゥルネンが出現する前、ヨーロッパ各地に種々の体操（ギムナースティク）が存在していたこともQ1で述べた。スウェーデン体操、デンマーク体操といった体操が存在し、教育・医学的な背景をもって発展していた。19世紀半ばを過ぎ、各地で体操祭、競技会がもたれるようになっても、現在のようなゆか運動（つまり巧技的な内容の種目）の系統はヤーンの体操の系統には現れず、スウェーデン体操やデンマーク体操で行われていた徒手体操（Freiubungen）が主流をなしていた。前屈を2回行えばその補償として後屈を2回やるといった形で、巧技的な運動にあまり価値がおかれずに実施されていた。オリンピックにゆか運動が取り入れられたのは、1928年アムステルダム大会からとのことだが、当然ながら巧技形態を排除した形で行われていた。

●屋外で行われていた体操競技

現在は12m四方の平面を使っているが、1911年のベルリンオリンピック大会では8m四方のスペースで行われており、しかも、屋外の芝の上で行われている。助走を必要としない徒手体操ではそれほど広いスペースは不要だったのである。体操競技が屋内競技に定着したのは比較的新しい。練習は屋内で行われていたが、競技会は屋外で行われることが多かったようである。ベルリン大会のとき、跳馬だけはステージで実施したため、屋根付きであった。これが屋内競技会への移行の前兆であったが、その後も屋外で競技会が行われている。

1960年のローマオリンピック大会の写真を見ればわかるように、20世紀に入っても屋外で公式大会が行われている。当初は芝生や床の上に正方形の線を引いただけの演技面を使っていたが、現在では、パネルの間に弾性材を挟んだ非常にバネのある床を使っている。

ゆか運動で巧技系の運動が行われるようになったのは1932年のロサンゼルスオリンピックからだというが、当時まだ完全に旧来の徒手体操から抜け出してはいない。1960年、完全に巧技形態に移行した時代でもまだ日本では「徒手」ないし「徒手体操」と呼ばれていた。徒手空拳の意味で、「何も手に持たずに行う運動」ということである。これはドイツ語の「フライユーブングストゥルネン（Freiübungsturnen）」からの訳語なのであろう。1960年代には、国際競技会で使っていた名称は「ボーデンユーブンゲン（Bodenübungen=独）」「フロアーエクササイズ（Floor Exercise=英）」「エクセルスィスオソル（exercise au sol=仏）」であった。1964年、オリンピック東京大会を契機に当時の世界水準に合わせるために、ドイツ語

(Boden)、英語（floor）、フランス語（sol）の意味の「床」「地面」の語が日本語の名称として国内にもち込まれた。公的報道機関も巻き込み、大変な用語の改訂であったという。

　歴史的に現在のゆか運動に至る経緯は非常に複雑である。いわゆる徒手体操と巧技的運動との接点を解消しながら今日に至っている。日本ばかりでなく諸外国においても、体操という名称については、その歴史の古さからいまだにギムナスティクとトゥルネン、スポーツと健康運動の区別が難しい状態にある。この判断の難しさの最たるものがゆか運動の歴史の中で見てとれる。

● マット運動とゆか運動は本来的に同根

　マット運動とゆか運動は本来的には同根であり、それぞれの運動のめざすところは同じである。学校体育の場で、現在、競技で使用されているような12m四方の道具を備えることは資金的に非常に難しいことは推察できる。マットを使った授業は日本独特のものであることを上述したが、その理由は、日本人のマットの使い方はマットを使って準備運動、回転技の学習、柔軟運動、筋力トレーニングまで何でもこなしてしまうからである。このような広範なマットの使い方をする国は日本以外にないのであり、日本人の智恵と言えよう。

　あえて違いを挙げるならば、マット運動は一般に直線上に設定され、ゆか運動のように12m四方を使う平面的な広がりに欠ける点である。

Q4　跳び箱運動はどんな歴史的変遷を経てきたのでしょうか？　また、跳び箱運動と跳馬の違いはどんな点にありますか？

A　ヤーンのトゥルネンにあん馬という器械があるが、そのルーツを訪ねると、遠くローマ帝国時代の乗馬術とかかわっているという。その乗馬術では木馬をつくり、それに乗る、下りるといった基本的なことが多かったらしい。「ヴィーデマンによれば、古代ローマの乗馬術訓練があったが、そのあと幾世紀もの間、訓練の目的で木馬を利用された記録はない」という。

● 古代ローマの乗馬術から分岐したあん馬・跳馬運動

　そして「貴族や騎士の予備訓練として、生きた馬の変わりの練習器具が現れる時代まで待たなければならないようである」。騎士時代の乗馬術において「作法」や「振る舞い方」が乗馬術と多く関連し、特にフランス宮廷では騎士育成のために作法が確立され、乗馬術の様式が築かれてきた。

　この時代に多くの教本が出されており、当時の乗馬術の内容を知る手がかりを残している。なかでも、パッシエンの教本はよく知られているものだが、『kurze, jedoch gründliche Beschreibung des Voltigierens』という教本がある。これは1661年に発刊されたということだが、「簡潔かつ基本的な乗馬術の解説」とでも訳すのだろうか。表題の中に「ヴォルテジィーレン」という言葉で乗馬術が表されている。この言葉はラテン語の「回す」「うず巻く」に由来するという。単に馬に乗る、下りるだけではなく、足を回したり身体の向きを変えたりすることも訓練内容であったらしい。この時点ですでにあん馬としての独立方向性が感じられる。

　古代ローマの乗馬術に始まる、馬を使った運動の内容が分岐し、手で支えて馬上で運動するあん馬運動が独立していった一方、古くからの乗馬術にある、跳び乗る、跳び越すといった運動形態が現在の跳馬運動としての発展方向を見出していった。

　乗馬術には馬の乗り方、下り方などの基本的な馬の扱い方や作法があり、また、曲乗りのような発展形もある。伝統的文化に支えられた乗馬術の影響が現在のあん馬や跳馬、跳び箱運動にまで影響している。

　1877年ドイツ体操祭の跳馬規定演技では、助走が6歩に制限され、「四種類のうち馬上に一回

方が可能である。いずれにせよ、道具はその性質や用途を知らなければ役に立たないことは同じである。

●軟らかさ、跳ね返りの強さなどを事前にチェックする

スポンジマットは、第一に、その性質を確認する必要がある。どのくらいの踏みしろを感じる柔らかさか、またどのくらいの強性かなどを確認することが先決である。と同時に、中のスポンジに割れ目がないことも確認しておく必要がある。

上から踏みつけて底着きするまでの間合いを知らないと空足を踏んだようになり、ハッと思って力を抜いたときにガツンと床の衝撃を感じる。この場合は、階段の踏み外しのようなものであり、一瞬力を緩めることが多い。ひどい場合には膝の靭帯損傷を引き起こすこともある。また、用心して踏んだつもりでも、スポンジの割れめに気づかずに使用すると足首が内外にねじられ、大きな捻挫を引き起こすこともある。

特殊な着地マットは別であるが、スポンジマットのスポンジは小さな気泡の集合体であり、弾き返す力をもっている。上から踏みつけた場合、沈んだ後は逆に押し返してくる。そして、踏みつけて沈むということは、穴の中に足を入れた状態になり、周りからスポンジが覆い被さってきて足が滑らないよう固定される。この固定する性質と、下から押し返す性質はスポンジマットの基本的な性質であり、頭からつっこんだときのことを考えると恐ろしい。何かの拍子で転び、頭を打ちつけるようなことがあっても、床に斜めにあたれば、堅い床なら滑って派手な音がして目から火花が出て、大きなこぶ程度ですむ。しかし、スポンジマット上だと固定され、最後に下から押し上げられる結果になり、取り返しのつかない結果になることもある。

このような性質をもつスポンジマットを上手に使うには、そのマットの性質がわかるまで、無理な踏ん張りやつっぱりをしないことである。

最初のうちはスポンジの沈み具合がわからないので、脚、腰などを伸展したような姿勢で下りてはいけない。少し膝や腰を曲げたような姿勢で踏ん張る、ないしは、転がり込む。性質がわかってからその踏みしろに合わせて踏ん張るようにする。

●スポンジマットの性質を理解し、使い方を工夫する

一度、性質がわかれば、いろいろな使い方が可能になる。両足で着地することを除いて、わずか20cmのマットに3m近くある鉄棒から落ちてけがをしない方法もある。その方法は、転がり込むか、あるいは、身体のどこか1ヵ所で支えるようなことをせず、身体全体が一度にマットに着くように落ちることである。転がり込むのは水平に位置移動して、かつ、転がる余裕があるときに可能である。身体全体で落下するのは、一件、おおげさに見えるかもしれないが、身体が接する面を多くすればするほどスポンジに対する衝撃は分散し、底着きしにくくなる。

スポンジマットは軟らかく、かつ、押し返してくれる性質があり、ゆか運動の前方倒立回転跳びを練習する段階でうまく利用すると、想像以上に突き手の効果を発揮する。ただしこの場合は、マットを押し込んでからその反発を感じるまで時間がかかるので、身体を硬直させた状態でマットの押し返しを待たなければならない。

スポンジマットは比較的軽いので積み重ねることも容易である。跳び箱の高さくらいに積み上げれば跳び箱の第1空中局面の練習には便利である。あるいは、踏切板を踏み外し、跳び箱に激突した経験のある場合など、跳び箱に向かって走るのは怖いものだが、跳び箱の代わりにスポンジの山に向かって走ると思えば、気持ちのうえで相当恐怖は軽減される。

その他にも落差を意識した使い方や転がることを前提にして傾斜させて使う方法もある。スポンジマットはこの他にも多くの使い方があるが、その安全性については工夫次第であり、「使い方による」ということになる。

第3章

新しい時代の体育の課題
〈各種目共通の内容〉

第1節　これからの体育のめざす方向
第2節　指導計画作成の視点
第3節　男女共習に対する考え方
第4節　評価に対する考え方

第1節
これからの体育のめざす方向

1 ［生きる力］をはぐくむ体育の学習指導

　［生きる力］をはぐくむことの重要性を指摘したのは、平成8（1996）年7月、中央教育審議会第一次答申（「21世紀を展望した我が国の教育の在り方について」）である。このことが指摘された背景については、「先行き不透明な社会にあって、その時々の状況を踏まえつつ、考えたり、判断する力が一層重要となっている。（中略）入手した知識・情報を使ってもっと価値ある新しいものを生み出す創造性が強く求められるようになっている。」（同答申）からである。この答申に基づいて、平成10年7月、教育課程審議会❶が「幼稚園、小学校、中学校、高等学校、盲学校、聾学校及び養護学校の教育課程の基準の改善について」答申している。これらの答申の趣旨や教育課程の実施状況などをふまえて、今次の学習指導要領は改訂（平成10年12月中学校の改訂告示、平成11年3月高等学校の改訂告示）されている。

　したがって、各学校・生徒の実態などに応じて、各教科等学校教育活動全体を通じて、すべての生徒たちに［生きる力］をはぐくんでいかなければならない。

　［生きる力］とは何か。

> ①自ら学び、自ら考えるなどの資質や能力（自分で課題を見つけ、自ら学び、自ら考え、主体的に判断、行動し、よりよく問題を解決する資質や能力）
> ②豊かな人間性（自らを律しつつ、他人とともに協調し、他人を思いやる心や感動する心など豊かな人間性）
> ③たくましく生きるための健康や体力

　体育においては、当然のことながらたくましく生きるための健康や体力を高めていくが、運動の課題を自ら見出し、教師の適時・適切な指導・援助の下、その課題を解決して運動の楽しさや喜びを味わうことができるようにする。さらに、体育の学習活動は、たとえ個人的なスポーツであっても、基本的に相手がいてはじめて学習が成立する教科であり、ここに他人を思いやる心など、自他の関係をさまざまに学ぶことができる。

　このように、これからの体育のめざす方向は、これまでの「丈夫な体をつくる」ことだけでなく、心と体を一体としてとらえ❷、生涯にわたって

---

❶**教育課程審議会**
　中央教育審議会の答申（主として教育理念）をふまえ、学校の教育内容の組織・編成のための具体的な内容を審議し、提言を行う。これらの答申をふまえ、文部科学省（旧文部省）が、学校教育法施行規則に基づき、学習指導要領を定めて告示するものである。現在、平成13年1月の省庁再編に伴い、中央教育審議会初等中等教育分科会として位置づいている。

❷**心と体を一体としてとらえる**
　生徒の心身ともに健全な発達を促すためには心と体を一体としてとらえた指導が重要であることから、今回の改訂で強調されたものである。心と体の発達の状態をふまえて、運動による心と体への効果や健康、特に心の健康が運動と密接に関連していることなどを理解することの大切さを示している。そのために、「体ほぐしの運動」など具体的な活動を通して心と体が深くかかわっていることを体得するよう指導することが必要である。

仲間とともに積極的に運動に親しむことができるようにすることといえる。

この［生きる力］について、平成20・21年改訂の学習指導要領では、①確かな学力、②豊かな心、③健やかな体と言い換えているが、その意味するところは変わらない。

2 運動に親しむ資質や能力の育成

これまで、技能の向上が生涯にわたってスポーツに親しむことができるといわれてきた。このことを否定するものではないが、すべての生徒に一律に技能の向上を求めても難しい。人にはそれぞれ能力と適性がある。自己の能力と適性などに応じて運動を選び、運動の楽しさや喜びを味わうことができるようにすることが大切である。

では、運動に親しむことのできる資質や能力❸とは何か。

> ①運動への関心や自ら運動をする意欲
> ②仲間と仲よく運動をすること
> ③運動の楽しさや喜びを味わえるよう練習の仕方や試合等の仕方を工夫する力
> ④運動の技能
> ⑤運動の知識・理解

❸運動に親しむ資質や能力
新しい学習指導要領における保健体育科の具体的目標は3つである。すなわち、①運動に親しむ資質や能力の育成、②健康の保持増進のための実践力の育成、③体力の向上。したがって、学習指導においては、運動に親しむことのできる資質や能力とは具体的にはどういうことを意味しているのかしっかりと把握しておかなければならない。

以上のことからもわかるように、運動に親しむことのできる資質や能力をただ単に技能とはとらえていない。むしろ、運動への関心や意欲という、いわば情意領域を重要な要素ととらえている。また、運動の楽しさや喜びは、仲間とともに頑張ったときに得られたり、自分なりに課題を解決して技能が高まったりしたときに味わうことができる。その技能も教師の適時・適切な指導・援助のもと、さまざまに練習や試合等の仕方を工夫して得られたとすれば、その喜びはいっそう大きいものがある。運動についての知識・理解も重要である。これらは有機的に関連し合うものであって、運動に親しむことのできる資質や能力としている。

では、このような資質や能力はどのようにして育てていけばよいか。そのためには、各学校の施設・設備、教員数などの実態および生徒の能力・適性等に応じて、適時に、運動を選ぶことができるようにすることである。そして、どのような技能をどのような方法で身につけていけばよいか、自分なりの課題を見出し、解決していくことができるような学習過程を工夫することである。教師主導ではこのような資質や能力を身につけさせることは難しいし、自ら運動をする意欲を引き出すことや運動の課題を解決する力を養うことは難しいと言わざるを得ない。基礎的・基本的な内容については教えるべき内容として繰り返し指導するなどその徹底を図るとともに、生徒一人ひとりが自己の課題を解決できるよう認め、励ましていくことが求められる。

3　活力ある生活を支えたくましく生きるための体力の向上

　文部省（現文部科学省）が毎年実施している体力・運動能力調査報告書によると、昭和60（1985）年以降今日まで、体力・運動能力の低下傾向が続いていることは周知の通りである。その理由についてはさまざまなことが指摘できるだろうが、つまるところ、「日常生活において、体を使っての遊びなど基本的な運動の機会が著しく減少していることに起因する」（中央教育審議会第一次答申、平成8年7月）。このようなことから、［生きる力］の重要な柱のひとつとして「たくましく生きるための健康や体力」が強調されているのである。

　しかも、「運動に興味をもち活発に運動をする者とそうでない者に二極化していたり、生活習慣の乱れやストレス及び不安感が高まっている現状」（教育課程審議会答申、平成10年7月）が指摘されている。このように体だけでなく、心に起因する課題も指摘されているところである。

　今後、体力の向上❹を図ることについては、これまで以上に重要な課題といえる。一般的に、体力があるといえば、筋力や背筋力があるとか、持久力があるとか、いわば体力の要素に着目した見方が生徒および保護者に少なくない。

　したがって、体力をどのように意味づけするかということがきわめて重要になる。学習指導要領の改訂において、体力は活力ある生活を支えるもの、あるいはたくましく生きるためのものというとらえ方がなされている。つまり、「活力ある生活を支え、たくましく生きるための体力」というとらえ方をしていることに着目する必要がある。

　さて、今回の改訂で、「体ほぐしの運動」が導入されている。これは、前述したように、運動をする者とそうでない者との二極化、精神的なストレスなど児童生徒の体力等の現状をふまえ、心と体を一体としてとらえ、自分の体に気づき、体の調子を整えるなどのねらいをもった運動として新たに位置づけられたものである。この「体ほぐしの運動」は運動そのものの楽しさや心地よさを求めるものであって、技能の向上とか直接的に体力を高めるための運動ではない。むしろ、仲間とともに運動に親しむことなどによって、すべての児童・生徒が運動そのものの楽しさ・心地よさを味わい、結果として、体力を高めようと自ら気づいたり、運動やスポーツに親しむ意欲や態度を身につけることをめざしているものである。

　体力を高めるためにはどのようにすればよいか。「鉄は熱いうちに打て」「体力は必要」ということから、たとえ面白くなくとも一定の運動を教師主導で画一的に指導してきた嫌いがある。しかし、児童生徒の体力や運動への関心・意欲等の実態はさまざまである。運動そのものの楽しさがなければ内発的な意欲は高まらない。

　したがって、①学校や生徒の実態などに応じて、教師のほうから「体ほぐしの運動」としてさまざまな運動を提示してその面白さを体験させた後、生徒たちにもいろいろな活動例を工夫させてみるなど積極的に行う、②個

❹体力の向上
　平成14年9月の中央教育審議会答申「子どもの体力向上のための総合的な方策」においても、子どもの体力向上のための具体的な取り組みが行政、家庭、学校、地域社会などにおいて、相互に連携を図りながら進められることを強く望むとして危機感を募らせている。そのために、「体を動かそう全国キャンペーン（仮称）」が展開されることとなっている。

に応じた体力トレーニングのメニューを教師の指導援助のもと自ら計画を立て、仲間とともに活動の仕方を工夫するなど目的をもって自ら進んで行う、③運動を日常生活の中に積極的に取り入れ、生活の重要な一部にする、など、体力の向上を図るための実践力を身につけるようにすることである。

4 基礎的・基本的な内容の徹底と個に応じた指導の充実

　「楽しい体育」論、あるいは、生徒自身による課題解決型の学習指導が強調されたことから、教師が「指導」してはいけないかのごとく誤った見方がある。その結果、生徒たちが基礎的・基本的な内容を身につけていないなどの指摘がある。

　体育の学習内容として各種の運動があるが、どの運動についてもそれぞれ個々の基礎的・基本的な内容がある。その基礎的・基本的な内容については、当然のことながら教師のほうで適時・適切に「指導」したり、生徒自身に気づかせていくよう「指導」したりする必要がある。このことなくして、生徒自身が自己の能力等に応じて運動の課題を解決するなど、課題解決型の学習はおろか、発展的な内容を身につけていくことができないのは自明のことである。教師は「教えはぐくんでいく」ものである。

　したがって、生徒の実態や状況などに応じて、教師が全体に対して、一定の基礎的・基本的な内容を繰り返し指導するなどして、その徹底を図ることも大切なことである。しかし、生徒一人ひとりの運動経験や能力・適性等がさまざまであることから、一人ひとりの生徒に適切に対応した指導で、すべての生徒が運動の楽しさや喜びを味わい、それぞれのよさや可能性を伸ばすことができるようにしていかなければならない。一斉指導❺と個に応じた指導❻の兼ね合い。ここに教師の専門性が求められる。

　基礎・基本の徹底と個に応じた指導、その兼ね合いをどのようにすればよいだろうか。

　指導と評価の面でまず大切なことは実態の把握である。単元の「はじめ」において、生徒たちの運動経験の有無、運動の楽しさ体験、技能の程度、運動への関心・意欲等について把握することである。実態を把握することもなく、本校には本校の、私には私のやり方があるとばかりに一斉指導に入ることは避けなければならない。

　次に大切なことは、単元の「中間まとめ」のところである。一定の授業時数で評価を含む学習指導を展開してきたことをふまえ、どの程度の基礎的・基本的な内容が定着したのか、どの程度の発展的な内容が身についたのかを、教師による評価および生徒の自己評価、生徒同士による相互評価などによって適切に確認し合うことである。この中間まとめを後半の学習指導に生かしていく。

　また、単元の「まとめ」において総括的に評価し、次の学年（単元）につなげていくようにする。もとより状況に応じて、生徒自身が自己の運動の課題を解決することができるよう、毎時間、適時・適切に全体に対する

❺一斉指導
　学習集団の子どもに対して、同じ内容を同じ方法で一斉に指導をすることである。これまでもっとも多く行われてきた指導法・指導形態である。効率的ではあるが、個に応じた指導という観点から課題がある。

❻個に応じた指導
　一斉指導に対して、子どもたち一人ひとりが必要とする学習は違っているという前提に立った指導のことである。個に応じた指導では、子どもたち一人ひとりの学習に重点が置かれ、学習課題が一人ひとりまったく違ったものを与えられる場合と、同じ学習のねらいの下にあって、違った課題が与えられる場合とがある。

❼ティームティーチング
　基礎・基本を確実に身につけることができるよう、個別指導やグループ別指導、ティームティーチングなどがある。ティームティーチングは、教師が協力して指導に当たる指導法・指導形態のひとつである。

指導や個に応じた指導をすることは大切である。このような学習指導を3年間を見通して、あるいは中学校から高等学校の発展を考慮してスパイラルのように「積み重ね」ていくことがきわめて重要である。また、指導体制の面から、各学校の実態に応じてティームティーチング❼を導入することも効果的である。

　この他、個に応じた指導で重要なことは、選択制授業を位置づけた年間計画の作成はもとより、カリキュラムの面から必修教科（科目）との関連を図った選択教科（科目）保健体育の開設である。各学校の特色ある教育課程の編成・実施として、創意工夫が求められる。体育・スポーツに関心の強い生徒、得意ではないが、もっと時間をかけて体育・スポーツに親しみたい生徒などの多様なニーズにこたえるとともに、生涯にわたるスポーツライフの基礎づくりを図っていく。

第 2 節
指導計画作成の視点

　指導計画は、教科保健体育の目標を実現するうえで重要な役割を果たすものである。指導計画には、年間計画、単元計画、さらには1単位時間の時案があるが、教科の目標、その目標を受けて具体的な学習内容をどのようなねらいで、どのように展開していくかの道すじをそれぞれ示したものである。したがって、指導計画作成にあたっては、各学校の実態などをふまえ、学習指導要領に即して行わなければならない。

1　教科等の目標

　保健体育の目標[8]や体育分野・科目体育の目標は、単なる「お題目」ではなく、実現されなければならないものである。固有の目標があればこそ、学校教育の重要な教科のひとつとして学習指導要領に位置づいているのである。

（※平成 20・21 年改訂の学習指導要領から）

小学校体育の目標	中学校保健体育の目標	高等学校保健体育の目標
心と体を一体としてとらえ、適切な運動の経験と健康・安全や運動についての理解を通して、①生涯にわたって運動に親しむ資質や能力の基礎を育てるとともに、②健康の保持増進と③体力の向上を図り、楽しく明るい生活を営む態度を育てる。	心と体を一体としてとらえ、運動や健康・安全についての理解と運動の合理的な実践を通して、①生涯にわたって運動に親しむ資質や能力を育てるとともに、②健康の保持増進のための実践力の育成と③体力の向上を図り、明るく豊かな生活を営む態度を育てる。	心と体を一体としてとらえ、健康・安全についての理解と運動の合理的、計画的な実践を通して、①生涯にわたって豊かなスポーツライフを継続する資質や能力を育てるとともに、②健康の保持増進のための実践力の育成と③体力の向上を図り、明るく豊かで活力ある生活を営む態度を育てる。

中学校体育分野の主な目標	高等学校科目体育の主な目標
①運動の楽しさや喜びを味わうとともに知識や技能を高めることができるようにすること ②自己の状況に応じて体力の向上を図り、心身の調和的発達を図ること ③公正、協力、責任などの態度および健康・安全に対する態度を育てること	①知識を深めるとともに技能を高め、運動の楽しさや喜びを深く味わうことができるようにすること ②自己の状況に応じて、体力の向上を図る能力を育てること ③公正、協力、責任などの態度および健康・安全に対する態度を育てること

[8]**保健体育の目標**
　保健体育の目標（中学校）を構造化すると次のようになっている。

内容・方法	心と体を一体としてとらえ、運動や健康・安全についての理解と運動の合理的な実践
↓	
具体的目標	①生涯にわたって運動に親しむ資質や能力の育成 ②健康の保持増進のための実践力の育成 ③体力の向上
↓	
究極的目標	明るく豊かな生活を営む態度の育成

教科の目標については、心と体を一体としてとらえることを重視し、生涯にわたる豊かなスポーツライフの実現および自らの健康を適切に管理し、改善していくための資質や能力を培うことをめざしている。

　体育分野、科目体育の目標については、教科の目標を受けて、生涯にわたる豊かなスポーツライフの基礎づくり、体ほぐしと体力の向上、いわゆる社会的な態度と健康・安全に関する態度の育成をめざしている。

2　年間計画作成の基本的な考え方

　年間計画については、1年間の学習の見通しを明確にした計画であり、教科等の目標を実現するためにも、中学校3年間あるいは高等学校を卒業する年次まで視野に入れて作成することが必要である。

　そのうえで、本章第1節で述べたように、これからの体育のめざす方向、言葉を換えて言えば、［生きる力］をはぐくむ体育の学習指導、つまり「体育」の目標の実現をめざして、①運動に親しむ資質や能力の育成、②活力ある生活を支え、たくましく生きるための体力の向上、③基礎的・基本的な内容の徹底と個に応じた指導の具現化を図るよう、どのような内容（運動領域・種目）を、どのようなまとまり（単元）として、いつ、どのように指導するのか、創意・工夫を加えて計画していかなければならない。

　その際、各学校の実態などに応じて、どのような生徒を育てていくのか、その生徒像を具体的に明らかにしていくことが大切である。このことから各学校の特色ある教育課程の編成および体育の年間計画の作成が明確になるものと考えられる。

　なお、特別活動❾（特に体育的活動などの学校行事）や運動部活動❿など学校教育活動全体との関連を図ることはいうまでもない。

　このようにして作成された年間計画をすべての生徒に配布することが肝要である。生徒自身が在学中にどのように体育を学んでいくのか見通しをもつことができるようにすることが自主的な学習活動につながるからである。

3　年間計画作成上の留意点

　どのような内容（運動領域・種目）を取り扱うかについては、各学校ともその実態などをふまえつつ、国としての基準である学習指導要領の趣旨を生かしていかなければならない。どのようなまとまり（単元の構成・規模）として、いつ、どのように指導するのかについては各学校の創意・工夫である。

　したがって、年間計画を作成するにあたっては、各学校のめざす生徒像、生徒数・教員数、施設・設備、地域性など、生徒の運動に対する関心・意欲、体力や技能の程度、運動の楽しさ体験、目標の実現状況などに留意し

❾特別活動
　望ましい集団活動を通して、心身の調和のとれた発達と個性の伸長を図り、集団や社会の一員としてよりよい生活を築こうとする自主的、実践的な態度を育てるとともに、人間としての生き方（高校では、在り方生き方）についての自覚を深め、自己を生かす能力を養うことが目標である。このための内容として、学級活動（高校では、ホームルーム活動）、生徒会活動、学校行事の3つで構成されている（新学習指導要領による）。

❿運動部活動
　学校において計画する教育活動であり、より高い水準の技能や記録に挑戦する中で、運動の楽しさや喜びを味わい、豊かな学校生活を経験する活動であるとともに、体力の向上や健康の増進にもきわめて効果的な活動である。

ていくこととなる。

[表 I-3-1] 平成20年改訂の中学校体育分野の領域および内容（運動種目等）の取り扱い

領域及び領域の内容	1年	2年	内容の取扱い	領域及び領域の内容	3年	内容の取扱い
【A 体つくり運動】 ア　体ほぐしの運動 イ　体力を高める運動	必修	必修	ア、イ必修（各学年7単位時間以上）	【A 体つくり運動】 ア　体ほぐしの運動 イ　体力を高める運動	必修	ア、イ必修（7単位時間以上）
【B 器械運動】 ア　マット運動 イ　鉄棒運動 ウ　平均台運動 エ　跳び箱運動	必修		2年間で、アを含む②選択	【B 器械運動】 ア　マット運動 イ　鉄棒運動 ウ　平均台運動 エ　跳び箱運動		ア〜エから選択
【C 陸上競技】 ア　短距離走・リレー、長距離走またはハードル走 イ　走り幅跳びまたは走り高跳び	必修		2年間で、ア及びイのそれぞれから選択	【C 陸上競技】 ア　短距離走・リレー、長距離走またはハードル走 イ　走り幅跳びまたは走り高跳び	B、C、D、Gから①以上選択	ア及びイのそれぞれから選択
【D 水泳】 ア　クロール イ　平泳ぎ ウ　背泳ぎ エ　バタフライ	必修		2年間で、アまたはイを含む②選択	【D 水泳】 ア　クロール イ　平泳ぎ ウ　背泳ぎ エ　バタフライ オ　複数の泳法で泳ぐまたはリレー		ア〜オから選択
【E 球技】 ア　ゴール型 イ　ネット型 ウ　ベースボール型	必修		2年間で、ア〜ウのすべてを選択	【E 球技】 ア　ゴール型 イ　ネット型 ウ　ベースボール型	E、Fから①以上選択	ア〜ウから②選択
【F 武道】 ア　柔道 イ　剣道 ウ　相撲	必修		2年間でア〜ウから①選択	【F 武道】 ア　柔道 イ　剣道 ウ　相撲		ア〜ウから①選択
【ダンス】 ア　創作ダンス イ　フォークダンス ウ　現代的なリズムのダンス	必修		2年間でア〜ウから選択	【ダンス】 ア　創作ダンス イ　フォークダンス ウ　現代的なリズムのダンス	B、C、D、Gから①以上選択	ア〜ウから選択
【体育理論】 (1) 運動やスポーツの多様性 (2) 運動やスポーツが心身の発達に与える効果と安全	必修	必修	(1) 第1学年必修 (2) 第2学年必修 （各学年3単位時間以上）	【体育理論】 (1) 文化としてのスポーツの意義	必修	(1) 第3学年必修（3単位時間以上）

❶入学年次など

　これまでは、第１学年などとしていた。しかし、高等学校教育の多様化に伴い、定時制高等学校はもとより、学年制をとらない単位制の高等学校などがある。これらの多様化に対応するために、入学年次、その次の年次などと称するように改められたものである。

[表 I-3-2] 平成21年改訂の高等学校科目体育の領域および内容（運動種目等）の取り扱い

領域及び領域の内容	入学年次❶	その次の年次	それ以降の年次	内容の取扱い
【体つくり運動】	必修	必修	必修	ア、イ必修（各年次７～10単位時間程度）
ア　体ほぐしの運動				
イ　体力を高める運動				
【B 器械運動】	B、C、D、Gから①以上選択	B、C、D、E、F、Gから②以上選択	B、C、D、E、F、Gから②以上選択	ア～エから選択
ア　マット運動				
イ　鉄棒運動				
ウ　平均台運動				
エ　跳び箱運動				
【C 陸上競技】				ア～ウに示す運動から選択
ア　競走				
イ　跳躍				
ウ　投てき				
【D 水泳】				ア～オから選択
ア　クロール				
イ　平泳ぎ				
ウ　背泳ぎ				
エ　バタフライ				
オ　複数の泳法で長く泳ぐまたはリレー				
【E 球技】	E、Fから①以上選択			入学年次では、ア～ウから②選択　その次の年次以降では、ア～ウから選択
ア　ゴール型				
イ　ネット型				
ウ　ベースボール型				
【F 武道】				アまたはイのいずれか選択
ア　柔道				
イ　剣道				
【G ダンス】	B、C、D、Gから①以上選択			ア～ウから選択
ア　創作ダンス				
イ　フォークダンス				
ウ　現代的なリズムのダンス				
【H 体育理論】	必修	必修	必修	(1) 入学年次　(2) その次の年次　(3) それ以降の年次（各年次６単位時間以上）
(1) スポーツの歴史、文化的特性や現代のスポーツの特徴				
(2) 運動やスポーツの効果的な学習の仕方				
(3) 豊かなスポーツライフの設計の仕方				

　以上のように各種の運動領域・種目の選択履修については、個に応じた指導の観点等から相当弾力化が図られている。したがって、生徒自身が自らの運動の課題を解決するなどして運動を得意にしていくためにも、多くの運動種目を学校が与えていく（学校選択）のではなく、生徒が自己の能力等に応じて運動種目を選んでいくこと（生徒選択）ができるよう留意することが大切である。

　このことから、生徒自ら運動種目を選び自ら課題を解決していくことをめざす選択制授業をどのように位置づけていくか、また改善・充実を図っていくか、各学校に課せられた重要な課題である。

4　単元計画作成上の留意点

　単元計画は、一定の学習のまとまりとして年間計画に位置づいた運動をどのように展開していくかの見通しを明らかにしたものである。この見通しが明確であれば、生徒の自発的・自主的な学習活動をうながすことができる。「先生、今日の体育はどこで何をするんですか」と体育委員などが尋ねてくるようでは意図的・計画的な学習とはいえない。

　したがって、単元計画において、その運動の特性はどこにあるのか、その運動固有の楽しさや喜び（機能的特性）はどこにあるのかを明らかにし、その特性に迫るためには、その単元で何をねらいとして、どのような内容を、どのように指導しようとするのかと同時に、生徒に何をどのように学ばせ（課題を解決させ）ていこうとするのかを、1枚の用紙で一覧できるようにすることである。これを保健体育科の教員全員と生徒が共有することによって、質の高い授業の積み重ねにつながっていく。すなわち、この単元計画に基づいた学習活動の展開によって、生徒の学び方が計画的に身についていく。これらのことに十分留意することが大切である。

　単元のねらい⑫を立てるにあたっては、大きく2つのことを考えることができる。1つは、体育学習の中核である「技能」、公正・協力などの社会的態度や健康・安全に関する態度などの「態度」、そして「知識、思考・判断」の3つに関する内容である。もう1つは、評価の観点⑬である。つまり、運動に関する「関心・意欲・態度」「思考・判断」「技能」「知識・理解」という4つの評価の観点である。これらの柱を参考にして、それぞれのねらいを明確にしていくよう留意するとよい。

　次に学習の道すじ、つまり学習過程の工夫についてである。学習過程は単元のねらいを達成するための学習の道すじであり、学習活動を展開するうえでのステップである。教師の適時・適切な指導の下、生徒自らが課題を解決して運動の楽しさや喜びを味わうために効果的と思われる学習過程は、2つのステージで構成される。それは、「今もっている力で運動を楽しむ段階（ねらい①）」と「高まった力に応じて新しい工夫を加えて運動を楽しむ段階（ねらい②）」の2つである。

　たとえば、器械運動のように毎時間新しい技の習得をめざして学習（達成型）を展開する場合は例1（ここでは、特に「めあて①」「めあて②」

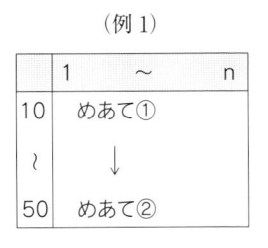

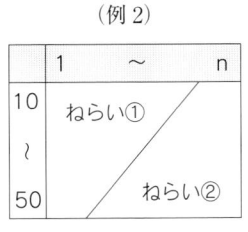

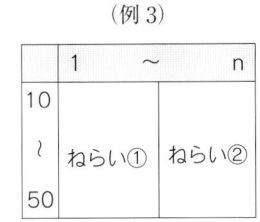

(例1)

	1	〜	n
10〜50	めあて① ↓ めあて②		

(例2)

	1	〜	n
10〜50	ねらい① / ねらい②		

(例3)

	1	〜	n
10〜50	ねらい①		ねらい②

---

⑫単元のねらい
　単元計画の中で最も重要なねらい、つまり単元の目標のことである。各学校として育てる生徒像に迫るためには、その単元でどのような指導をすればよいか、その方向性を明確にすることが必要である。その際、体育の基礎・基本である「技能」「態度」「知識、思考・判断」の3つの柱で単元の目標を立てていくのがよい。

⑬評価の観点
　学校の教育活動は、計画、実践、評価という一連の活動が繰り返されながら展開されるものである。指導と評価の一体化ということである。したがって、「関心・意欲・態度」「思考・判断」「技能」「知識・理解」の4つの観点から単元の目標を立てていくこともできる。

と言い換えることが一般的である）を、陸上競技や武道などのように自己の運動課題を達成していく達成型⓮と競争する楽しさである競争型⓯の両方を楽しもうとする場合は例2を、球技のように一定のレベルで競争型の運動を楽しもうとする場合は例3を参考として計画を立てるよう留意するとよい。もとよりこの他の効果的な学習の道すじが開発されてもよいだろう。

5 単位時間計画（指導案、時案）作成上の留意点

単位時間計画は、一般的に指導案または時案などといわれており、単元計画のねらいを受けて、その単元のうちのある1単位時間分の授業の見通しを明らかにしたものである。

ここでは、本時のねらいが明確であり、そのねらいを達成するために生徒の学習活動（予想される生徒の活動）がどのように展開されるのか、教師の指導、援助などがどのように行われるのか、これらの学習指導に対する適切な評価活動はどうかなどが浮き彫りになっていることが肝要である。教師の意図的・計画的な指導はもとより、生徒の自発的・自主的な学習活動につながるように留意して作成することが大切である。

⓮達成型
　自己の目標記録を達成することの喜びや、目標とする技を獲得することの喜びを味わうことをめざした運動の特性をいう。

⓯競争型
　むしろ、相手や相手チームと競争して勝つことの楽しさや喜びを味わうことをめざした運動の特性をいう。

第3節
男女共習に対する考え方

1 男女共習の背景

　学校教育、特に高等学校においては、同じ時間帯に男子は武道を学び、女子は家庭科を学んできた経緯がある。しかし、平成元（1989）年の高等学校学習指導要領の改訂において、男女とも武道を履修することができるようになり、かつ家庭科を男女とも必修とすることになった。
　この背景としては、やはり社会の変化に伴う男女平等の考え方が基本にある。男女共同参画社会の構築⑯に向けた学校教育の改善である。
　男女差というとらえ方ではなく、男女ともそれぞれに特性があり、その特性を認め合い、尊重し合うという見方や考え方が大切である。
　したがって、体育の学習活動においても、小学校における展開と同様に、基本的に男女一緒にともに学び合うという意義が尊重される必要がある。

2 選択制授業における男女共習

　平成元年の学習指導要領の改訂から、体育においては、生徒自身が自己の能力・適性、興味・関心等に応じて一定の範囲の中から運動領域（種目）を選択し、自己の運動課題を自ら解決していくことをめざす学習活動を展開する「選択制授業」が推進されている。今回の改訂においてもその充実・発展が期されている。
　この選択制授業を展開するにあたっては、たとえば2クラスを3～4展開、3クラスを4～5展開するなど、多クラス多展開を行っているところである。したがって、選択制授業においては自ずと男女共習になる。同一クラスに所属する男女がそれぞれ自己の能力等に応じて選んだ種目ごとに分かれ、さらには運動の課題ごとなどねらいをもった班編成を工夫しながら学習活動を展開し、それぞれのよさを生かし合っていくこととなる。

3 男女の性差ではなく、個の特性ととらえること

　中学校および高等学校の体育の授業は、これまでは男女別々に行うことが一般的であった。それは、発達段階から小学校のときとは違って、性差

⑯**男女共同参画社会の構築**
　昭和61（1986）年から施行された「男女雇用機会均等法」による。これは、雇用の分野において男女の均等な機会および待遇の確保を目的として制定された法律であり、学校教育においても、平成元（1989）年学習指導要領改訂の折、基本的に男女の区別なく履修することができるよう改善が図られた。

はもとより、体格・体力的な差が大きくなることや、体力差に伴って技能の差も大きくなるという指摘などによるものといえる。体力差や技能の差が大きいまま、同時に学習活動を展開すると、最初から勝敗が決まっており、そのための学習への意欲の問題や安全確保の問題などの指摘である。

しかし、一概に男女の差として、すべてを理解することはできない。男子であろうが、女子であろうが、それぞれ個々に見ていくと一人ひとりに特性がある。また、男女共同参画社会の世の中にあって、男女がそれぞれのよさや特性を尊重し合って、一定の目的を達成していくことはきわめて大きい意義がある。

したがって、男女による性差ととらえるよりも、個の特性ととらえることがよいと考える。このようにとらえることによって個に応じた指導が生きてくるのである。これからの中学校以上の体育の授業においても、小学校と同様、原則としては男女が一緒に活動し、それぞれのよさが発揮できるようにすることが望まれる。もとより柔道の固め技のように学習内容や展開によっては、男女が別々に活動を行ったほうがよい場合もある。各学校の実態に応じた指導の工夫が求められる。いずれにしても、今後、選択制授業を充実・発展させていくにあたっては、男女共習は避けて通れないところである。

男女共習を取り入れている学校（研究指定校⓱など）の報告などによると、「男女の教え合いができるようになったことから、男女の特性を相互に認め合うことができるようになった」「女子の技能や体力の向上に効果的であった」「男子が思い切って運動することができていない」「運動する内容によって男女共習が行いやすかったり、しにくかったりする」などの指摘があがっている。

⓱**研究指定校**
文部科学省（旧文部省）や各都道府県教育委員会などから、一定の教育課題などについての指導のあり方などを先進的に研究開発することを委嘱された学校をいう。

4 男女共習は中学校第1学年から行うと効果的であること

平成14年度から全面実施されていた従来の学習指導要領では、自己の能力等に応じて運動種目を選択する選択制授業が中学校第2学年から行われていたことから、男女共習も同学年から行われている実態が多い。しかし、中学校第1学年の1年間とはいえ、男女別習を行ってきた経緯から、心理的にも男女差の意識が強くなる傾向にあるといわれる。その意味から、小学校における体育との関連を深める観点からも、基本的には中学校第1学年から男女共習で体育の授業を展開したほうが効果的である。小学校の体育のように男女共習をごく自然な感覚で行うようにしていくとよい。

5 男女共習の展開は弾力的に行うこと

男女共習を形式的に導入しても生徒の学習意欲は高まらない。たとえば、男女共習とはいえ、器械運動やバスケットボールなどの授業において男女

別で班（チーム）を編成し、練習したりゲームを行ったりするなど、学習の場を共有しているに過ぎないことから、あまり意欲的でない実態もある。

　したがって、チーム編成⓲を工夫し、単元全体を通じて男女共習で学習を展開していくことを基本としながらも、運動領域や種目の特性に応じて弾力的に取り扱っていくのもよい。たとえば、単元の前半で男女混成のチームを編成して学び合う中で、「今もっている力」でバスケットボールの楽しさや喜びを味わい、技能や体力を高めていく。単元の後半では男女別にチームを編成し直し、男女ともそれぞれひと味違った思い切ったプレーを楽しんだり、男子チーム対女子チームのゲームを単元の最後に経験したりするなどの工夫もあってよい。このように生徒とともにどのような方法で学んでいくか、柔軟な発想で学習過程を工夫したい。

⓲**チーム編成**
　個人的なスポーツであれ、集団的なスポーツであれ、いかにチームを編成するかは重要な教育活動である。単元としてのまとまりや、学習のねらいに即した意図的なチーム編成が求められる。安易なチーム編成は避けなければならない。基本的には、各チームの力が拮抗するように編成する。特に、競争型の運動の楽しさや喜びを味わうときには大切なことである。

第4節
評価に対する考え方

1 これからの評価の基本的な考え方

これまで、学力については、知識や技能の量のみでとらえてきた経緯がある。しかし、平成元年度の学習指導要領の改訂に伴う評価の基本的な考え方として、「自ら学ぶ意欲や、思考力、判断力、表現力などを学力の基本とする学力観に立って教育を進めることが肝要」（小学校教育課程一般指導資料「新しい学力観に立つ教育課程の創造と展開」平成5年文部省）として、新しい学力観に立つ教育への転換を図ってきた。

つまり、これまで知識や技能を共通的に身に付けさせることをめざしてきた学習指導の在り方を根本的に見直し、児童生徒が自ら課題をみつけ、自ら考え、主体的に判断したり、表現したりして、解決することができる資質や能力の育成を重視する学習指導へと転換を図ってきたところである。

平成10年度の学習指導要領の改訂においても、この基本的な考え方をさらに進め、知識や技能の量的側面だけでなく、自ら学ぶ意欲や思考力、判断力、表現力など、いわば学力の質の向上をねらっている。つまり、教育課程審議会答申では、これからの評価の基本的な考え方として、「学力を知識の量のみでとらえるのではなく、学習指導要領に示す基礎的・基本的な内容を確実に身に付けることはもとより、それにとどまることなく、自ら学び自ら考える力などの［生きる力］がはぐくまれているかどうかによってとらえる必要がある」としている。

これを受け、評価においては知識や技能の到達度を的確に評価することはもとより、自ら学ぶ意欲や思考力、判断力、表現力などの資質や能力までを含めた学習の到達度を適切に評価していくこととなる。したがって、学習指導要領に示す目標に照らしてその実現状況を見る評価（いわゆる絶対評価[19]）をいっそう重視しなければならない。その際、観点別学習状況の評価[20]を基本として、児童生徒の学習の到達度を適切に評価していくことが大切である。さらに、児童生徒のよい点や可能性、進歩の状況などを評価する個人内評価を工夫することも大切である。これまでの集団に準拠した評価（相対評価[21]）からの脱却が求められているのである。

評価の観点については平成20・21年改訂も含めて基本的にこれまでと同様である。体育においては、技能だけでなく、自ら進んで運動の楽しさや喜びを体得しようとする意欲や運動の課題解決のための思考力、判断力などの資質や能力までを含めた学習の到達度を適切に評価していくため、

[19] **絶対評価**
学習指導要領に示す目標に照らしてその実現状況をみる評価。学習指導要領に示す基礎的・基本的な内容の確実な習得を図るなどの観点から、学習指導要領に示す目標を実現しているかどうかの評価、つまり、目標に準拠した評価に今次改訂された（高等学校は従前から絶対評価）。

[20] **観点別学習状況の評価**
各教科の観点別学習状況は、学習指導要領に示す各教科の目標に照らして評価の観点を設け、その実現状況を評価するものである。今次の改訂においても指導要録の評価の観点は、体育の場合、「関心・意欲・態度」「思考・判断」「技能」「知識・理解」の4観点によって構成されている。なお、小学校および中学校においては、学年や分野ごとに具体的な評価規準を設定する際の参考とするため、指導要録の付属資料として「観点別学習状況評価のための参考資料」を添付している。

[21] **相対評価**
学習指導要領に示す目標に照らしてその実現状況をみるというよりも、ある一定の学習集団の中での相対的な位置付けによって児童生徒の学習の状況を評価する、いわゆる集団に準拠した評価。学習指導要領に示す基礎的・基本的な内容を確実に習得し、目標を実現しているかどうかの状況や、一人ひとりの児童・生徒のよい点や可能性、進歩の状況について直接把握することには適していない。

「運動への関心・意欲・態度」「運動についての思考・判断」「運動の技能」「運動についての知識・理解」の4つの観点で評価していくこととしている。これら4つの観点は個々にあるのではなく、相互に密接に関連し合って目標の実現をめざしていることに留意することが必要である。

2 教師による評価

　日常の教育活動は、計画、実践、評価という一連の活動として常にフィードバックされながら子どもたちのよりよい成長をめざして行われるものである。したがって、評価は学習の結果に対して行うだけでなく、学習指導の過程における評価をその後の実践に生かすなど、指導に生かす評価の考え方を重視する必要がある。つまり、指導と評価の一体化が大切である。

　体育の場合、[生きる力]の育成、保健体育の目標、体育分野の目標および内容の改訂などを考慮して、現行の4つの観点に基づいて実現の状況を3段階で評価することを維持している。しかし、観点の趣旨については、新しい学習指導要領の趣旨を生かした指導と評価の工夫という立場から改善を図っている。今後の重要な課題として、各単元の学習過程における評価の改善・充実はもとより、単元ごとの観点別評価をどのように集約して年間（学期）を通した観点別の評価に結びつけていくのか、さらに、最終的にどのように集約して5段階の絶対評価（評定）に結びつけていくのかということがある。

　したがって、各学校では、これからの評価(学力)の基本的な考え方について教員間で共通理解を深めるとともに、関係機関などで研究開発された「内容のまとまりごとの評価規準㉒」などを参考に、それぞれの実態等に応じて各単元の評価規準の作成およびその適切な評価活動の実施が求められる。

3 生徒にとっての評価の意味

　生徒にとっての評価は、単に教師から評価される立場という消極的なとらえ方ではなく、生徒自らの学習活動や学び方を高めていくための営みであるという積極的な意味をもたせることが肝要である。つまり、「児童生徒にとって評価は、自らの学習状況に気づき、自分を見つめ直すきっかけとなり、その後の学習や発達を促す」（同上教課審答申）という意義がある。この意義を教師も生徒も十分理解することによって、新しい時代における新しい体育の学習活動の展開が期待できる。

4 生徒による自己評価と生徒同士の相互評価

　体育においては、これまで以上に、自ら運動の課題を見出し、その課題

㉒内容のまとまりごとの評価規準
　小学校および中学校においては、指導要録改訂の通知に示される「評価の観点及び趣旨」「学年別、分野別の観点及び趣旨」（「観点別学習状況評価のための参考資料」に相当）に基づき、学習指導要領に示された内容のまとまりごと（体育の場合、体つくり運動〜体育理論までの領域ごと）に「おおむね満足できる状況」を示したものをいう。

をいかに解決していくか、そのための練習の仕方や試合の仕方の工夫、実践、学習過程における評価、これらの一連の学習活動を通して自ら学ぶ意欲や思考力・判断力などを高めていかなければならない。

したがって、生徒自身が自分の学習活動を適切に評価したり、生徒相互の認め励まし合う評価活動を大切にすることの意味はきわめて大きい。さらに、仲間とともに学び合うことのよさにも気づかせることができる。

このように生徒による自己評価や相互評価は、自ら学ぶ意欲や自分自身を評価する力、他人からの評価を柔軟に受けとめる力を身につけ、自己の能力・適性等を自分で確認することにつながる。

■第Ⅰ部引用・参考文献一覧

〔第1章〕
- 金子明友『体操競技のコーチング』大修館書店　1974年
- 金子明友『スポーツ運動学』大修館書店　1981年
- 金子明友『技の伝承』明和出版　2002年
- 金子明友『マット運動』大修館書店　1984年
- 金子明友『鉄棒運動』大修館書店　1984年
- 金子明友『跳び箱運動・平均台運動』大修館書店　1984年
- 金子明友・朝岡政雄編著『運動学講義』大修館書店　1990年
- 金子明友監修　吉田茂・三木四郎編著『教師のための運動学』大修館書店　1996年
- 高橋健夫・三木四郎・長野淳次郎・三上肇編著『器械運動の授業づくり』大修館書店　1992年
- 三木四郎『新しい体育授業の運動学』明和出版　2005年
- 岸野雄三『スポーツ文化史』不昧堂
- 宇土正彦監修　坂田尚彦・高橋健夫・細江文利編著『学校体育授業事典』大修館書店　1995年
- 島崎仁・松岡弘編『体育・保健科教育論』東信堂　1988年
- 文部省『中学校学習指導要領解説保健体育編』東山書房　1999年
- 文部省『高等学校学習指導要領解説保健体育編体育編』東山書房　1999年
- 文部省中央教育審議会一次答申『21世紀を展望した我が国の教育の在り方について』1996年
- 文部省教育課程審議会答申『幼稚園、小学校、中学校、高等学校、盲学校、聾学校及び養護学校の教育課程の基準の改善について』1998年
- 文部省『学校体育実技指導資料第2集柔道指導の手引き（改訂版）』1993年
- 文部省『中学校保健体育指導資料指導計画の作成と学習指導の工夫』1991年
- 文部省『高等学校保健体育指導資料指導計画の作成と学習指導の工夫』1992年
- 杉山・高橋・園山・細江・本村編集『中学校体育の授業上・下巻』大修館書店　2001年
- 杉山・高橋・園山・細江・本村編集『高等学校体育の授業上・下巻』大修館書店　2001年
- 本村清人・戸田芳雄編著『中学校学習指導要領の展開保健体育科編』明治図書　1999年
- 本村清人・戸田芳雄編著『高等学校学習指導要領の展開保健体育科編』明治図書　2000年

〔第3〕
- 文部省『中学校学習指導要領解説保健体育編』東山書房　1999年　2008年
- 文部省『高等学校学習指導要領解説保健体育編体育編』東山書房　1999年　2009年
- 文部省中央教育審議会第一次答申『21世紀を展望した我が国の教育の在り方について』1996年
- 文部省教育課程審議会答申『幼稚園、小学校、中学校、高等学校、盲学校、聾学校及び養護学校の教育課程の基準の改善について』1998年
- 文部省『学校体育実技指導資料第2集柔道指導の手引き（改訂版）』1993年
- 文部省『中学校保健体育指導資料指導計画の作成と学習指導の工夫』1991年
- 文部省『高等学校保健体育指導資料指導計画の作成と学習指導の工夫』1992年
- 文部省教育課程審議会答申『児童生徒の学習と教育課程の実施状況の評価の在り方について』2000年
- 文部科学省中央教育審議会答申『子どもの体力向上のための総合的な方策について』2002年
- 杉山・高橋・園山・細江・本村編集『中学校体育の授業上・下巻』大修館書店　2001年
- 杉山・高橋・園山・細江・本村編集『高等学校体育の授業上・下巻』大修館書店　2001年
- 本村清人・戸田芳雄編著『中学校学習指導要領の展開保健体育科編』明治図書　1999年
- 本村清人・戸田芳雄編著『高等学校学習指導要領の展開保健体育科編』明治図書　2000年
- 本村清人・戸田芳雄編著『中学校新保健体育科授業の基本用語辞典』明治図書　2000年

第Ⅱ部 実技編

実技編の利用にあたり

　新しい視点に立ったよりよい授業展開のために、第Ⅰ部第1章の理論をふまえ、第Ⅱ部では第2章「新しい視点に立った単元計画の例と学習指導の展開例」と第3章「器械運動の技とその学び方」を関連づけて編集しています。第2章が授業の設計図であり、第3章が具体的な技能の解説になっています。

　第2章は、各ステージごとに、始めに単元計画と学習の道すじをビジュアルに示すことで、学習の全体像をつかめるようにしています。次に、具体的な指導手順として、単元の数時間の区分ごとに、具体的な授業の進め方を示しています。また、主な学習項目の評価例として、生徒の学習状況を次の授業へフィードバックするヒントを示しています。さらに、各ステージごとに時案の例と学習資料の例を示し、より具体的な授業の展開をイメージできるようにしています。

　第3章は、具体的な技能の解説とそのポイントが示されています。第2章の設計図をもとに、授業を組み立てるときに技能の指導書として利用したり、生徒がグループ学習などで技の練習をする場合に参考書として活用できるように編集されています。

●実技編第2章の利用のポイント

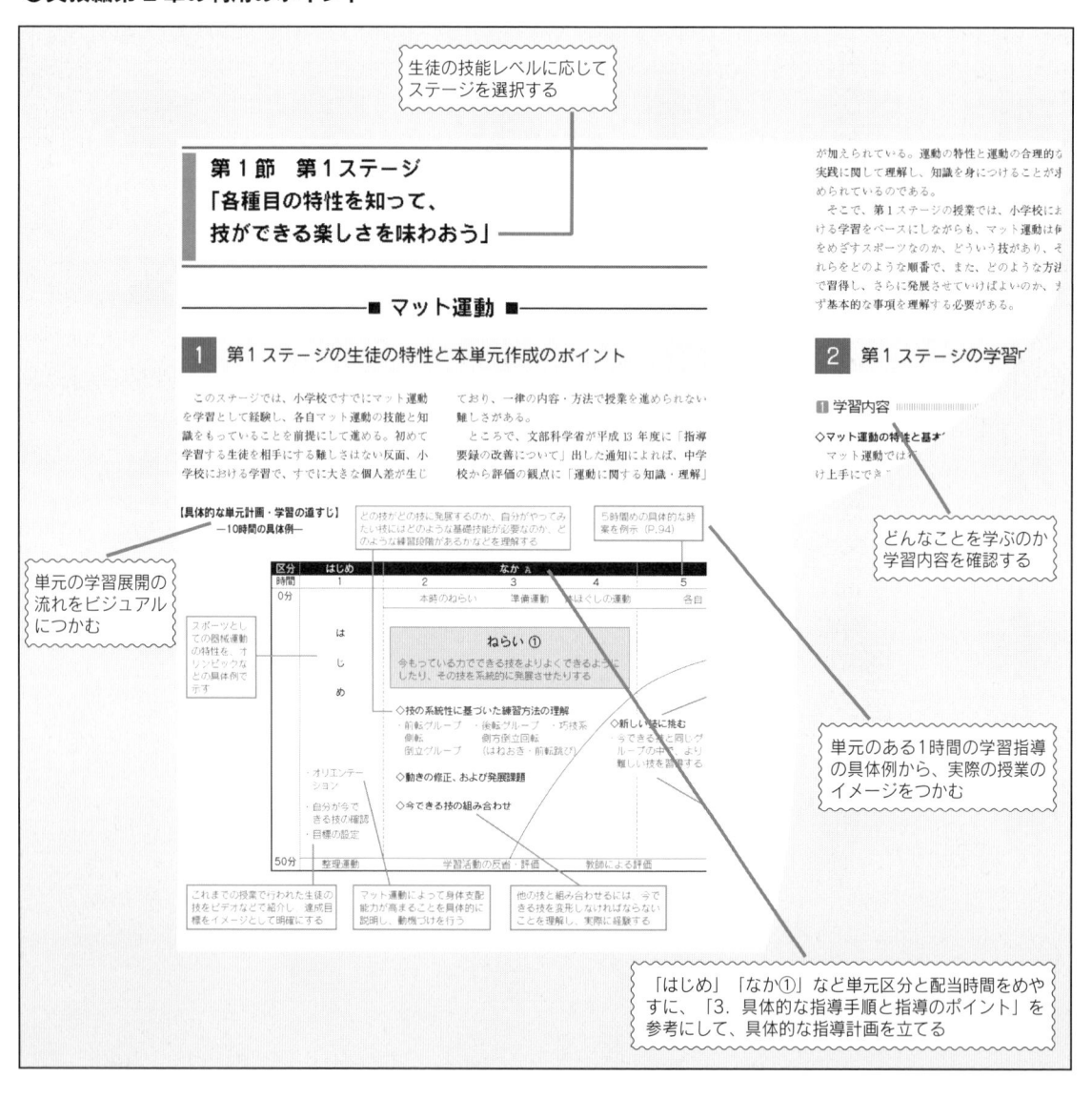

第1章

器械運動の学習内容

第1節　学習内容の考え方
第2節　学習内容とその取り扱い

第1節 第1ステージ
「各種目の特性を知って、技ができる楽しさを味わおう」

――― ■ マット運動 ■ ―――

1 第1ステージの生徒の特性と本単元作成のポイント

このステージでは、小学校ですでにマット運動を学習として経験し、各自マット運動の技能と知識をもっていることを前提にして進める。初めて学習する生徒を相手にする難しさはない反面、小学校における学習で、すでに大きな個人差が生じており、一律の内容・方法で授業を進められない難しさがある。

ところで、文部科学省が平成13年度に「指導要録の改善について」出した通知によれば、中学校から評価の観点に「運動に関する知識・理解」

【具体的な単元計画・学習の道すじ】
―10時間の具体例―

- どの技がどの技に発展するのか、自分がやってみたい技にはどのような基礎技能が必要なのか、どのような練習段階があるかなどを理解する
- 5時間めの具体的な時案を例示（P.94）

区分	はじめ	なか①			
時間	1	2	3	4	5
0分		本時のねらい	準備運動	体ほぐしの運動	各自

ねらい①
今もっている力でできる技をよりよくできるようにしたり、その技を系統的に発展させたりする

◇技の系統性に基づいた練習方法の理解
・前転グループ　　・後転グループ　　・巧技系
　側転　　　　　　側方倒立回転
　倒立グループ　　（はねおき・前転跳び）

◇動きの修正、および発展課題

◇今できる技の組み合わせ

◇新しい技に挑む
・今できる技と同じグループの中で、より難しい技を習得する

・オリエンテーション
・自分が今できる技の確認
・目標の設定

| 50分 | 整理運動 | 学習活動の反省・評価 | | 教師による評価 | |

- スポーツとしての器械運動の特性を、オリンピックなどの具体例で示す
- これまでの授業で行われた生徒の技をビデオなどで紹介し、達成目標をイメージとして明確にする
- マット運動によって身体支配能力が高まることを具体的に説明し、動機づけを行う
- 他の技と組み合わせるには、今できる技を変形しなければならないことを理解し、実際に経験する

が加えられている。運動の特性と運動の合理的な実践に関して理解し、知識を身につけることが求められているのである。

そこで、第1ステージの授業では、小学校における学習をベースにしながらも、マット運動は何をめざすスポーツなのか、どういう技があり、それらをどのような順番で、また、どのような方法で習得し、さらに発展させていけばよいのか、まず基本的な事項を理解する必要がある。

そして、互いの技を観察し、修正点を指摘したり、練習方法を工夫したりするなど、生徒が活動に積極的に取り組むことができるように、教師から働きかけることが大切である。

また、個人差が大きいことを考えに入れ、「ねらい①」から「ねらい②」、「ねらい②」から「ねらい③」へと一斉に移行するのではなく、個人の学習状況に合わせて「ねらい」を変えていく必要がある。

2 第1ステージの学習内容とその単元計画・学習の道すじ

1 学習内容

◇**マット運動の特性と基本的知識**

マット運動では行う技の難しさとそれをどれだけ上手にできるか、すなわち動きの美しさを競うスポーツであるという特性を理解する。

◇**マット運動の技の体系**

マット運動にはどのような技があり、どの技が

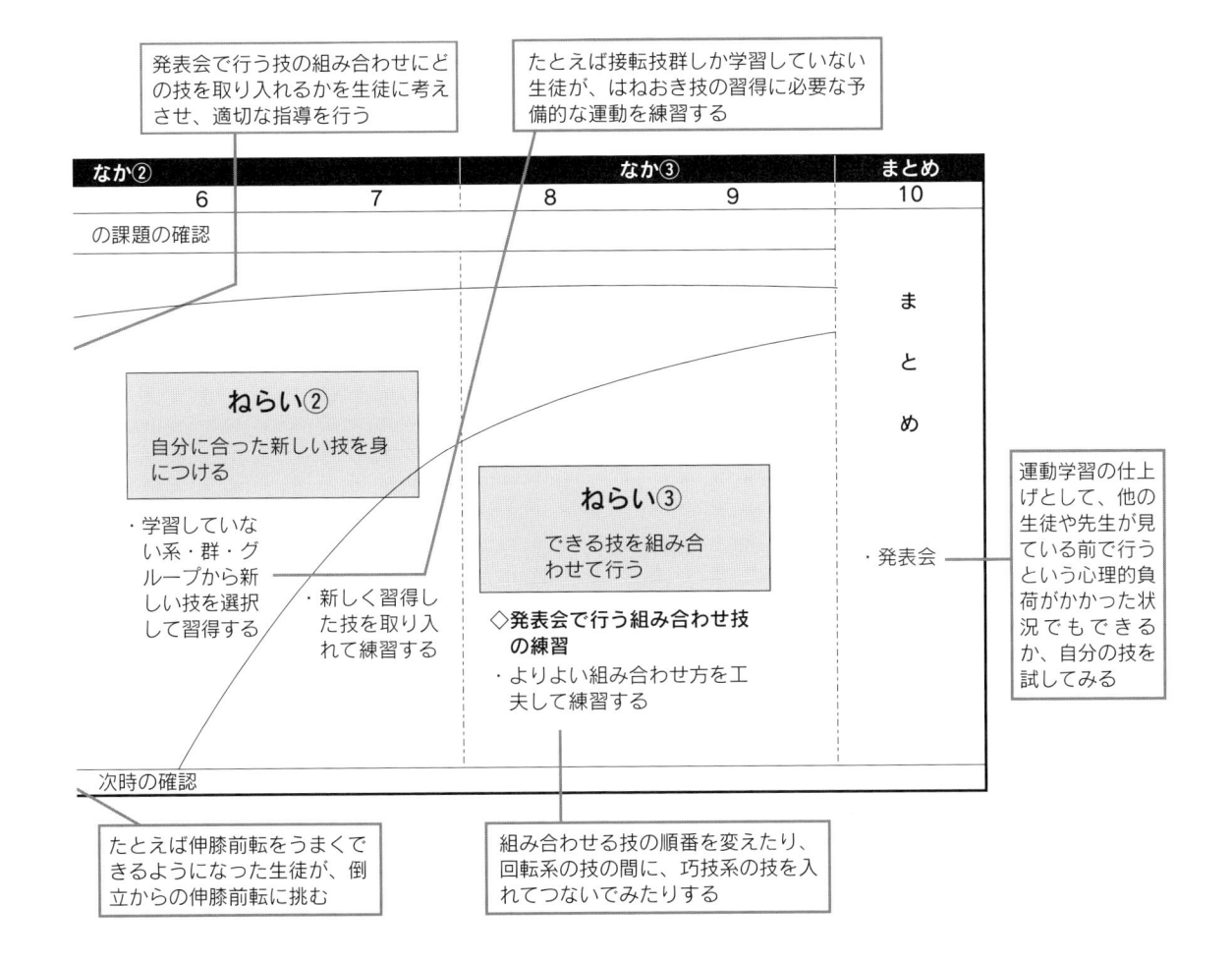

― 発表会で行う技の組み合わせにどの技を取り入れるかを生徒に考えさせ、適切な指導を行う

― たとえば接転技群しか学習していない生徒が、はねおき技の習得に必要な予備的な運動を練習する

なか②			なか③		まとめ
6	7	8	9	10

の課題の確認

ねらい②
自分に合った新しい技を身につける

・学習していない系・群・グループから新しい技を選択して習得する

・新しく習得した技を取り入れて練習する

ねらい③
できる技を組み合わせて行う

◇**発表会で行う組み合わせ技の練習**
・よりよい組み合わせ方を工夫して練習する

まとめ

・発表会

運動学習の仕上げとして、他の生徒や先生が見ている前で行うという心理的負荷がかかった状況でもできるか、自分の技を試してみる

次時の確認

― たとえば伸膝前転をうまくできるようになった生徒が、倒立からの伸膝前転に挑む

― 組み合わせる技の順番を変えたり、回転系の技の間に、巧技系の技を入れてつないでみたりする

どの技へ発展するのか、技の体系を知り、学習する順序を理解する。

◇**今できる技とそのでき方の確認**
どの系統の技ができるのか、またどれくらい習熟しているのかを確かめる。

◇**今できる技の修正と発展**
自分の動きについて、自分が感じたことと他の生徒による評価とを比較しながら修正し、さらに発展的な課題に挑んで、よりよくできるようにする。

◇**新しい技の習得**
まだ学習していない技の系・群・グループから、自分の能力に合った技を習得する。

◇**技の組み合わせとその発表**
できるようになった技を組み合わせ、さらに他の生徒が見ている前でもできるかやってみる。

◇**他人の動きの観察評価**
自分もあたかも一緒にやっているように他の生徒の動きを観察し、技のポイントを見つけることができるようにする。また、こうした活動から、相手が練習している技を補助（幇助）することができるようにする。

◇**体ほぐしの運動**
2人組のストレッチングを通して、自分と他人の身体的条件の違いを理解し、相手の気持ちになって、適切な力を加えて行う。

2 具体的な単元計画・学習の道すじ

10時間の具体例を P.88 に掲載。

3 具体的な指導手順と指導のポイント

●はじめ　50分×1時間の流れ

単元への導入としてオリエンテーションを行い、その後の学習計画を立てるために、どの技がどれくらいできるのか、チェックリストに基づいて確認する。また、技を習得するためにも有効な体ほぐしの運動を行う。

単元区分	学習内容と指導手順	指導のポイント
はじめ 50分×1	1. オリエンテーション ・マット運動のスポーツとしての特性および技の種類に関する基本的知識 ・本単元のねらいと学習の道すじを理解する 2. 体ほぐしの運動 ・準備運動や整理運動として活用できる体ほぐしの運動を紹介する 3. 自分が今できる技の確認 ・技のチェックリストに基づいて、どの技がどれくらいできるか自己評価したり、他の生徒と相互評価したりする	◎技の難しさと美しさを競うスポーツであること、異なる系・群・グループの技を組み合わせていくことを説明する ◎安全面に配慮した行動を徹底する ◎マット運動の技への導入として、基礎技能を育てるような課題を提示する ◎生徒でもできるような技の観察のチェックリストを準備する

●なか①　50分×3時間の流れ

今できる技に取り組む中で、技を系統的に発展させるために、技がよりよくできるポイントは何か、どのような練習を行えばよいか理解する。学習内容が多岐にわたり過ぎないように、時間ごとに取り上げる系・群などを絞ることが望ましい。そのことによって、たとえ練習する技は異なっても、同じグループで共通の技術をもった技であれば、実際の活動において生徒同士の活発な相互評価が期待される。

単元区分		学習内容と指導手順	指導のポイント
なか① 50分×3	ねらい①	1. 技の系統性に基づいた練習方法の理解 　例）開脚前転の足幅をせばめていくと、伸膝前転へ発展する 2. 今できる技をよりよくできるように修正したり、発展課題に取り組んだりする 　例）手足を一直線上に着きながら側方倒立回転を行えるようにする	◎自分が行う技のポイントは何か、それをどのように発展させることができるかを理解しているか ◎自分の技の欠点を認識しているかどうか、適切な方法で修正しようとしているか ◎自分の能力に合った発展課題を選択しているか

	3. 他の生徒の動きを観察し、技がうまくできるポイントや修正点を見抜く	◎技の観察チェックリストを活用しているか

●なか② 50分×3時間の流れ

自分の能力に合った技を選択して、新たに習得できるように技の系統性に基づいた方法を工夫して練習する。また、他の生徒の練習についても、アドバイスや補助をするなどの協力をする。

単元区分		学習内容と指導手順	指導のポイント
なか② 50分×3	ねらい②	1. 今できる技と同じグループの発展技、あるいはまだ学習していない系・群・グループから技を選択する 　例）前転の発展課題と壁倒立ができるようになったので、倒立前転を選択する	◎技の系統性を理解したうえで、自分の能力に合った技を選択しているか
		2. 新しく習得しようとする技の練習方法を理解する	
		3. 新しい技を習得するための練習をする 　例）倒立前転を習得するために、壁を利用して、足の位置を高くしながら前転する	◎技の系統性に基づいて練習を行っているか ◎他の生徒の練習に協力しているか
		4. 技の出来栄えを相互評価する 　例）技のチェックリストを用いて互いに助言する	◎できない生徒に適切なアドバイスをしたり、できる生徒の動きから、技のポイントを見抜いたりしているか

●なか③ 50分×2時間の流れ

回転系と巧技系を含む3つ以上の異なる技を組み合わせるようにする。そして、先行する技と後続の技との間で融合局面が見られるような動き（たとえば前転で片足立ちを行い、上げている足が下りるときには次の側方倒立回転が始まっている）をめざして練習する。

単元区分		学習内容と指導手順	指導のポイント
なか③ 50分×2	ねらい③	1. 技の組み合わせについて理解する 　例）前転と後転とを組み合わせるのに、ターン・跳びひねり・腕立て支持技など、多様な技を間に入れて行えることを理解する	◎同じ技の組み合わせでも、さまざまな組み合わせ方があること、また動きの習熟性によって組み合わせ方が高まることを理解させる
		2. 自己の能力に合った技の組み合わせを習得する	◎自分の能力に合った技の組み合わせ方を練習しているか
		3. 各自の技の組み合わせを相互評価する	◎個々の技だけでなく、前後の技をどのように融合しているかという組み合わせのポイントに注意をむけさせる

●まとめ 50分×1時間の流れ

できるようになった技の組み合わせが、他の生徒の見ている前でもできるか、その習熟の高まりをチェックする。また、他の生徒の発表について、個々の技や組み合わせのポイントに基づいた観察評価を行ってみる。

単元区分	学習内容と指導手順	指導のポイント
まとめ 50分×1	1. 技の組み合わせを発表する 　例）後転片足立ち−片足ターン−前転片足立ち−側方倒立回転	◎他の生徒が見ているという緊張した状況においても、練習した技の組み合わせを行うことができるか
	2. 他の生徒が行った技の組み合わせを評価する	◎個々の技や組み合わせについて、見るポイントを知っているだけでなく、実際の動きから見抜くことができるか
	3. 各自の学習カード、および評価カードをまとめる	◎練習したけれども発表できなかった技や技の組み合わせ、あるいは練習でできたことが発表会でできたかを記入させる
	4. 次のステージにむけて、自分の課題を明確にする	◎本単元を終えて、新たに取り組んでみたいと思った技を発表させる

4 安全上配慮する事項

　マット運動は、回転や倒立といった非日常的な運動であり、普段とは異なる筋肉の使い方をする。逆位のときに首や手で体を支えるので、この部位のストレッチングはとりわけ入念に行う必要がある。

　また、このような非日常的な運動を習得するためには、教師や他の生徒による補助が不可欠である。しかし、運動経験の乏しい人にとって、他の生徒を補助することは難しい。ましてや予測のつかない動きである場合、教師であっても手を出すことは困難である。

　こうしたことを考えると、何といっても自己の能力に適した技を選択しているか、系統性をもったスモールステップで学習を進めているか、教師はいつもチェックしておくことが必要になる。

5 評価の観点と評価法

　4つの観点別に評価規準の具体例を挙げているが、これらは全く別々に評価されるものではなく、それぞれが関連づけられて評価が行われる。たとえば、「関心・意欲・態度」という観点で、「協力して練習する」ことが規準に挙げられている場合、他の生徒の補助をしているかどうかが評価される。このとき補助が「できる」ということは、単なる協力という意味にとどまらない。なぜならば、補助ができるためには、技術の構造を理解し、さらに相手の動きに共感する観察力が必要になるからである。

◆単元の評価規準

評価の観点	評価規準の具体例	評価法
関心・意欲・態度	・マット運動の特性に関心をもち、楽しさや喜びを味わえるように進んで取り組もうとする ・互いに協力して練習しようとするとともに、マットを点検し、安全に留意して練習しようとする	練習や発表会の観察および学習カード
思考・判断	・自分の能力に適した技を習得するための練習の仕方を工夫している	練習の観察や学習カード
技能	・マット運動の特性に応じた技能を身につけるとともに、その技能を高めて運動することができる	練習や発表会の観察
知識・理解	・マット運動の特性や学び方、技術の構造を理解するとともに、練習の仕方や技の出来栄えの確かめ方を理解し、知識を身につけている	学習カードや発表会の評価カード

◆今できる技の修正、およびその発展課題への取り組みに関する評価規準

評価の観点	評価規準の具体例	評価法
関心・意欲・態度	・回転したり倒立したりといった非日常的な動きであるマット運動の特性に関心をもち、技がよりよくできたり、その発展的な技を習得したりする楽しさや喜びを味わおうとする ・マットの準備などを進んで行い、積極的に運動に取り組もうとする ・つなげたマットの間が開いていないか、他の生徒にぶつからないかなど、練習するうえでの安全に気を配ろうとしている	練習の観察や学習カード
思考・判断	・できる生徒の動きから技のポイントを見つけたり、できない生徒の動きを見て、その修正すべき点を指摘したりすることができる ・自分の動きの問題点を認識し、解決にむけて練習の仕方を工夫している	練習の観察や学習カード
技能	・技がよりよくできたり、その発展的な技を習得したりしている	練習の観察
知識・理解	・技の系統性に基づいた練習の進め方を理解している ・どのようにすればできるか、技のポイントについて知っている	学習カード

◆新たな技の習得に関する評価規準

評価の観点	評価規準の具体例	評価法
関心・意欲・態度	・まだ身についていない系・群・グループの技に関心をもち、自分の能力に合った技を選択し、新たに習得する楽しさや喜びを味わおうとする ・倒立の補助など、自分だけでなく、他の生徒が新しい技を習得するうえでの安全に気を配ろうとしている	練習の観察や学習カード
思考・判断	・新たに習得しようとする技のポイントを他の生徒の動きから見つけたり、練習の仕方を工夫したりしている ・他の生徒が新しい技を習得するのに、適切な方法で補助を行っている	練習の観察や学習カード
技能	・新しい技を習得したり、さらにその技の習熟性を高めたりしている	練習の観察
知識・理解	・マット運動の技にはどのような系・群・グループがあるかという知識が身についている ・技の系統性に基づいた練習の進め方を理解している ・どのようにすればできるか、技のポイントについて知っている	学習カード

◆技の組み合わせに関する評価規準

評価の観点	評価規準の具体例	評価法
関心・意欲・態度	・技を組み合わせることに関心をもち、技を個別に実施することで異なる楽しさや喜びを味わおうとする	練習の観察や学習カード
思考・判断	・他の生徒の組み合わせ方からポイントを見つけたり、できない生徒に修正すべき点を指摘したりすることができる ・前後の技の動きを融合することに関して、自分の動きの問題点を認識し、解決にむけて練習の仕方を工夫している	練習の観察や学習カード
技能	・系・群・グループの異なる技を組み合わせて実行できる	練習の観察
知識・理解	・マット運動の技にはどのような系・群・グループがあるかという知識が身についている ・前後の技の動きを融合するという、組み合わせの意味を理解している	学習カード

◆発表会に関する評価規準

評価の観点	評価規準の具体例	評価法
関心・意欲・態度	・他の生徒の見ている前で自分の技を発表したり、他の生徒の発表を観察評価したりすることに、積極的に取り組もうとする	評価カード
思考・判断	・他の生徒の発表を、チェックリストに照らし合わせて評価できる	評価カード
技能	・練習でできた技の組み合わせを他の生徒の見ている前でも実行できる	発表会の観察
知識・理解	・技の組み合わせを観察するためのチェックポイントについて理解している	評価カード

3 学習指導案の例

ここでは第1ステージ10時間中の5時間めについて、学習指導の具体的な展開例を示す。単元に入る前にはできなかった、あるいは学習したことのない系・群・グループの技を選択し、新たに習得することをねらいとしている。また、指導と評価の一体化を図るために、学習活動に対応した評価規準を示している。

本時の ねらい	既習技を系統的に発展させたり、まだ学習していない系・群・グループから、自分の能力に合った技を選択して練習したりする
資料および 準備	マット・スポンジマット・跳び箱など台として使えるもの、踏切板、教科書、学習ノート、黒板

	学習活動	指導のポイント	評価規準の観点
はじめ 10分	1. 整列、あいさつ 2. 本時の学習内容の把握 　・復習する技や新たに習得する技を選択し、練習方法を考える 3. マットなど練習に必要な器具の準備 4. 準備運動（ストレッチング、体ほぐしの運動）	・健康チェック ・まだ学習していない系・群・グループから、新たに習得する技を選択する ・同じ系統の技を選択した生徒でグループをつくり、練習方法を確認し、マットを準備する ・2人組のストレッチング（体ほぐし運動）で、互いに適切な力を加えて行っているかどうかチェックする	・マット運動の技にはどのような系・群・グループがあるかという知識が身についているか（知） ・器具の準備を積極的に行っているか（関） ・技を習得するのに必要な準備運動を理解し、実行できるか（思・知）
なか 35分	5. 既習技の復習 　・動きの修正をしたり、発展課題に挑んだりする 　　例）開脚前転 　・膝のゆるみを修正する、開脚の幅をせばめて立つ 6. 新しい技の練習 　・同じグループのより発展した技に挑む 　　例）伸膝後転（既習技）→後転倒立 　・まだ学習していない系・群・グループの技に挑む	・技の系統性に基づいた練習 ・自分の能力に合った技を選択しているか ・新しく習得しようとする技の練習方法を理解しているか ・同じ技にとどまったままの生徒はいないか	・技の系統性に基づいて練習の仕方を工夫しているか（思） ・技の習熟性を高めている、あるいは発展課題を達成しているか（技） ・できない生徒にアドバイスしたり、できる生徒の動きから、技のポイントを見抜いたりしているか（関・思） ・倒立の補助など、新たな技を習得するうえでの安全に気を配ろうとしているか（関） ・自分の能力に合った課題から練習しているか（思）
まとめ 5分	7. 整理運動、かたづけ 8. 本時の学習の振り返り 　・技能のポイントや練習方法を記録 　・次時の課題 9. 整列、あいさつ	・生徒の健康観察 ・練習方法のよい例を紹介する	・器具のかたづけに協力しているか（関） ・新たに挑んだ技に関して、できるようになったこと、まだ不十分なことを明確にとらえているか（思）

※（関）：関心・意欲・態度、（思）：思考・判断、（技）：技能、（知）：知識・理解

◆学習資料◆

後転グループの技のチェックリスト

年　　組　　番　氏名　　　　　　　　　　　　　　　　記入日　　年　　月　　日

技名　　　　　　　　　　　　　　　　　　　　　他者評価記入者

背中を丸くしたまま，上体を勢いよく倒す　　腰角を広げる反動動作　　前かがみにならずに立てるか

かかとから30cm以上遠くへ　　両手でバランスよく押し放す　　頭が離れてから，足が下りるようにする

Aよくできている　Bできている　C不十分である　Dわからない

	自己評価	他者評価
1．立っているかかとの位置から、30cm以上遠くに腰を下ろしている		
2．腰を下ろす瞬間に、勢いよく上体を後ろに倒している		
3．上体を倒すときに、背中を丸くしている		
4．両手で左右バランスよくマットを押し放している		
5．頭越し局面で、腰角を広げる反動動作が見られる		
6．マットを手で押し放し、頭が離れてから足が下りてくる		
7．足で立ったときに、前かがみになっていない		
8．		
9．		
10．		

◇開脚・伸膝後転に関する追加チェック事項

	自己評価	他者評価
1．立つときに膝がゆるんで（曲がって）いない		
2．手を着いている近くに足を下ろしている		
3．膝を伸ばしたまま腰を下ろしている		
4．		
5．		

◇後転倒立に関する追加チェック事項

	自己評価	他者評価
1．頭越し局面から、腕と体を一気に伸ばしている		
2．体がまっすぐな状態で倒立をしている		
3．倒立から静かに足をマットに下ろしている		
4．		
5．		

＊　空いている行には、各自見つけた技のポイントを記入する

■ 鉄棒運動 ■

1 第1ステージの生徒の特性と本単元作成のポイント

鉄棒運動は小学校ですでに経験しているが、鉄棒運動の技能やその前提となる運動経験（支える、ぶら下がる、逆さになる、回転するなど）は個人差が大きいことが想定される。また、鉄棒にぶら下がったり支えたりするのに、腕や腹部にかかる負担が苦痛だったりして、鉄棒に対する恐怖感をもっている生徒も少なからずいると考えられる。

第1ステージの鉄棒運動に取り組むうえでは、これらの生徒たち個人個人の能力に応じた技や課題を設定し、懸垂振動や支持回転をベースとする、鉄棒運動の特性に応じた動きの楽しさを体験させることが不可欠となってくる。そして生徒たちが鉄棒運動における回転や振動の感覚（コツ）をつかみ、技の習得や発展的課題の達成に積極的に取り組もうとすることが重要である。

また、鉄棒運動の学習に積極的に取り組むためには、鉄棒運動の特性と運動の合理的な実践に関して理解し、知識を身につけることが求められる。

以上のことから、第1ステージでは鉄棒運動の技の種類や系統性を理解し、どのような技をどのような順序で、あるいはどのような練習方法で習得していけばよいかという見通しをもたせながら、生徒一人ひとりが自分に合った技や、その組み合わせに取り組んでいくことが大切になる。そして互いの技を観察して修正点を指摘し合ったり、練習方法を工夫したり補助し合ったりするな

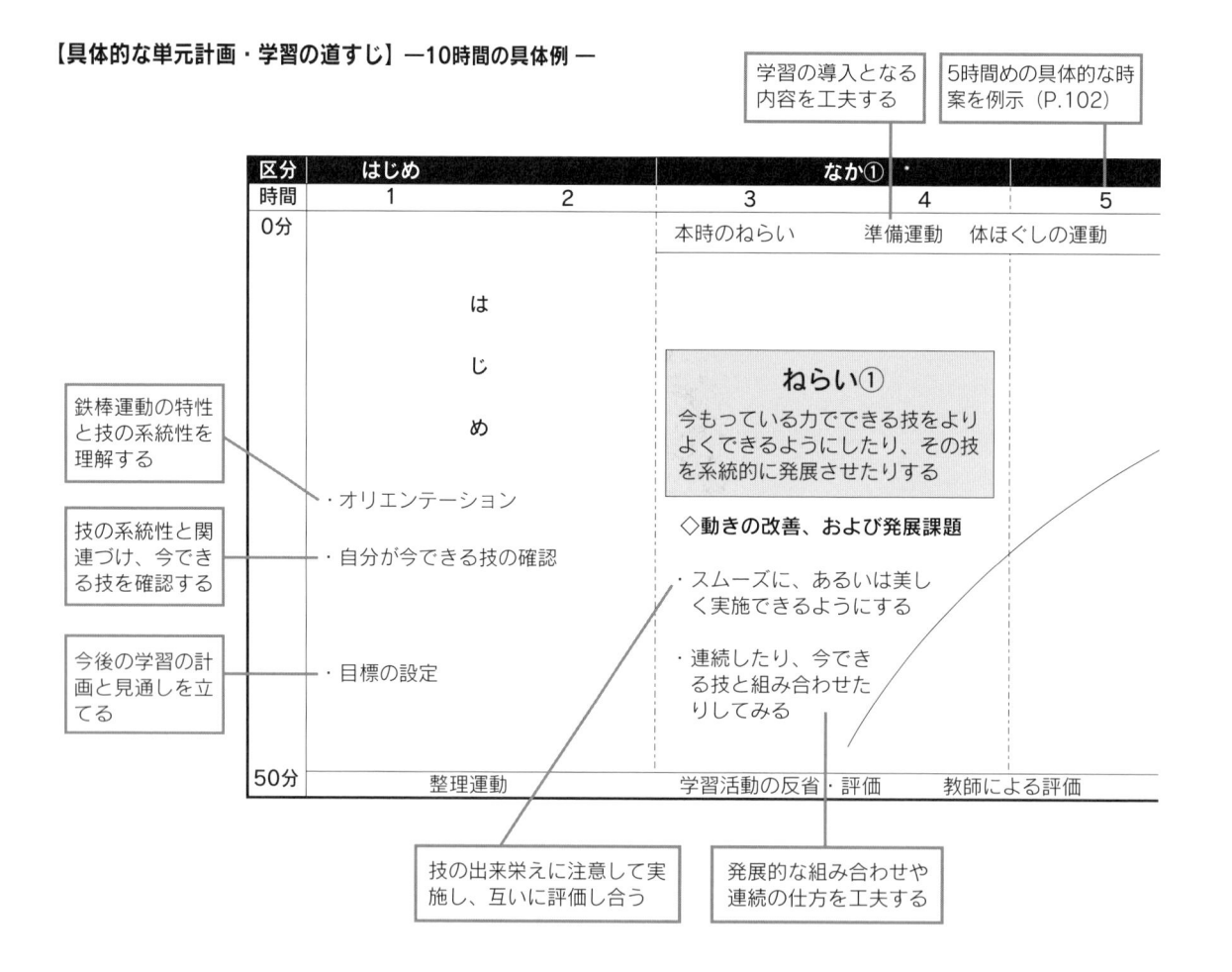

【具体的な単元計画・学習の道すじ】—10時間の具体例—

区分	はじめ		なか①		
時間	1	2	3	4	5
0分			本時のねらい	準備運動　体ほぐしの運動	
	はじめ・オリエンテーション・自分が今できる技の確認・目標の設定		**ねらい①**　今もっている力でできる技をよりよくできるようにしたり、その技を系統的に発展させたりする　◇動きの改善、および発展課題　・スムーズに、あるいは美しく実施できるようにする　・連続したり、今できる技と組み合わせたりしてみる		
50分	整理運動		学習活動の反省・評価	教師による評価	

- 鉄棒運動の特性と技の系統性を理解する
- 技の系統性と関連づけ、今できる技を確認する
- 今後の学習の計画と見通しを立てる
- 技の出来栄えに注意して実施し、互いに評価し合う
- 学習の導入となる内容を工夫する
- 5時間めの具体的な時案を例示（P.102）
- 発展的な組み合わせや連続の仕方を工夫する

ど、生徒が協力して学習に取り組めるように働きかける必要がある。

2 第1ステージの学習内容とその単元計画・学習の道すじ

1 学習内容

◇**鉄棒運動の特性と基本的知識**
　鉄棒運動では懸垂振動や支持回転をベースとして、いろいろな技をスムーズにつなぎ合わせた演技（連続技）を行い、その演技の難しさや実施の出来栄えを競うスポーツであることを理解する。

◇**鉄棒運動の技とその体系**
　鉄棒運動にはどのような技があり、どの技がどの技に発展するのかという技の体系（系統性）を理解し、学習を進めていくうえで役立てる。

◇**今できる技と、その習熟段階の確認**
　どの系統のどの技ができるのか、またどれくらい習熟しているのかを確かめる。

◇**今できる技の習熟と発展**
　自分が今できる技の出来栄えを改善したり、発展的な課題に取り組んでいく中で習熟レベルを向上させる。

◇**新しい技の習得**
　今できる技と同じグループから新しい技を選んだり、まだ学習していない系・群・グループから自分の能力に合った技を選び、それらの技が習得できるようにする。

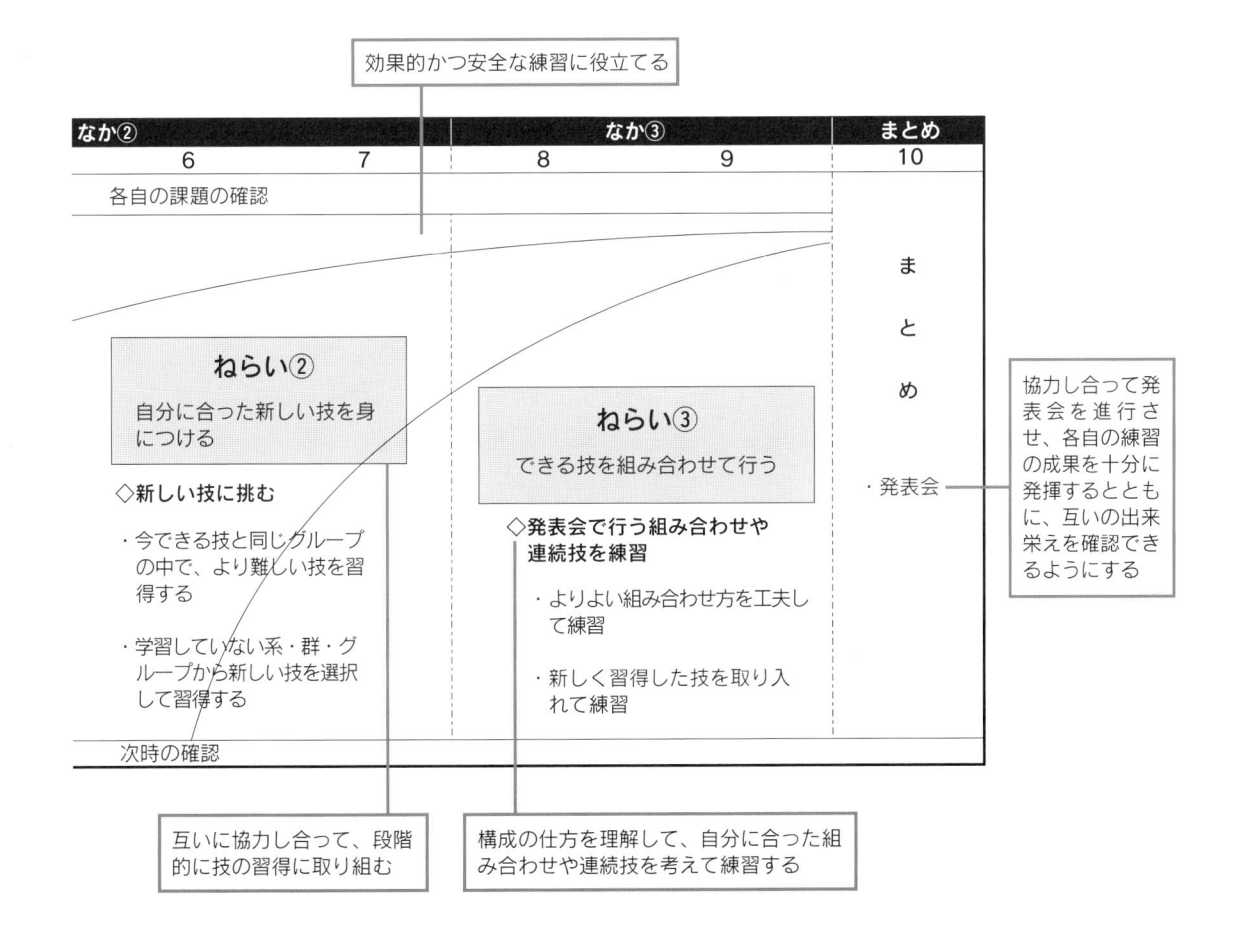

	なか②		なか③		まとめ
	6	7	8	9	10

効果的かつ安全な練習に役立てる

各自の課題の確認

ねらい② 自分に合った新しい技を身につける

◇**新しい技に挑む**
・今できる技と同じグループの中で、より難しい技を習得する
・学習していない系・群・グループから新しい技を選択して習得する

ねらい③ できる技を組み合わせて行う

◇**発表会で行う組み合わせや連続技を練習**
・よりよい組み合わせ方を工夫して練習
・新しく習得した技を取り入れて練習

まとめ
・発表会

協力し合って発表会を進行させ、各自の練習の成果を十分に発揮するとともに、互いの出来栄えを確認できるようにする

次時の確認

互いに協力し合って、段階的に技の習得に取り組む

構成の仕方を理解して、自分に合った組み合わせや連続技を考えて練習する

◇技の組み合わせの習得

　できるようになった技を組み合わせて、スムーズに実施できるようになる。組み合わせ方を工夫したり、「上がる技－回転する技－下りる技」などのような一連の連続技を構成したりする。また、これらを他の生徒が見ている前で発表する。

◇技の自己観察、および他者観察

　自分が技を実施したときの動きの感じを学習カードなどに記入したり、教師や他の生徒の技を見て技のポイントや修正点を指摘し合ったりすることによって、自分の学習に役立てたり、他の生徒に適確なアドバイスをしたり、練習で補助ができるようになる。

◇体ほぐしの運動

　鉄棒運動の学習の導入として、鉄棒にぶら下がったり跳び下りたりするなどの鉄棒を使ったストレッチングなどを行う。

2 具体的な単元計画・学習の道すじ

10時間の具体例をP.96に掲載。

3 具体的な指導手順と指導のポイント

●はじめ　50分×2時間の流れ

単元への導入としてオリエンテーションを行い、今できる技を確認してこの後の学習計画を立てる。

単元区分	学習内容と指導手順	指導のポイント
はじめ 50分×2	1. オリエンテーション ・鉄棒運動のスポーツとしての特性と技の種類に関する基本的知識 ・本単元のねらいと学習の道すじを理解する 2. 体ほぐしの運動 ・準備運動や整理運動として活用できる体ほぐし運動を紹介する 3. 自分が今できる技の確認 ・技の系、群、グループごとにどの技をどのくらいできるかを自己評価したり、他の生徒の技の出来栄えを評価したりする	◎支持回転や懸垂振動をベースとする多種多様な技を組み合わせて構成される演技を発表し、その演技の難しさや実施のよさを競い合うスポーツであることを理解する ◎安全確保のために必要な行動について、しっかり理解させる ◎特に準備運動としての体ほぐし運動では、鉄棒運動の技のベースとなる内容を組み込むようにする ◎技の出来栄えを評価するための資料を準備し、自他の技を正確に評価できるようにする

●なか①　50分×2時間の流れ

今できる技の習熟を図るとともに、発展的な課題に取り組む。そのために必要な動きのポイントや練習方法を理解し、互いに評価し合いながら練習する。

単元区分		学習内容と指導手順	指導のポイント
なか① 50分×2	ねらい①	1. 技の系統性に基づいた練習方法の理解 ・技の習熟の目標像や取り組むべき発展的課題を設定したうえで、それらに必要な練習方法を理解する 2.（系、群、グループごとに）今できる技の習熟を図る 　例）後方支持回転をスムーズに行う、膝を伸ばして前方支持回転を行う 3. 今できる技の発展的課題に取り組む 　例）両足踏み切りで逆上がりを行う、前方支持回転を3回以上連続する 4. 技の習熟度や発展的課題の達成度を評価し合う	◎よい動きのポイントや発展的課題を具体的に示しながら、生徒各自が具体的に目標を設定して練習に取り組めるようにする ◎自分の技の修正ポイントを意識した練習への取り組みができているかどうか ◎発展的課題を達成したり、課題をさらに発展させたりできるように工夫して練習しているかどうか ◎互いに安全確保に注意して練習させる ◎技の習熟や発展的課題の達成度を評価するための資料を準備する

●なか② 50分×3時間の流れ

はじめ、なか①での学習をベースとして、自分に合った新しい技を選択して習得できるようにする。そのために必要な練習方法を理解し、互いに安全確保や助言、評価などをし合って、技の習得に取り組む。

単元区分		学習内容と指導手順	指導のポイント
なか② 50分×3	ねらい②	1. 今できる技と同じグループから新しい技を選択する 　例）後方支持回転がスムーズにできるようになったので棒下振り出し下りを選択	◎技の系統性から見て、技の選択が適切かどうか（これまでの技の学習のベースに乗った技が選択できているかどうか）必要に応じて助言する
		2. まだ学習していない系・群・グループから自分の能力に合った技を選択する 　例）新しいグループの技として後方片膝かけ回転を選択 　　　（逆上がりは習得ずみ）	
		3. 選択した技が習得できるような練習方法を理解して練習する 　例）後方片膝かけ回転の練習として、最初は片膝をかけた振動から後方に回転して支持に上がる。必要に応じて補助者2名に両側から肩を支えてもらうようにする	◎技のポイントを考えながら練習しているか、技のポイントを身につけるのにふさわしい練習方法を行っているかどうか助言する ◎新しい技の練習の際に生じる危険性を理解し、自ら、あるいは互いに安全の確保をしながら練習させる
		4. 各自の新しい技の習得にむけて、互いに補助し合ったり、評価し合ったりする	◎互いに技の習得のための補助、アドバイスや動きの評価を正しく行っているかどうか、なるべく個別的に助言する

●なか③ 50分×2時間の流れ

できるようになった技の組み合わせを練習する。いくつかの技がスムーズに組み合わせられるようになったら、上がる技－回転する技－下りる技のような連続技を構成して全体の流れも意識して練習する。

単元区分		学習内容と指導手順	指導のポイント
なか③ 50分×2	ねらい③	1. 技の組み合わせや連続技について理解する 　例）逆上がりから後方支持回転を行う際には、逆上がりの終わりで手首を返し、腰を伸ばして回転をコントロールしてから後方支持回転にスムーズにもち込む	◎組み合わせ技術を中心に、技の組み合わせの構造や組み合わせ方を理解し、自分に合った組み合わせや連続技を構想できているかどうか、必要に応じて助言する
		2. 技の組み合わせや連続技を構想し、練習する	◎組み合わせ技術を意識して練習するよう指導する。技の組み合わせや連続技が構成できるようになったら、全体的な出来栄えに注意して練習させる
		3. 技の組み合わせや連続技の出来栄えを互いに評価し合いながら、創造的な組み合わせや連続技を工夫する	◎技の組み合わせや連続技の出来栄えを質的な視点（リズムやスムーズさ）から評価できるよう助言する

●まとめ 50分×1時間の流れ

できるようになった技の組み合わせや連続技を、他の生徒の前で発表する。その出来栄えを自己評価するとともに、他の生徒の発表を個々の技や組み合わせのポイントに基づいて観察、評価する。

単元区分	学習内容と指導手順	指導のポイント
まとめ 50分×1	1. 技の組み合わせ、連続技を発表する 　例）片膝かけ振り上がり－前方片膝かけ回転－転向前下り	◎発表会の進め方を把握し、スムーズに発表会が進められるように指導する ◎練習の成果を十分に発表できるよう促す
	2. 自分の出来栄え、他の生徒の出来栄えを評価する	◎技や組み合わせのポイントに基づいて評価できているかどうか必要に応じて助言する
	3. 各自の学習カードなどをまとめる	◎練習や発表会での自分の学習をまとめさせる
	4. 次のステージにむけて、自分の課題を明確にする	◎自分の今後の課題を口頭で発表させる

4 安全上配慮する事項

鉄棒のサビ落とし、ねじの緩みがないかなどの確認、組み立て式の鉄棒の場合は正しく組み立てられているかどうかの確認などを、生徒同士で協力して行う。練習の場に応じて、鉄棒の下にマットやスポンジマット類を適切に設置したり、屋外の場合は砂場を整備したりする。

鉄棒運動は支持や懸垂姿勢の運動で構成されるので、上半身（首、肩、肘、手首）の十分なストレッチは不可欠である。また、練習の中では体を大きく反らせたり曲げたり、窮屈な姿勢で着地したりすることもあるので、準備運動は全身的に行う必要がある。

落下やけがの危険を防ぐためには、互いに補助者として実施者の横に立たせ、落下や危険な場合の安全確保の仕方（例：肩や腰を支える、衣服をつかむなど）を理解、実践できるようにする。また、実施者自身も安全確保ができるような身のこなし方（例：前方支持回転で失敗したときに首を鉄棒に引っかけないよう、腕の支える力を抜かない）を理解、実践できるようにさせる。

これらについて、教師は説明したり実際にやってみせたりすることが必要であるが、一度の説明や示範で生徒が適切な安全確保の仕方を実践できるとは限らない。また、自分の能力を過信した技への無謀な挑戦や、一瞬の不注意が事故につながりやすい。

このようなことからも、単元の前半でまず自分のできる技を確認し、できる技の改善をめざして段階的に練習を繰り返す中で、技を実施する生徒自身が自分の能力を自覚し、どのような場面が危険なのかを体験的に理解できるようにする。それによって、安全を確保できる身のこなしを徐々に獲得していくこと、それと並行して生徒が補助者として実施者の動きをよく見て、安全確保のために必要な行動を早くとれるようにする。

そのためには、教師は単元の最初から意識的に働きかけることが重要である。これらのことが安全確保上の問題だけでなく、新しい技の練習の際に、互いに最適な補助を行う場合に役立つことになる。

5 評価の観点と評価法

◆単元の評価規準

評価の観点	評価規準の具体例	評価法
関心・意欲・態度	・鉄棒運動の特性に関心をもち、楽しさや喜びを味わえるように進んで取り組もうとする。 ・互いに協力して練習ができるようにするとともに、鉄棒や下に敷くマット類など（屋外なら砂場の整備）の器械・器具を点検し、安全に留意して練習しようとする	練習や発表会の観察および学習カード
思考・判断	・自己の能力に適した技を習得するための練習の仕方を工夫することができるようにする	練習の観察や学習カード
技能	・鉄棒運動の特性に応じた技能を身につけるとともに、その技能を高めて運動することができる	練習や発表会の観察
知識・理解	・鉄棒運動の特性や学び方、技術の構造を理解するとともに、技の出来栄えの見方や練習方法などを理解し、知識として身につけている	学習カードや発表会の評価カード

◆今できる技の修正、およびその発展課題への取り組みに関する評価規準

評価の観点	評価規準の具体例	評価法
関心・意欲・態度	・自分のできる技を修正したり、発展課題に取り組んだりして、鉄棒運動の楽しさを味わおうとする ・練習の場づくりを積極的に行ったり、安全に練習ができるよう互いに注意し合って行動しようとする	練習の観察や学習カード

思考・判断	・自分の動きの問題点、改善点を認識したうえで、改善や発展課題を達成するための練習の仕方を工夫している ・他の生徒の動きのよしあしを判断できる	練習の観察や学習カード
技能	・今できる技の改善や発展課題を合理的に達成できる	練習の観察
知識・理解	・技の系統性や発展性を理解し、それに応じた練習の仕方を知っている ・技の出来栄えをどのように評価すればよいか理解して知っている	学習カード

◆新しい技の習得に関する評価規準

評価の観点	評価規準の具体例	評価法
関心・意欲・態度	・新しい技を習得するための練習に積極的に取り組み、技ができる楽しさを味わおうとする	練習の観察や学習カード
思考・判断	・自分に応じた新しい技を適切に選択し、できるようになるための練習の仕方を工夫している ・他の生徒の動きを評価し、技の習得に必要な補助や安全確保を適切に行うことができる	練習の観察や学習カード
技能	・新しい技を習得し繰り返していく中で、安定して実施できるようになる	練習の観察
知識・理解	・鉄棒運動にどのような技があるのか体系的に理解する ・技の系統性に基づいた練習の進め方を理解している ・どのようにすればできるか、技のポイントを実践的、知的に理解する	学習カード

◆技の組み合わせや連続技に関する評価規準

評価の観点	評価規準の具体例	評価法
関心・意欲・態度	・技を組み合わせたり、連続技を構成することに関心をもって取り組み、技の組み合わせや連続技を実施することの楽しさを味わおうとする	練習の観察や学習カード
思考・判断	・組み合わせ部分にはどのような（技術的）ポイントがあるのか、あるいは連続技（演技）全体の構成や実施の仕方を考えながら、自分の練習に取り組んだり、他の生徒の練習を助言したりできる	練習の観察や学習カード
技能	・多様な技を組み合わせたり、連続技として実施できるようになる	練習の観察
知識・理解	・技を組み合わせるために必要なポイントを理解している ・技の系統性に基づいて、技の組み合わせ方や連続技の構成の仕方の基本知識を身につけている	学習カード

◆発表会に関する評価基準

評価の観点	評価規準の具体例	評価法
関心・意欲・態度	・他の生徒の見ている前で、練習した技の組み合わせや連続技を発表することに積極的に取り組もうとする ・発表会をスムーズに運営しようとしたり、他の生徒の発表を評価することに積極的に取り組もうとする	評価カード
思考・判断	・自分の発表や他の生徒の発表の出来栄えを、これまでの学習に基づいて適切に評価できる	評価カード
技能	・これまで練習してきた技の組み合わせや連続技を、他の生徒の前で発表できる	発表会の観察
知識・理解	・技の組み合わせや連続技を、技の難しさや実施のよさの両面からどのように評価するのか理解している	評価カード

3 学習指導案の例

第1ステージ10時間中の5時間めについて、学習指導の具体的な展開例を示す。今できる技と同じグループから新しい技を選択し、その技が習得できるようになることをねらいとしている。

本時のねらい	今できる技と同じグループから自分の能力に応じた新しい技を選択して、その技が習得できるように工夫して練習に取り組む
資料および準備	高鉄棒、低鉄棒、着地用マットやスポンジマット、跳び箱（高鉄棒用補助台）、踏切板、柔道帯、鉄棒用パッド（タオルでも代用可）、手のひら・膝などの保護用具（ハンドプロテクター、包帯、テーピング、サポーターなど）

	学 習 活 動	指導のポイント	評価規準の観点
はじめ 10分	1. 整列、あいさつ 2. 本時の学習内容の把握 3. 今できる技と同じグループから自分の能力に応じた新しい技を選択して、練習方法を考える 4. 器械、用具の準備 5. 準備運動（ストレッチング、体ほぐしの運動など）	・健康チェック ・技の系統性について説明し、技の選択や練習方法について助言する ・器械、用具の安全を確認しながら準備させる ・手首、肩、股関節などを中心にていねいにストレッチさせる	・技の系統性とそれに基づいた練習の仕方の知識があるか（知） ・協力し合って積極的に準備しているか（関） ・鉄棒運動の学習に必要な準備運動を理解し実行できているか（関・知）
なか 35分	6. 既習技の復習 ・新しい技のポイントを考慮しながら、既習技を復習する 例）片膝かけ振り上がり（前方上がり） ・振り足をあまり使わないようにする ・上昇回転を勢いよく行う 7. 新しい技の練習 ・新しい技の練習に段階的に取り組む 例）片膝かけ上がり ・最初は低鉄棒で懸垂姿勢で前に踏み込み、振れ戻りにタイミングを合わせて足や膝を鉄棒にかける練習をする。かけるほうと反対側の脚もしっかり持ち上げる ・足や膝がうまくかからない場合には、踏み切り位置に踏切板を置いたり、補助者が学習者の腰を支えたりして脚の振り上げを援助する	・何にポイントをおいて既習技の復習をしているのかを確認させる ・自分の能力に応じた技を選択しているか、技の習得に応じた練習方法をとっているかを確認させながら、技の習得に必要な助言や補助を行う ・互いに安全確保や補助を適切に行えるよう助言する ・互いの技や練習を適切に評価するよううながす	・技の系統性に基づいた練習の仕方を工夫しているか（思・技） ・自分の能力に応じた技を選択しているか（思） ・技のポイントを理解し、それに応じた練習方法や段階を工夫しているか（思・技） ・安全に配慮しながら協力し合って、技の評価や練習の補助を行っているか（思） ・新しい技の習得に楽しんで取り組んでいるか（関）
まとめ 5分	8. 整理運動、かたづけ 9. 本時の学習の振り返り ・技のポイントや練習方法を記録 ・次時の課題の設定 10. あいさつ	 ・生徒それぞれの新しい技への取り組みを概評し、本時を振り返るとともに、次への課題設定を促す ・健康チェック	・協力し合ってスムーズにかたづけができるか（関） ・新しい技の習得に関して、できるようになったこと、次回に行うべきことを明確にとらえているか（知）

※（関）：関心・意欲・態度、（思）：思考・判断、（技）：技能、（知）：知識・理解

◆学習資料◆

前方足かけ回転グループ・片膝かけ上がりのチェックリスト

年　組　番　氏名　　　　　　　　　　　　　　　　記入日　　年　　月　　日

(Aよくできている　Bできている　C不十分である　Dわからない)

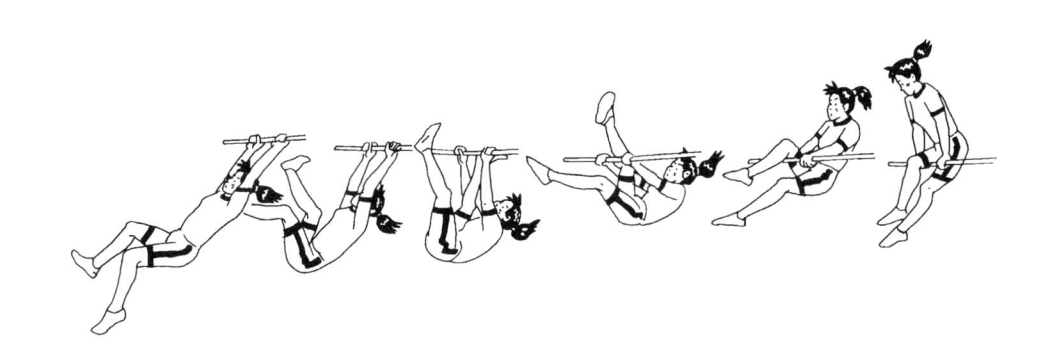

◇片膝かけ上がりのベースになる運動
片膝かけ振動：鉄棒に片膝をかけ往復振動する　　　　　　　　　　　　　　自己評価　　他者評価

片膝をかけて、前後にリズムよく振動することができる		
（止まった位置から少しずつ）振幅を大きくすることができる		
振り脚をあまり使わないで（鉄棒に近づけたままで）振動できる		
腕をあまり曲げないで振動できる		

◇片膝かけ上がりに結びつく技
片膝かけ振り上がり：片膝かけ振動から支持に上がる

補助してもらってできる		
3回以上の振りでできる		
2回以下の振りでできる		
・振り脚をあまり使わないでできる		
・腕をあまり曲げないで上がれる		
・振動を利用してスムーズに上がれる		

◇片膝かけ上がりができる

振れ戻りで（片足の裏を・片方の膝を）鉄棒にかけることができる		
振れ戻りで片膝をかけた後に、1往復の振動で片膝かけ振り上がりができる		
補助してもらって、片膝かけ上がりができる		
自分で片膝かけ上がりができる		
・腕をほぼ伸ばして、手首を返して上がれる		
・全体としてスムーズにできる		
・上がるときにスピードをつけて勢いよくダイナミックにできる		
・高鉄棒でもできる		

◇簡単だと思う課題もていねいにやってチェックしてみよう！

第1節 第1ステージ　「各種目の特性を知って、技ができる楽しさを味わおう」〈鉄棒運動〉

■ 平均台運動 ■

1 第1ステージの生徒の特性と本単元作成のポイント

　第1ステージでは、小学校において「運動遊び」で実施された各種の平均台運動を遊びの形から技能的な内容へと高めることがねらいとなる。

　このステージの生徒にとって最も大きな障害となるのが、平均台特有の幅、長さ、高さといった限られた運動空間である。幅と長さは物理的に、高さは心理的にバランスをとりにくくする要因となる。特に、高さは恐怖心を生じさせることから、これを克服することが重要なポイントとなる。

　そのためには、まず、いつでも安全に下りることができる、すなわち自分でコントロール可能な状態で落下することができるという技能と意識を身につけることが必要になる。このことによって安全に技の練習を行うことができるようになるとともに、落下に対する恐怖心によって生じる動きのぎこちなさを解消することができる。

　さらに、平均台運動で取り扱う技はマット上での動きが基本となるため、初めて平均台運動を行う生徒でもその運動形態自体が初めから全くできないということはほとんどない。そのため、初歩的な技は比較的容易に達成していくことができる。しかし、ここでは単にできるようになるだけではなく、スポーツとしての平均台運動にふさわしいエレガントな動き方ができて初めて技として成立するということを強調すべきである。

　単元計画作成の際には、まず平均台運動の特性

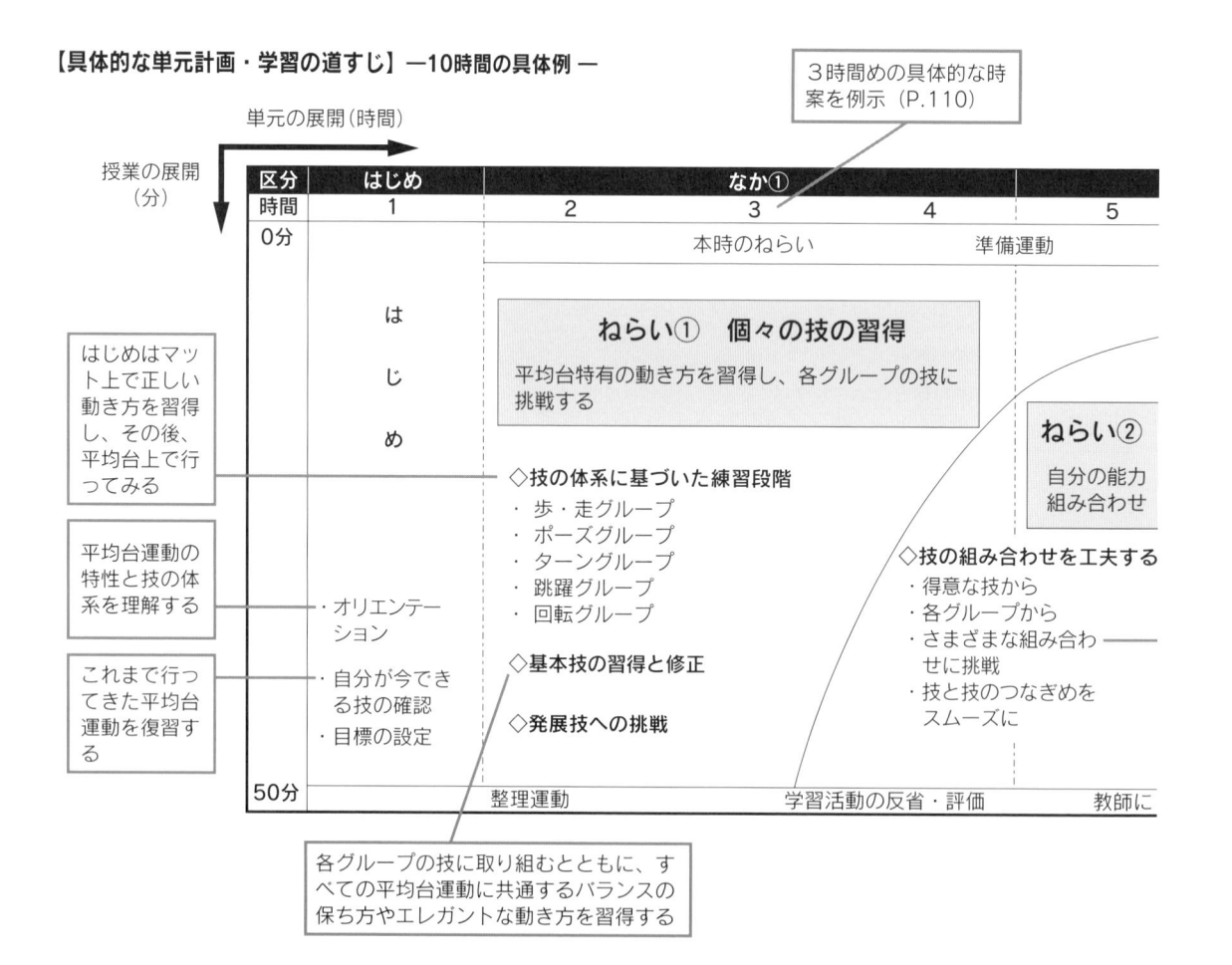

【具体的な単元計画・学習の道すじ】— 10時間の具体例 —

区分	はじめ	なか①			
時間	1	2	3	4	5

- 3時間めの具体的な時案を例示（P.110）
- 本時のねらい　準備運動

ねらい①　個々の技の習得
平均台特有の動き方を習得し、各グループの技に挑戦する

◇技の体系に基づいた練習段階
・歩・走グループ
・ポーズグループ
・ターングループ
・跳躍グループ
・回転グループ

◇基本技の習得と修正

◇発展技への挑戦

ねらい②
自分の能力組み合わせ

◇技の組み合わせを工夫する
・得意な技から
・各グループから
・さまざまな組み合わせに挑戦
・技と技のつなぎめをスムーズに

- はじめはマット上で正しい動き方を習得し、その後、平均台上で行ってみる
- 平均台運動の特性と技の体系を理解する
- これまで行ってきた平均台運動を復習する

- はじめ
- オリエンテーション
- 自分が今できる技の確認
- 目標の設定

50分　整理運動　学習活動の反省・評価　教師に

- 各グループの技に取り組むとともに、すべての平均台運動に共通するバランスの保ち方やエレガントな動き方を習得する

を理解し、器械に慣れるということが必要になる。その後、比較的取り組みやすいグループの技から複雑な構造をもつグループの技へ、また個々の技から組み合わせ、そして一連の演技と発展させていく。さらに、とりあえずできるという段階から次第に習熟度を高め、よりよくできる段階へと導いていく。

この場合、生徒自身が個々の能力に合わせて技を選択したり、練習の仕方を工夫したりして、個性豊かな身のこなしができるようにしていく。

2 第1ステージの学習内容とその単元計画・学習の道すじ

1 学習内容

◇平均台運動の基本的知識
　平均台運動は限られた運動空間において、よりバランスのとりにくい運動をいかにしてエレガントに、スムーズに、リズミカルに行うことができるかを競うスポーツであることを理解する。

◇平均台運動の技の体系
　平均台運動にはどのような技があり、それらはどのように関係づけられるかという技の体系を知る。

◇個々の技の習得
　各グループの技に取り組み、基本的な技から複雑な技へと個々の能力に応じて挑戦し、習得していく。

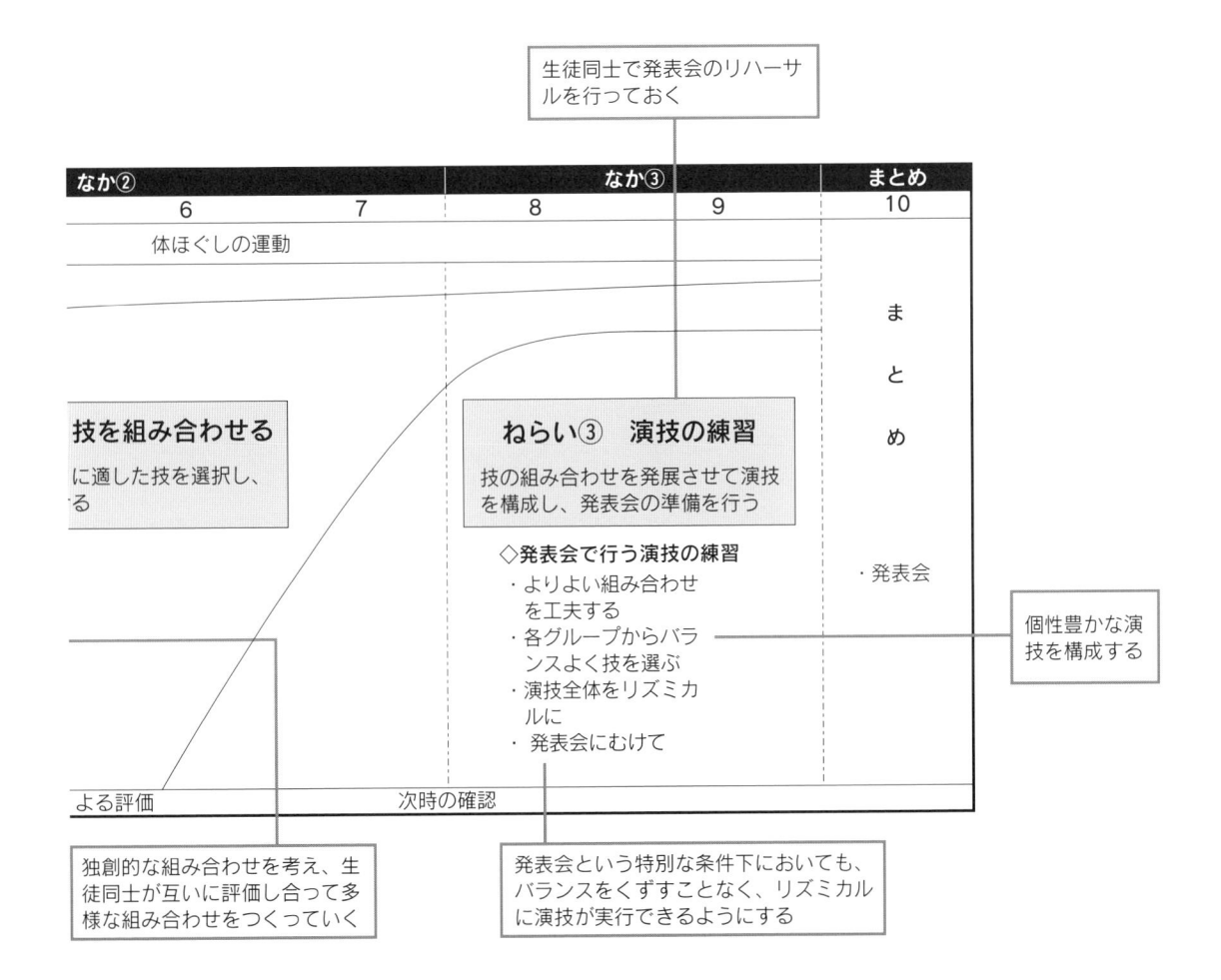

なか②			なか③		まとめ
6	7	8	9	10

体ほぐしの運動

生徒同士で発表会のリハーサルを行っておく

技を組み合わせる
に適した技を選択し、
る

ねらい③　演技の練習
技の組み合わせを発展させて演技を構成し、発表会の準備を行う

◇発表会で行う演技の練習
・よりよい組み合わせを工夫する
・各グループからバランスよく技を選ぶ
・演技全体をリズミカルに
・発表会にむけて

まとめ

・発表会

個性豊かな演技を構成する

よる評価　　次時の確認

独創的な組み合わせを考え、生徒同士が互いに評価し合って多様な組み合わせをつくっていく

発表会という特別な条件下においても、バランスをくずすことなく、リズミカルに演技が実行できるようにする

◇**技を組み合わせる**

習得した個々の技を自分の能力に応じて、工夫しながら組み合わせていく。この場合、技と技とのつなぎめもスムーズに行えるようにする。

◇**演技の作成**

これまで練習してきた技の組み合わせをさらに発展させて、一連の演技を構成する。ここでは、生徒同士で構成内容や出来栄えを評価し合い、発表会においてよりよい演技ができるように修正する。

◇**演技の発表**

できるようになった一連の演技を他の生徒が見ている前で実施し、練習の成果が出せたかどうかを評価する。その際、演技の構成内容と出来栄えを合わせて評価するようにする。

◇**自己および他人の動きの観察評価**

自分ができるようになることに加えて、自身の動きを評価したり、他の生徒の動きを評価したりするポイントを知り、運動の観察能力を養う。

2 具体的な単元計画・学習の道すじ

10時間の具体例をP.104に掲載。

3 具体的な指導手順と指導のポイント

●はじめ　50分×1時間の流れ

単元への導入としてオリエンテーションを行い、その後の学習計画を円滑に進めていくための準備をする。

単元区分	学習内容と指導手順	指導のポイント
はじめ 50分×1	1. オリエンテーション ・平均台運動の特性、および技の種類に関する基本的知識を身につける ・本単元のねらいと学習の道すじを理解する 2. 体ほぐしの運動 ・準備運動や整理運動として活用できる体ほぐし運動を紹介する ・安全な下り方、バランスをくずした際の対処法などを含めて、以後の学習活動が円滑に進められるような内容を課題とする ・既習の運動遊びにおける平均台運動での技をチェックリストに基づいて実施し、自己評価する	◎技の難しさと美しさを競うスポーツであること、技の構造に基づく技のグループからバランスよく技を組み合わせることを説明する ◎安全面に配慮した行動を徹底させる ◎平均台運動の技への導入として、基礎技能を育てるような課題を工夫する ◎本時の内容の意図を明確に理解させ、正しい技術と安全確保の方法を身につけさせる ◎既習の各種平均台運動の習熟度を生徒自身で評価できるようなチェックリストを準備する

●なか①　50分×3時間の流れ

各グループの技に取り組む中で、技をスムーズに行うためのポイントや、技がよりよくできるポイントは何か、また、そのためにはどのような練習を行えばよいかを理解し、実際に生徒同士で相互評価しながら練習する。

単元区分	学習内容と指導手順	指導のポイント
なか① 50分×3 ねらい①	1. 技の構造特性とそれに基づく練習法の理解 ・技の構造に基づいたグループの特性、およびその系統性に基づいた練習方法を理解する 2. 各グループの技の練習 ・バランスをくずす要因の比較的小さなグループから順番に、各グループの技をひととおり実施する 3. 生徒同士の相互評価 ・他の生徒の動きを観察し、修正点および技ができるようになるポイントを指摘し合う	◎自分の行う技がどのグループに属しているのか、またどのように学習を進めていくかを理解させる ◎各グループの技を実施するなかで、正しい技術を理解し、よりスムーズに技が実施できる方法を考え、習得させる ◎技のチェックリストを活用し、正しい技術を用いているか、目標とする技がどのくらい達成できているかを互いに評価させ、他者の運動を観察する能力を養う

●なか② 50分×3時間の流れ

各グループの技から自分の能力に合った技を選択して、いくつかの技を組み合わせて行う。各時限の最後には、生徒同士で技の組み合わせを発表し、意見交換を行う。

単元区分	学習内容と指導手順	指導のポイント
なか② 50分×3 ねらい②	1. 技を組み合わせる ・各グループの中から自分に合った技を選び出し、2～3の技を組み合わせる 2. 技の組み合わせを工夫する ・生徒自身が個々の技や組み合わせ方を工夫し、オリジナリティあふれる組み合わせを考える 3. 生徒同士で相互評価 ・各々が考えた技の組み合わせを生徒同士で発表し合い、意見交換を行う	◎自分の能力に合った技を選択させる ◎技と技のつなぎめをスムーズに行わせる ◎技の目標像および平均台運動の特性を明確に理解させる ◎さまざまなアイデアを引き出す場づくりをする ◎他者の運動観察のポイントを提示する

●なか③ 50分×2時間の流れ

技の組み合わせをさらに発展させ、各グループからバランスよく技を選択して演技を構成する。

単元区分	学習内容と指導手順	指導のポイント
なか③ 50分×2 ねらい③	1. 演技を構成する ・これまでに練習してきた技の組み合わせを発展させ、オリジナルの演技を作成する 2. 演技の完成度を高める ・発表会にむけて、自ら構成した演技をよりよく実施できるようにする 3. 生徒同士で相互評価 ・グループをつくり、発表会のリハーサルを行う	◎自分の能力に合った技を選択させる ◎各グループからバランスよく技を選択させる ◎個々の技の習熟度を高めるとともに、演技全体の完成度が高まるようにする ◎発表会にふさわしい演技を作成させる ◎個々の技および演技全体の習熟度について生徒同士で評価し合い、修正する

●まとめ 50分×1時間の流れ

これまでの練習の成果を発表する。個々の生徒が自分の能力に応じて、構成した演技を評価する。

単元区分	学習内容と指導手順	指導のポイント
まとめ 50分×1	1. 演技の発表 ・これまで練習した演技を他の生徒の前で発表する 2. 他の生徒の演技の評価 ・他の生徒が行った演技を評価する 3. 自分の演技の評価 ・発表会で実施した自分の演技について評価する 4. 次のステージにむけて、現在の技能と課題を明確にする	◎練習した演技が、他の生徒の見ている前でも同じように行えるようにする ◎技の課題および目標像を明確に理解させる ◎他者の動きの観察をさせる ◎自分の動きの観察をさせる ◎これまでの練習を振り返り、学習の達成度をチェックするとともに、習得した技の発展形について考えさせる

4 安全上配慮する事項

　平均台運動では、バランスをくずして落下する際の安全性を確保する必要がある。複数の平均台を設置する場合には、十分間隔をとり、マット運動で使用するロングマットやスポンジマットを平均台の下に敷きつめ落下に備える。また、新しい技に取り組む場合には、低い平均台を用いたり、幅の広いものを用いたりするなど、生徒の学習内容やその状況に応じて設置の場所や条件を決定する。

　この場合、バランスをくずして落下する際に安全が確保できるように、生徒にも身体の調整能力および着地の際の衝撃を吸収する先取り、緩衝の能力をあらかじめ身につけさせておくことが必要である。

5 評価の観点と評価法

◆単元の評価規準

評価の観点	評価規準の具体例	評価法
関心・意欲・態度	・平均台運動の特性に関心をもち、楽しさや喜びを味わえるように進んで取り組もうとする ・互いに協力して練習しようとするとともに、平均台や下に敷くマットなどの器械・器具を点検し、安全に留意して練習をしようとする	練習や発表会の観察および学習カード
思考・判断	・自分の能力に適した技を習得するための練習の仕方を工夫している	練習の観察や学習カード
技能	・平均台運動の特性に応じた技能を身につけるとともに、その技能を高めて運動することができる	練習や発表会の観察
知識・理解	・平均台運動の特性や学び方、技術の構造を理解するとともに、練習の仕方や技の出来栄えの確かめ方を理解し、知識を身につけている	学習カードや発表会の評価カード

◆今できる技の修正、およびその発展課題への取り組みに関する評価基準

評価の観点	評価規準の具体例	評価法
関心・意欲・態度	・バランスを保つという平均台運動の特性に関心をもち、技がよりよくできたり、その発展的な技を習得したりする楽しさや喜びを味わおうとする ・平均台やマットの準備などを進んで行い、積極的に取り組もうとする ・適切な場所に平均台が設置されているか、安全確保のためのマットが適切に置かれているかなど、練習するうえでの安全に気を配ろうとしている	練習の観察や学習カード
思考・判断	・できる生徒の動きから技のポイントを見つけたり、できない生徒の動きの修正点を指摘したりすることができる ・自分の動きの問題点を認識し、解決にむけての練習の仕方を工夫している	練習の観察や学習カード
技能	・技がよりよくできたり、その発展的な技を習得したりしている	練習の観察や学習カード
知識・理解	・技の系統性に基づいた練習の進め方を理解している ・どのようにすればできるのか、技のポイントに関して知っている	学習カード

◆新たな技の習得に関する評価基準

評価の観点	評価規準の具体例	評価法
関心・意欲・態度	・まだ習得していないグループの技に関心をもち、自分の能力に合った技を選択して、新たに習得する楽しさや喜びを味わおうとする ・他の生徒の練習にも協力して、習得の援助や安全に気を配ろうとしている	練習の観察や学習カード
思考・判断	・新たに習得しようとする技のポイントを他の生徒の動きから見つけたり、練習の仕方を工夫したりしている ・他の生徒が新しい技を習得するのに、適切な方法で補助することができる	練習の観察や学習カード
技能	・新しい技を習得したり、さらにその技の習熟度を高めたりしている	練習の観察
知識・理解	・平均台運動にはどのような技があるかという知識が身についている ・技の系統性に基づいた練習の進め方を理解している ・どのようにすればできるのか、技のポイントを理解している	学習カード

◆技の組み合わせに関する評価基準

評価の観点	評価規準の具体例	評価法
関心・意欲・態度	・技を組み合わせることに関心をもち、独創的な組み合わせを考案するなど、技を個別に実施するのとは異なる楽しさや喜びを味わおうとする	練習の観察や学習カード
思考・判断	・他の生徒の組み合わせ方からポイントを見つけたり、できない生徒の修正点を指摘したりすることができる ・技を組み合わせることについて、自分の動きの問題点を認識し、解決にむけて練習の仕方を工夫している	練習の観察や学習カード
技能	・さまざまなグループの技を組み合わせて実施することができる	練習の観察
知識・理解	・平均台運動にはどのような技があるかという知識が身についている ・技を組み合わせるために必要なポイントを理解している	学習カード

◆発表会に関する評価基準

評価の観点	評価規準の具体例	評価法
関心・意欲・態度	・他の生徒の見ている前で自分の技や演技を発表したり、他の生徒の発表を観察評価したりすることに、積極的に取り組もうとする	評価カード
思考・判断	・自分や他の生徒の発表をこれまでの学習に基づいて適切に評価できる	評価カード
技能	・練習してきた技や演技を、他の生徒の見ている前でも同じように行うことができる	発表会の観察
知識・理解	・技の組み合わせや演技を評価するためのポイントを理解している	評価カード

3 学習指導案の例

　ここでは第1ステージ10時間中の3時間めについて学習指導の具体的な展開例を示す。前回までに行った歩・走グループおよびポーズグループの技を復習するとともに、新たにターングループと跳躍グループの技に挑戦する。また、指導と評価の一体化を図るために、学習活動に対応した評価の観点を示しておく。

本時の ねらい	平均台運動の特性を理解したうえで、ターングループと跳躍グループの技に挑戦する。基本技ができるようになったら、個々の能力に応じて発展技にも取り組む。また、この場合、単に技を実施するだけではなく、よりエレガントで、よりスムーズな身のこなしができるようになることを目的とする
資料及び 準備	平均台、マット・スポンジマット、教科書、学習ノート、チェックリスト、黒板

	学 習 活 動	指導・支援の留意点	評価の観点
はじめ 10分	1. 整列、あいさつ 2. 本時の学習内容の把握 　・ターングループおよび跳躍グループの基本技の習得とその発展技について理解する 3. 準備運動と体ほぐしの運動 　・本時の課題に応じた準備運動ならびに体ほぐしの運動を行う	・健康、服装などをチェックする ・本時の学習内容について説明する ・全身のストレッチングを入念に行い、各関節の可動域を十分に広げる ・体ほぐしの運動では、本時の課題の予備的運動を行う	・平均台運動の技の体系とその課題を理解しているか（知） ・必要な準備運動を理解し、実行することができるか（関） ・体ほぐしの運動の意図を理解し、実行することができるか（関）
なか 35分	4. 前回までの復習と本時の課題の導入 　・歩・走グループおよびポーズグループの基本技および発展技を復習し、よりよくできるように修正する 　・歩・走グループおよびポーズグループの技の中から、本時の課題に関連する内容を行う 5. 新しい技の練習 　・ターングループおよび跳躍グループの技に挑戦する 　・ひととおりの説明を受けたら、自分の能力に合った技に取り組む 　・生徒同士でアドバイスをし合い、互いの技能を高め合うようにする	・技の系統性に基づいた練習段階を設定する ・前回までに扱ったグループの技の中から、本時の課題に関連する技を選び出して、実施させる ・自分の能力に合った技を選択させる ・新しく習得しようとする技の練習の段階と方法を理解させる ・技のポイントを具体的に示す	・技の系統性に基づいて練習の仕方を工夫しているか（思） ・技の習熟度が高まっているか（技） ・技の課題を理解しているか（知） ・新たな技を習得するうえでの安全に気を配ろうとしているか（思） ・新しい技に積極的に取り組んでいるか（関） ・正しい技術を身につけているか（技）
まとめ 5分	6. 整理運動 7. 本時の学習活動の反省と次時の予告 　・本時で行った技のポイントや練習方法を記録する 　・次時の課題を理解する 8. 整列、あいさつ	・生徒自身が技の習得状況を明確に判断できるようにする ・次時の課題を説明する	・本時の課題を達成できたか（思） ・次時の課題への関心と意欲をもっているか（関）

※（関）：関心・意欲・態度、（思）：思考・判断、（技）：技能、（知）：知識・理解

◆**学習資料**◆

跳躍グループの技のチェックリスト

年　　組　　番　氏名　　　　　　　　　　　　　　　記入日　　年　　月　　日

☆台上での技

技名　　両足での伸身跳び

Aよくできている　Bできている　C不十分である

	自己評価	他者評価
1．全身をうまく使って跳び上がることができる		
2．空中できれいな伸身姿勢をとることができる		
3．着台した後にうまくバランスをとることができる		
4．		

技名　　片足踏み切りの前後開脚跳び

Aよくできている　Bできている　C不十分である

	自己評価	他者評価
1．片足でうまく踏み切ることができる		
2．空中できれいな前後開脚の姿勢をとることができる		
3．着台した後にうまくバランスをとることができる		
4．		

☆上がり技

技名　　かけ上がり

Aよくできている　Bできている　C不十分である

	自己評価	他者評価
1．踏切板をうまく踏み切ることができる		
2．空中で着台の先取りができる		
3．平均台に上がった後にうまくバランスをとることができる		
4．		

☆下り技

技名　　かかえ込み跳び下り

Aよくできている　Bできている　C不十分である

	自己評価	他者評価
1．平均台をうまく踏み切ることができる		
2．空中できれいなかかえ込み姿勢をとることができる		
3．空中で着地地点を確認することができる		
4．着地の衝撃を柔らげることができる		
5．		

跳び箱運動

1 第1ステージの生徒の特性と本単元作成のポイント

中・高等学校における跳び箱運動は、切り返し跳びグループでは開脚跳び、かかえ込み跳びとその発展技を、回転跳びグループでは頭はね跳び、前方倒立回転跳び、側方倒立回転跳びなどを学習することになる。

この段階の生徒は、跳び箱運動の基礎的な技術がすでに習得されている者とそうでない者との差が顕著に特性として表れてくる。生徒自身が自分で練習の仕方を工夫して、自己の能力に適した運動課題を解決するためには、技の構造や技術、さらにはさまざまな能力に合った練習段階や練習方法を教師が提示し、それを生徒自身が理解することができるようにする必要がある。

そのうえで、自己の能力に適した技を選択し、その技がよりよくできるように、単に跳び箱を跳ぶことにはこだわらず、マット、タイヤ、友だち同士を跳び越えるなど、場を工夫しながら、生徒が意欲をもてるよう授業を組み立てたい。

跳び箱運動の特性に挙げられる突き手の技術を確実に習得することにより、着手後着地まで安定して跳ぶことができる、また技がよりよくできるよう技能を高めていくことは、本単元の大切な目標となる。ただし、学習の課題を設定する場合には、跳び越えてから着地までの一連の動きのみを目標像と考える必要はなく、跳び箱の上にまたがったり、跳び乗ったり、下りることに変化をつけ

【具体的な単元計画・学習の道すじ】－10時間の具体例－

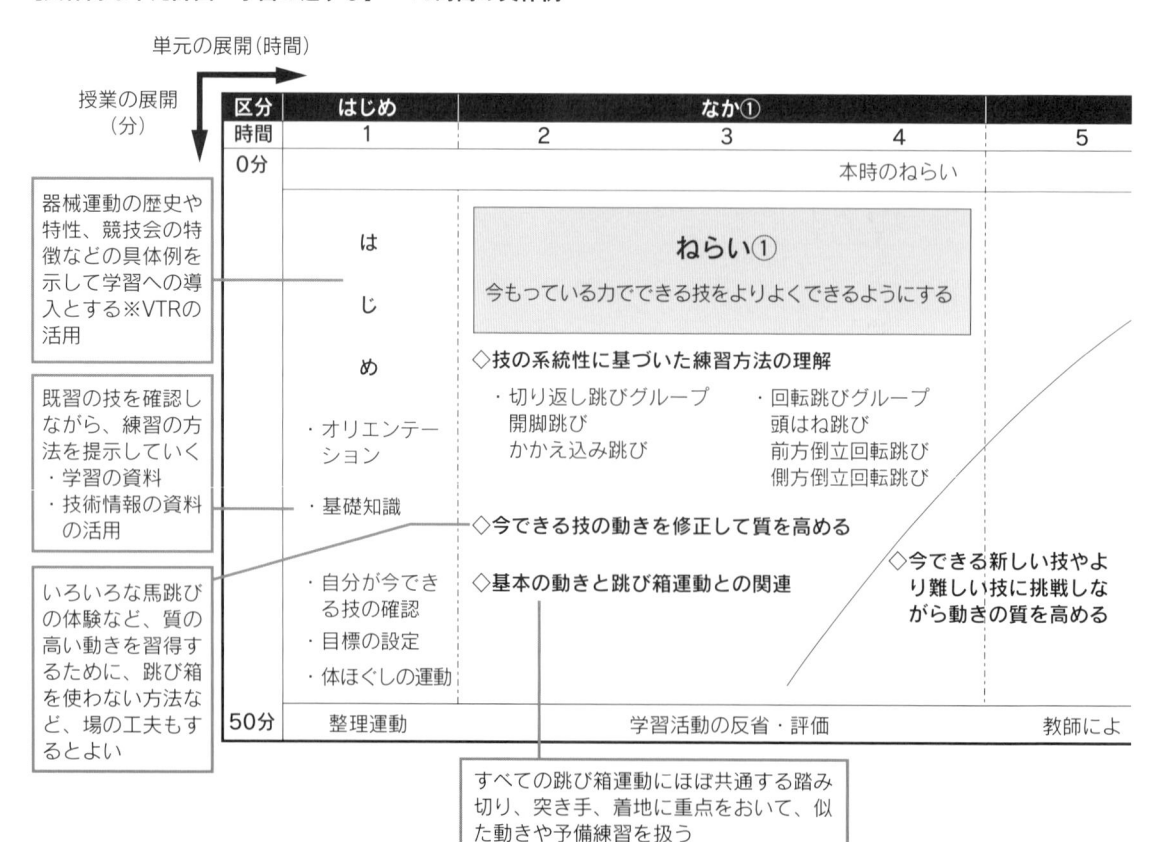

区分	はじめ	なか①			
時間	1	2	3	4	5

0分　　　　　　　　　　　　　　　　　　　　　　　本時のねらい

ねらい①
今もっている力でできる技をよりよくできるようにする

◇技の系統性に基づいた練習方法の理解
・切り返し跳びグループ　　・回転跳びグループ
　開脚跳び　　　　　　　　　頭はね跳び
　かかえ込み跳び　　　　　　前方倒立回転跳び
　　　　　　　　　　　　　　側方倒立回転跳び

◇今できる技の動きを修正して質を高める

◇基本の動きと跳び箱運動との関連

◇今できる新しい技やより難しい技に挑戦しながら動きの質を高める

はじめ
・オリエンテーション
・基礎知識
・自分が今できる技の確認
・目標の設定
・体ほぐしの運動

50分　整理運動　　　　学習活動の反省・評価　　　教師によ

- 器械運動の歴史や特性、競技会の特徴などの具体例を示して学習への導入とする※VTRの活用
- 既習の技を確認しながら、練習の方法を提示していく
  ・学習の資料
  ・技術情報の資料の活用
- いろいろな馬跳びの体験など、質の高い動きを習得するために、跳び箱を使わない方法など、場の工夫もするとよい
- すべての跳び箱運動にほぼ共通する踏み切り、突き手、着地に重点をおいて、似た動きや予備練習を扱う

たりといった段階的な目標像を設定する。そのことにより、できていく段階がわかりやすくなり、徐々にできていくような気にさせることで、興味を起こさせ、次の段階に進みたいというやる気を起こさせるような運動財の配列も本ステージでは必要になる。

いずれにしても今できる技をよりよくできるようにし、新しい技への挑戦意欲を起こさせるように、生徒の能力に合わせたさまざまな段階的学習の方法を選択できるように工夫しておく。

2 第1ステージの学習内容とその単元計画・学習の道すじ

1 学習内容

◇跳び箱運動の特性と基本的知識

　跳び箱運動は、助走－踏み切り－突き手－着地という一連の動きの中で、特に手を突き放した後に雄大で美しく、正確に安定して跳び越すことを特性としている。

◇跳び箱運動の技とその体系

　跳び箱運動は、技術構造的特性から、切り返し系や回転系などのグループに大きく分けることができる。

　切り返し跳びグループでは、踏み切りから着手までの体の前方への回転を突き手の技術により着地までに後方へ切り返すことを特徴としている。また、回転跳びグループでは、突き手の技術は回転することや、雄大に跳び越すことを助ける働き

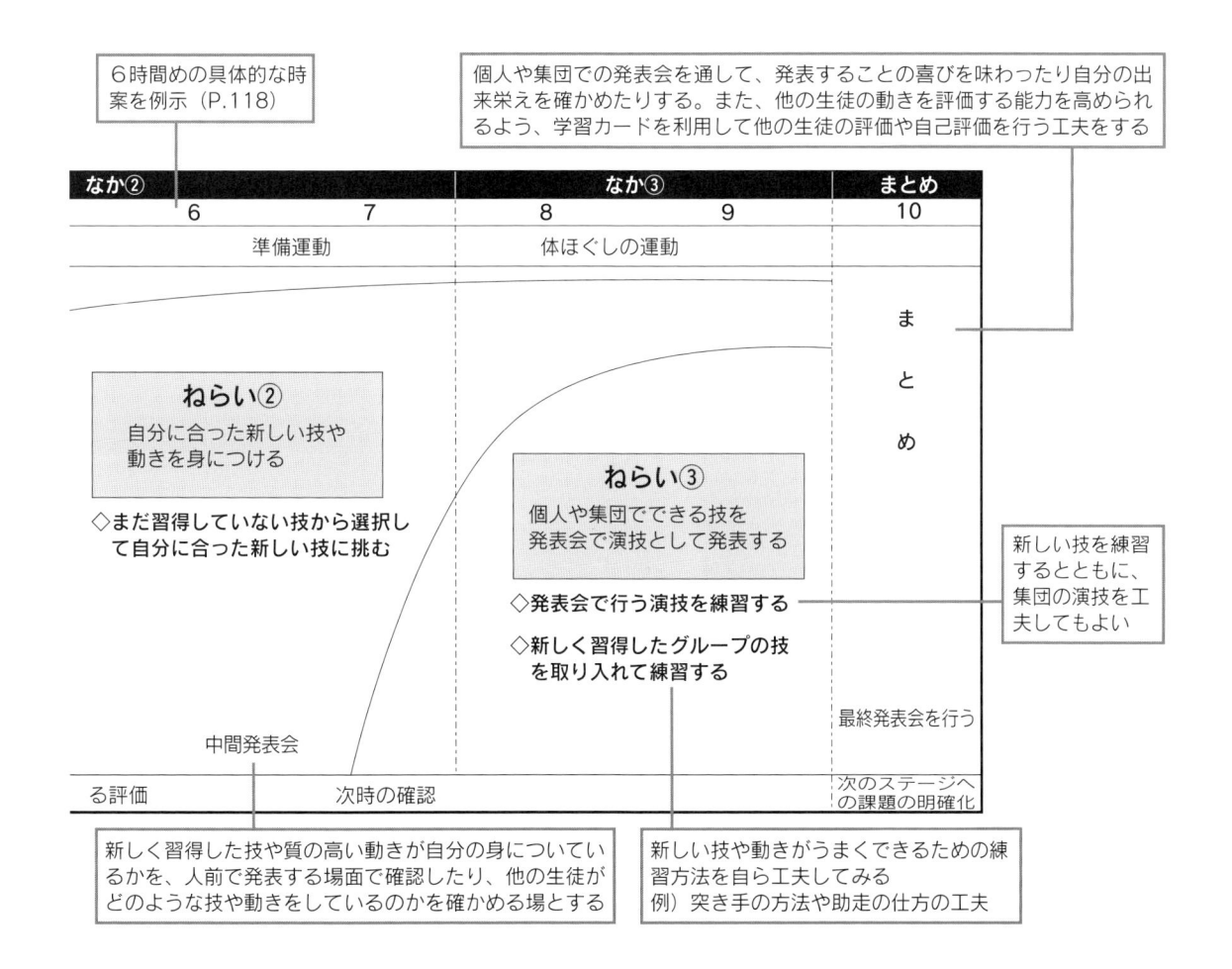

6時間めの具体的な時案を例示（P.118）

個人や集団での発表会を通して、発表することの喜びを味わったり自分の出来栄えを確かめたりする。また、他の生徒の動きを評価する能力を高められるよう、学習カードを利用して他の生徒の評価や自己評価を行う工夫をする

なか②		なか③		まとめ
6　　　7		8　　　9		10
準備運動	体ほぐしの運動			

まとめ

ねらい②
自分に合った新しい技や動きを身につける

◇まだ習得していない技から選択して自分に合った新しい技に挑む

ねらい③
個人や集団でできる技を発表会で演技として発表する

◇発表会で行う演技を練習する
◇新しく習得したグループの技を取り入れて練習する

新しい技を練習するとともに、集団の演技を工夫してもよい

最終発表会を行う

中間発表会

る評価　　次時の確認　　次のステージへの課題の明確化

新しく習得した技や質の高い動きが自分の身についているかを、人前で発表する場面で確認したり、他の生徒がどのような技や動きをしているのかを確かめる場とする

新しい技や動きがうまくできるための練習方法を自ら工夫してみる
例）突き手の方法や助走の仕方の工夫

があること、この突き手の技術は上体と下体をつなぐ部分を緊張させることにより有効になることを理解する。

◇**学習する技とその練習段階**

切り返し跳びグループは開脚跳び、かかえ込み跳びとその発展技、回転跳びグループは頭はね跳び、前方倒立回転跳び、側方倒立回転跳びなどを学習する。

それらの技を、自己の能力に合わせて選択し、よりよくできるようにするためには、一人ひとりの技能を高めていくための練習の段階を理解する必要がある。そのため、踏み切りや突き手、着地といった局面でさまざまな条件を変えたりする。また、跳び箱を使わない運動でも、場を工夫したり補助を工夫したりできるようにする。

◇**今できる運動とできそうな運動の確認**

今、自分ができる技や段階について理解するとともに、どのような道すじを通れば新しい技に挑戦できるかを確認し、それぞれの個人に合った予備的な運動を配列する。そのときに自分がどんな感じで動いているのか、その出来栄えはどうであるのかといったことを、他の生徒の感じも認め合いながら学習を進めていくようにする。

◇**条件を変えた場での実施**

現在できる技がよりよくできるようになるために、高さを変えたり、遠くへ跳んだり、空中局面でのよい姿勢を意識したり、複数の人数で同時に、あるいは次々に跳んだり、複数の跳び箱を跳んだりと、さまざまに条件を変えた場を提供する。また、他の生徒が見ている前での演技の発表の機会もよりよい動きになるための場の工夫になる。

◇**新しい技への挑戦**

個人の能力を高める努力をしながら、常に新しい課題解決の仕方を考え、実施したり、まだ学習していない新しい技への挑戦を心がけることが大切である。

そのためには、新しく獲得しようとする技の情報に関して、自分の技能の情報と比べながら、新たな運動を獲得するための道すじを自ら見つけ出す努力が必要であるとともに、指導者はそのための情報を適切に与えなければならない。

2 具体的な単元計画・学習の道すじ

10時間の具体例をP.112に掲載。

3 具体的な指導手順と指導のポイント

●はじめ　50分×1時間の流れ

単元への導入のオリエンテーションでは、体操競技のビデオなどで器械運動の学習への意欲・関心を高める。また、この後の学習計画を立てるにあたっての基本知識や今できる技を確認する。

単元区分	学習内容と指導手順	指導・支援のポイント
はじめ 50分×1	1. オリエンテーション ・ビデオを利用して演技会などを提示する ・学習の道すじや学習の進め方を理解する ・安全上の留意点を理解する ・基礎知識として跳び箱運動の発生の歴史、発展性を踏まえた理想像の考え方などを理解する	◎跳び箱運動の特性などの説明 ◎学び方を説明する ◎安全面に配慮することを強調 ◎段階的な学習方法の説明 ◎技の体系の理解
	2. 体ほぐしの運動 ・準備運動や整理運動として活用できる体ほぐしの運動の具体例を紹介	◎授業における導入として位置づけられる内容を設定する
	3. 自分が今できる技の確認 ・技のチェックリストなどに基づいて、どの技がどれくらいできるかを自己評価したり、他の生徒と相互評価したりする	◎簡単なチェックリストを用意する

● なか①　50分×3時間の流れ

　今できる技に取り組みながら、さらに発展させるために必要なポイントは何か、またどのような練習を行えばよいか、などを理解する。また、動きの質を高めるための工夫として、跳び箱を使用しない場合でも実施者自らが工夫しながらよりよい動きを追求する姿勢を大切にしたい。

単元区分		学習内容と指導手順	指導・支援のポイント
なか① 50分×3	ねらい①	1. 既習の跳び越しを体験する	◎既習の馬跳びなどを利用して、足－手－足による、馬を跳び越すための一連の動きをまるごと体験する
		2. 今できる技をよりよくできるように修正したり、発展課題への見通しをもたせる 　例）跳び下り（着地） 　・高さ、方向、姿勢を自分たちで工夫してさまざまな跳び下りを体験する 　例）踏み切り 　・実際に踏み切りをいろいろな形で体験する	◎自分の出来栄えを認識しているか ◎自分の能力に合った発展課題を選択しているか ◎技の観察チェックリストを活用しているか
		3. 自分の動く感じや他の生徒の出来栄えの評価を大切にしながらポイントや修正点を見抜く	◎安全な学習を自分たちで考える

● なか②　50分×3時間の流れ

　自分の能力に合った技を選択して、新たな技が習得できるように技の系統性に基づいた方法を工夫して練習する。また、質の高まりを追求する姿勢を大切にしながら、他の生徒の練習についてもアドバイスや補助などの協力をする。

単元区分		学習内容と指導手順	指導・支援のポイント
なか② 50分×3	ねらい②	1. 今できるグループの中でより難しい技やまだ学習していないグループから技を選択する	◎技の系統性を理解したうえで、自分の能力に合った技を選択しているか
		2. 新しく習得しようとする技の練習方法を理解する	◎安全な学習を考える ◎技の系統性に基づいて練習を行っているか
		3. 新しい技を習得するための練習をする 　・個人演技、集団演技などを相互評価 　例）突き手の鋭さを相互評価する 　例）着手後の上体の起こし方に注目してみる	◎他の生徒の練習に協力しているか
		4. 技の出来栄えを相互評価する 　例）出来栄えのチェックリストを用いて、互いに助言する	◎中間発表や相互評価の工夫

● なか③　50分×2時間の流れ

　雄大で美しく、正確で安定している動きとはどんな技のポイントに支えられているのかを整理し、自分の欠点や長所を意識して練習する。また、個人演技だけでなく、集団演技なども取り入れる工夫をしたい。

単元区分		学習内容と指導手順	指導・支援のポイント
なか③ 50分×2	ねらい③	1. よりよい動きを求めて練習を工夫する 　例）突き手の鋭さを意識して跳び越す	◎よい動きができるためのポイントを自ら見つけ出す
		2. 自分の能力に合った個人演技、集団演技などを習得する	◎自分の能力に合った練習をしているか
		3. 個人演技、集団演技などを相互評価	◎突き手後の強い上体のおこしなどに注意をむけさせる
		4. 技の出来栄えを相互評価する	◎他の生徒に適切なアドバイスをしたり、他の生徒の動きから技のポイントを見抜いたりしているか

●まとめ　50分×1時間の流れ

できるようになった技を他の生徒の見ている前でもできるか、その出来栄えの高まりを評価する。また、他の生徒の発表についてその出来栄えをチェック項目に基づいて評価してみる。

単元区分		学習内容と指導手順	指導・支援のポイント
まとめ 50分×1	ねらい①	1. 技を発表する	◎他の生徒が見ているという緊張した状態の中でも発表できるか
		2. 他の生徒が行った演技を評価する	◎他の生徒の実際の動きからポイントを見抜くことができるか
		3. 各自の学習カードや評価カードを整理する	◎練習した動きが実際に演技できたかということも自己評価する
		4. 次のステージにむけて自分の課題を明確にする	◎次のステージの跳び箱運動に意欲がもてるようにまとめを工夫する

4 安全上配慮する事項

跳び箱運動においては、普段使うことの少ない手、腕、肩などに負担がかかることが多いので十分な準備運動を行う必要がある。

また器具についても、跳び箱やマットの位置、踏切板の幅にも気をつけて、生徒にも安全な器具の使用法などを理解させておくことが大切である。

練習中においては、教師が系統的、段階的な学習段階の提示をするとともに、生徒自身がそれを自分の体で理解し、学習することができるようにしたい。生徒自身が現在の自分の能力を判断できることにより、次のステップへの道のりが的確に安全に判断できるようになる。

切り返し跳びグループにおける技の構造的、技術的理解、特に突き手の技術の認識を欠くと、切り返しができずに上体からマットに落ちたりする。また、回転跳びグループにおいては逆位を経過することにより、自分の体の位置を認識できなくなることもあり、注意が必要である。

5 評価の観点と評価法

◆単元の評価規準

評価の観点	評価規準の具体例	評価法
関心・意欲・態度	・跳び箱運動の特性に関心をもち、楽しさや喜びを味わえるように進んで取り組もうとする ・互いに協力して練習しようとするとともに、跳び箱やマット、踏切板などを点検し、安全に留意して練習しようとする	練習や発表会の観察および学習カード
思考・判断	・自分の能力に適した技を習得するための練習の仕方を工夫している	練習の観察や学習カード
技能	・跳び箱運動の特性に応じた技能を身につけるとともに、その技能を高めて運動することができる	練習や発表会の観察
知識・理解	・跳び箱運動の特性や学び方、技術の構造を理解するとともに、練習の仕方や技の出来栄えの確かめ方を理解し、知識を身につけている	練習や発表会の観察および学習カード

◆今できる技の修正、およびその発展課題への取り組みに関する評価規準

評価の観点	評価規準の具体例	評価法
関心・意欲・態度	・支持跳躍という特性を中心とした切り返し跳び、回転跳びなど、それぞれの跳び箱運動の特性に関心をもち、技がよりよくできたり、その発展的な技を習得したりする楽しさや喜びを味わおうとする ・跳び箱、マット、踏切板などの準備などを進んで行い、積極的に運動に取り組もうとする ・踏切板の幅を合わせたり、マットや跳び箱の器具にも注意をはらい、安全に気を配ろうとしている	練習の観察や学習カード
思考・判断	・上手な生徒の動きから技のポイントを見つけたり、他の生徒や自分の動きについて修正すべき点を見つけ出すことができる ・自分の動きに関する問題点について、解決を図るように練習を工夫している	練習の観察や学習カード
技能	・技がよりよくできたり、その発展的な技を習得したりしている	練習の観察
知識・理解	・技の系統性に基づいた練習の進め方を理解している ・どのようにすればできるのか、技がうまくできるポイントを知っている	学習カード

◆新たな技の習得に関する評価規準

評価の観点	評価規準の具体例	評価法
関心・意欲・態度	・まだ習得していないグループの技に関心をもち、自分の能力を高めようと努力するとともに、自分の能力に合わせた技を選択し、新たに習得する楽しさや喜びを味わおうとする ・他の生徒の練習にも協力して、習得の助けや安全に気を配ろうとしている	練習の観察や学習カード
思考・判断	・新たに習得しようとする技のポイントを他の生徒の動きから見つけたり、練習の仕方を工夫したりしている ・他の生徒が新しい技を習得するために、適切な補助やアドバイスなどの協力をしている	練習の観察や学習カード
技能	・新しい技を習得することに努めたり、その技をよりよくできるように質を高め、習熟を高めている	練習の観察
知識・理解	・跳び箱運動の技のグループとその技についての知識が身についている ・技の系統性とその技術に基づいた練習の進め方を理解している ・どのようにすればできるのか、技がうまくできるポイントを知っている	学習カード

◆発表会に関する評価規準

評価の観点	評価規準の具体例	評価法
関心・意欲・態度	・他人の見ている前で自分の技や集団での演技を発表したり、他の生徒の発表を観察評価したりすることに積極的に取り組もうとする	学習カード
思考・判断	・自分や他の生徒の発表をチェックリストに照らし合わせて評価できる	学習カード
技能	・練習でできた技や集団での演技が他の生徒の見ている前でも同じように演技できる	発表会の観察
知識・理解	・技の出来栄えに関して、技術のレベルを理解することにより、正当な評価をすることができる	学習カード

3 学習指導案の例

　ここでは第1ステージ10時間中の6時間めについて、学習指導の具体的な展開例を示す。単元に入る前にはできなかった、あるいは学習したことのないグループの技を選択し、新たに習得することをねらいとしている。

本時の ねらい	既習技を系統的に発展させたり、まだ学習していないグループから自分の能力に合った技を選択して練習したりする
資料および 準備	跳び箱・跳び箱の代わりになるような台など、マット、スポンジマット、踏切板、学習カード、評価カード、黒板

	学 習 活 動	指導のポイント	評価規準の観点
はじめ 10分	1. 整列、あいさつ 2. 本時の学習内容をつかむ ・新たに習得する技を選択し、練習方法を考える 3. 必要な器械・器具の準備 4. 準備運動（体ほぐしの運動など）	・健康チェック ・まだ学習していないグループや同じグループでも難しいものから技を選択する ・系統的に同じ技を選択した生徒でグループをつくり、練習方法を確認し用具を準備する ・適切な準備運動になっているかをチェック	・跳び箱運動にはどのような技のグループがあるかという知識が身についているか（知） ・器具の準備を積極的に行っているか（関） ・必要な準備運動を理解し、実行できているか（関）
なか 35分	5. 既習技の復習 ・動きの修正をしたり、発展課題に挑んだりする 例）踏み切りの強さに注目して修正する、突き手の鋭さに注目して修正する、着地の安定性に注目して修正する 6. 新しい技の練習 ・同じグループのより難しい技に挑む 例）かかえ込み跳び ・上体の起こし方に注目する ・まだ学習していないグループの技に挑む 例）前方倒立回転跳び ・踏み切り後に倒立からスポンジマットに力強く倒れ込む練習	・技の系統性に基づいた練習 ・素早い踏み切りをめざす練習 ・時間の短い着手をめざす練習 ・音の小さい着地をめざす練習 ・自分の能力に合った技を選択しているか ・新しく習得しようとする技の練習方法を理解し、工夫しているか ・他の生徒の動きの出来栄えを見抜いているか ・同じ技にとどまったままの生徒はいないか	・技の系統性に基づいて練習の仕方を工夫しているか（思） ・技の習熟を高めている、あるいは発展課題を達成しているか（技） ・できない生徒にアドバイスしたり、できる生徒の動きから技のポイントを見抜いたりしているか（思・技） ・補助など、新たな技を習得するうえでの安全に気を配ろうとしているか（思） ・自分の能力に合った課題から練習しているか（技）
まとめ 5分	7. 整理運動、かたづけ 8. 本時のまとめ ・本時の学習活動の反省（カード記入など） ・次時の課題確認 9. 整列、あいさつ	・生徒の健康観察を行う ・練習方法のよい例を紹介する ・本時のまとめをする	・器具のかたづけに協力しているか（関） ・新たに挑んだ技に関して、できるようになったこと、まだ不十分なことを明確にとらえているか（知）

※（関）：関心・意欲・態度、（思）：思考・判断、（技）：技能、（知）：知識・理解

◆学習資料◆

『動き方を見抜こう』（運動観察ノート）

開 脚 跳 び　　　　　○年○組　氏名 _____

月　日　（　）____校時

（　）中間発表会
（　）最終発表会

自…自分の動きの評価
他…他の生徒の動きの評価

		自	他	メモ・感想
助走	リズムある助走ができたか			
	どんどんスピードが上がっていったか			
	最後の1歩までスピードが落ちなかったか			
最後の1歩	スムーズに両足をそろえて踏み切れたか			
	上に跳び上がらず、低く踏み切りに入ったか			
	両足をそろえて、鋭く踏み切りに入ったか			
踏み切り	つま先だけで踏み切ったか			
	踏切板を後ろに蹴るようにして蹴ったか			
	踏み切りと同時に両手が前に出たか			
手を着くまで	跳び箱に手を着くまで、膝が伸びていたか			
突き放し後	胸を起こして顔を上げていられたか			
	膝を伸ばしていたか			
	顔の向きが前向きになっていたか			
着地	足裏全体で着地できたか			
	膝をゆるめて着地できたか			
	1歩も動かなかったか			
全体の動き	安定性・優雅さ・雄大性の評価			

メモ・感想

A…よくできている　B…できている　C…不十分である　D…わからない

今日の評価をしてくれた人　_____

第1節 第1ステージ　「各種目の特性を知って、技ができる楽しさを味わおう」〈跳び箱運動〉

第2節 第2ステージ
「新しい技に挑戦しよう」
《種目選択の授業》

1 第2ステージの生徒の特性と本単元作成のポイント

ここでは第1ステージの学習経験に基づき、さらに器械運動の魅力に触れるためにこの種目を選択した生徒を対象として単元を構成する。第1ステージの学習を通して、生徒は各種目の特性、特に技の系統性について理解し、ある程度の技能も身についている。しかし、個人差、とりわけ技能面に関する差は、第1ステージよりさらに大きくなっていることも考えられる。

器械運動の魅力には、逆位や回転など、日常の生活で味わうことのない独特の感覚を味わえることが挙げられる。そこで本単元では、第1ステージで習得した技を系統的に発展させたり、技能の高い生徒は学習指導要領には例示されていない高度な技に挑戦したりする。

たとえば、第1ステージのマット運動の発表会において、「伸膝後転片足立ち－側方倒立回転連

【具体的な単元計画・学習の道すじ】
—8時間の具体例—

区分	はじめ	なか①		
時間	1	2	3	4
0分		本時のねらい	準備運動	体ほぐしの運動	各自の

学習Ⅰ
はじめ

・オリエンテーション

・第1ステージで習得した技の確認

ねらい①
今もっている力でできる課題から目標技へと、学習を系統的に発展させる

◇目標技の選択、および予備的な課題
・2～3の技を学習目標として選択する
・技の学習レディネスを高める課題を行う
・補助具などを使って練習し、できるようになったら補助を軽減していく

| 50分 | 整理運動 | 学習活動の反省・評価 | | 教師による評価 |

(吹き出し)
- 生徒同士で補助し合ったり、教え合ったりする活動が多くなるようなグループ分けと練習場所の工夫を行う
- 3時間めの具体的な事案を例示（P.125）
- 技の系統についても理解し、今できる技や第1ステージで学習した技をもとに目標技を設定する
- 学習カードなどを活用し、第1ステージで習得した技を確認する
- 今まで練習したことのない技にも積極的にチャレンジできるように場の工夫をする

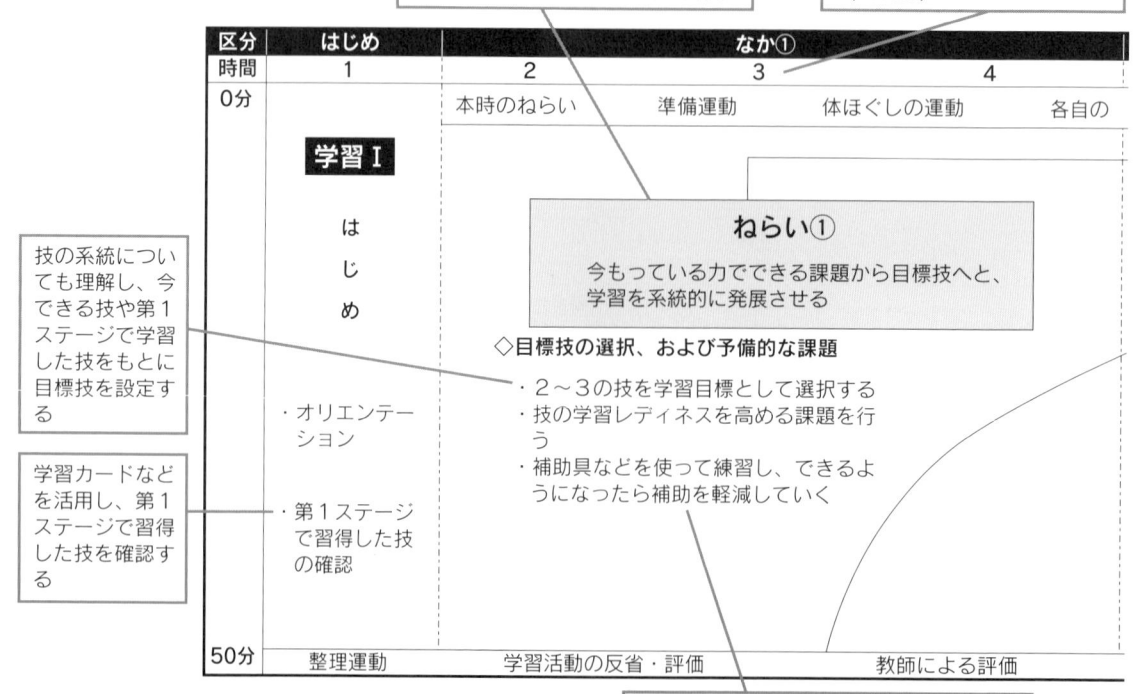

続ー開脚前転」という組み合わせを行った生徒がいたとする。この生徒の場合、後転倒立を目標技として選択し、初めの伸膝後転と換えることで新しい技の組み合わせができるようにしたり、あるいは前方倒立回転跳びを新たに習得して側方倒立回転に組み合わせたりすることも可能である。

このようにして、できなかった技をできるようにし、新たな運動感覚を味わうとともに、後に続く第3、第4ステージの学習で行う演技を構成するための持ち技（自分のできる技）を増やすことが大きな目標である。

したがって、単元の前半は目標とする技を選択し、その予備的な課題を練習することで、学習レディネスを高めていく。そして単元の後半では、その技を1人でできるようにすることを最大の目標とし、学習進度に応じて、他の技との組み合わせに発展させることができるように、目標技を変形した応用課題などに取り組むようにする。

2 第2ステージの学習内容とその単元計画・学習の道すじ

1 学習内容

◇新たに習得する技の選択

第1ステージで習得した技は系統的にどのような技に発展させられるのか、技の体系を知ったうえで、学習目標とする技を選択する。

◇目標技の練習方法の理解

技の中核的な技術は何か、また系統性に基づい

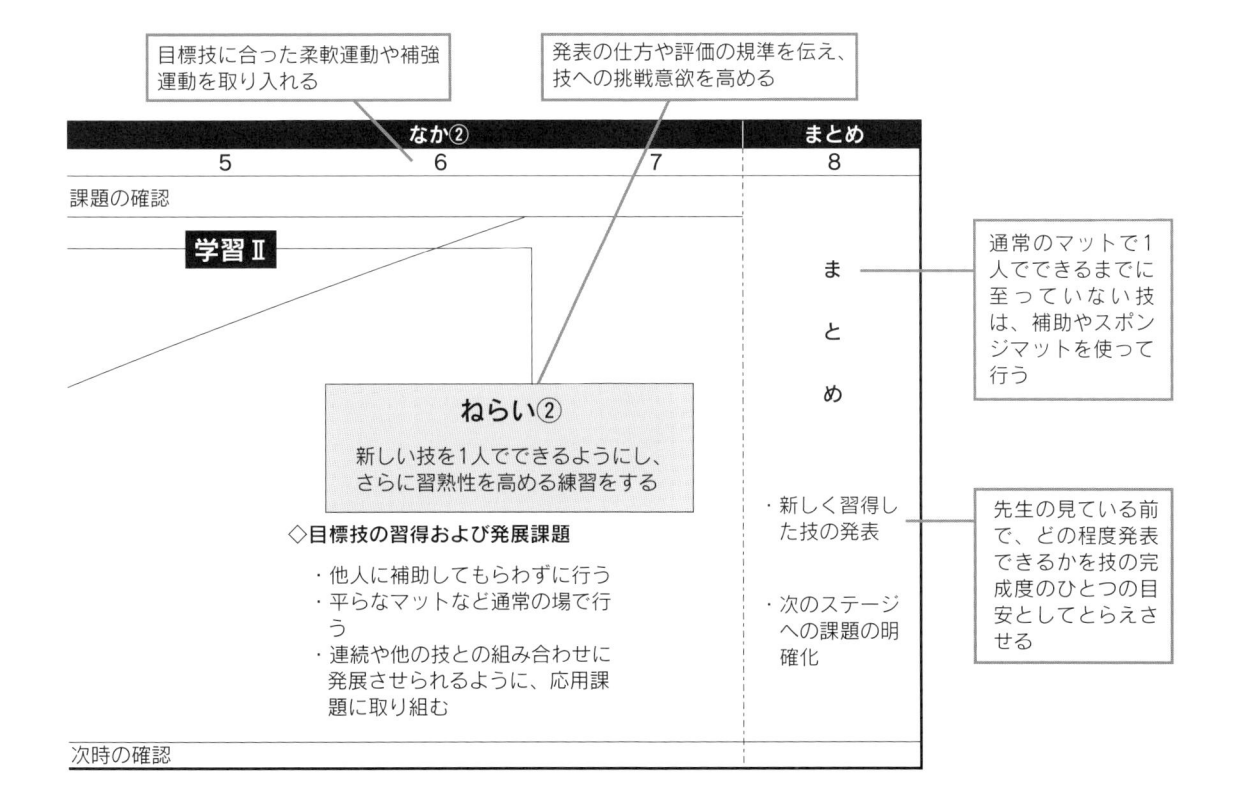

- 目標技に合った柔軟運動や補強運動を取り入れる
- 発表の仕方や評価の規準を伝え、技への挑戦意欲を高める

	なか②		まとめ	
	5	6	7	8

課題の確認

学習Ⅱ

ねらい②
新しい技を1人でできるようにし、さらに習熟性を高める練習をする

◇目標技の習得および発展課題
・他人に補助してもらわずに行う
・平らなマットなど通常の場で行う
・連続や他の技との組み合わせに発展させられるように、応用課題に取り組む

まとめ
・新しく習得した技の発表
・次のステージへの課題の明確化

- 通常のマットで1人でできるまでに至っていない技は、補助やスポンジマットを使って行う
- 先生の見ている前で、どの程度発表できるかを技の完成度のひとつの目安としてとらえさせる

次時の確認

て、どのように練習を進めるべきかを理解する。

◇**新しい技の習得**

補助などを用いて練習した技を、助けを借りずに1人でできるようにする。

◇**新しく習得した技の習熟性を高める**

できるようになった技を第3ステージでの技の組み合わせに発展させることができるように、応用課題に取り組む。

◇**他人の動きの観察評価と幇助**

他の生徒の動きを観察し、修正点を指摘したり、比較的簡単にできる補助を行ったりする。

◇**体ほぐしの運動**

目標技を習得するのに有効なアナロゴン的な運動を工夫して行う。

2 具体的な単元計画・学習の道すじ

8時間の具体例をP.120に掲載。

3 具体的な指導手順と指導のポイント

●**はじめ　50分×1時間の流れ**

単元への導入としてオリエンテーションを行い、まず第1ステージで習得した技を確認する。それに基づいて学習目標とする技を選択し、習得するための手順を理解する。

単元区分		学習内容と指導手順	指導のポイント
学習Ⅰ	はじめ 50分×1	1. オリエンテーション ・本単元のねらいと学習の道すじを理解する 2. 体ほぐしの運動 ・準備運動や整理運動として活用できる体ほぐし運動を紹介する 3. 第1ステージで習得した技の確認 ・第1ステージで習得した技がどの技へ系統的に発展させることができるのかを理解する	◎第1ステージで習得した技を出発点にし、発展的に学習を進めるように説明する ◎各種目特有のストレッチングも取り上げる ◎安全面に配慮した行動を徹底する ◎どの技がどの技につながっていくのかがわかるように、技の体系図を準備する

●**なか①　50分×3時間の流れ**

第1ステージで習得した技を系統的に発展させていく一方で、技能レベルの高い生徒には学習指導要領に例示されていない技を紹介し、より高度な技にも挑戦できるようにする。また、生徒たちは初めから自分にはできないと決め込んで技に挑戦しないことも多いため、授業の初めに教師が主導型で取り上げた技を全員で練習することも有効である。そういった指導を通して、自分の目標とする技につながる予備的な課題に取り組む。

単元区分		学習内容と指導手順	指導のポイント
学習Ⅱ	なか① ねらい① 50分×3	1. 学習指導要領に例示されていない発展的な内容としてどのような技があるかを知る 　例）マット運動；後方倒立回転跳び（バク転） 　　　鉄棒運動：ほん転逆上がり（高鉄棒） 2. 技の系統性に基づいた練習方法を理解する 3. 技の習得にむけて、自分の能力に合った予備的な課題に取り組む 4. 他の生徒の動きを観察し、修正点を指摘したり補助し合ったりする	◎発展的な内容としてどのような技があり、他の技とどのように関係づけられるか理解する ◎どんな技にも基礎・基本があり、易しい課題から難しい課題へとどのように学習を進めていけばよいか理解する ◎目標技への系統性を踏まえた練習をしているか確認する ◎自分の能力に合った予備的な課題を選択しているか ◎技のポイントを踏まえた補助ができるか

●なか② 50分×3時間の流れ

　学習目標にした技を補助なしでも行えるようにする。さらに、習得した技を、他の技と組み合わせて実施できるぐらいに習熟性を高める。そのために、技を連続するなど、発展的な課題の練習をする。また、他の生徒の動きを観察し、助言を与えたり補助したりすることで練習の協力をするとともに、自らの動きをみつめ直す。

単元区分		学習内容と指導手順	指導のポイント
学習Ⅱ	なか② 50分×3 ねらい②	1. 補助などをしてもらわずに1人で技を行う	◎予備的な課題を十分に達成したうえで行っているか
		2. 発展的な課題に挑みながら、習得した技の動きを修正する 例）膝を曲げずに、頭はねおきを行う（マット運動）	◎技の系統性に基づいて練習を行っているか
		3. 習得した技を他の技と組み合わせられるように、発展的な練習をする 例）前方倒立回転跳びから片足立ち（マット運動）	◎発展的な課題に進むとうまくできない場合は、必要に応じて補助したり、易しい条件で練習させたりする
		4. 他の生徒の動きを観察し、修正点を指摘したり、技がうまくできるポイントを見抜いて補助し合ったりする	◎他の生徒の練習に協力しているか

●まとめ　50分×1時間の流れ

　この単元のねらいとして新しい技を習得すること、今まで体験していない動きを多く練習することとし、学習を進めてきた。そこでまとめとして発表会を行うが、発表会というよりも、練習してきた成果を生徒が互いに認め合うために、必要に応じてスポンジマットなどの補助具を使いながら、技がどの程度できるようになったかを発表し、それを評価する。

単元区分		学習内容と指導手順	指導のポイント
学習Ⅱ	まとめ 50分×1	1. できるようになった技を発表する	◎練習した技が、他の生徒の見ている前でもできるか
		2. 他の生徒が行った技を評価する	◎補助具などを使っている場合、どのような動きができれば補助具なしで行うことができるか観察させる
		3. 各自の学習カードをまとめる	
		4. 次のステージにむけて、自分の課題を明確にする	◎演技会の技を発展させるために何が必要か、自分の課題を明確にさせる

◆学習資料◆

器械運動反省カード

年　組　番　氏名

	種目								その日の反省	チェック欄
	技名									
月日	自己評価									
	友だちからのアドバイス									
月日	自己評価									
	友だちからのアドバイス									
月日	自己評価									
	友だちからのアドバイス									
月日	自己評価									
	友だちからのアドバイス									

自己評価の基準／美しくできた…◎　1人でできた…○　補助具などを使ってできた…△
　　　　　　練習したができなかった…×　練習しなかった…無記入
※技名を多く知っていることも、ひとつの評価規準になる。
※「友だちからのアドバイス」…友だちに教えてもらった技のポイントや、自分の欠点など。「チェック欄」…教師からのコメントや検印

4 安全上配慮する事項

　第2ステージでは、学習指導要領に例示されていない高度な技に挑む生徒もいる。したがって、準備運動として入念にストレッチングを行うのはもちろんだが、スモールステップで学習レディネスを高めていくことが、安全に学習を進めていくうえで、特に重要である。

　また、第1ステージでの学習経験を生かし、生徒相互の補助もより活発に行わせたい。しかし、まだ十分な経験を積んでいるわけではないので、生徒の思いつきなどだけに従って補助を行わせてはならない。補助の方法を十分理解させ、行う補助の種類を教師のほうで限定することも必要であろう。

　さらに、習得しようとする技が多様になることが考えられるので、学習カードなどを活用し、誰がどの技をどういう課題で学習しようとしているのか、生徒の状況を把握しておく必要がある。

5 評価の観点と評価法

　単元全体の評価の観点、および評価法は基本的にどのステージでもほぼ同じであるので、第1ステージの当該の箇所を参考にしてほしい。

　そこで第2ステージでは、第1ステージの学習経験をベースにしてどのように発展させているかということを中心にして評価規準を設定した。

◆目標技の選択、およびその技の予備的な課題への取り組みに関する評価規準

評価の観点	評価規準の具体例	評価法
関心・意欲・態度	・器械運動の特性に関心をもち、第1ステージの学習を発展させ、楽しさや喜びを味わえるように進んで取り組もうとする ・互いに協力して練習しようとするとともに、器具を点検し、安全に留意して練習しようとする	練習の観察や学習カード
思考・判断	・第1ステージで行った技、およびその組み合わせをさらに発展させられるように、目標技を選択し、自分の能力に適した予備的な課題から練習を工夫して行っている	練習の観察や学習カード
技能	・自分の能力に合った予備的な課題から学習を始め、目標技により近い課題ができるようになっている	練習の観察
知識・理解	・目標技の技術構造を理解したうえで、その学習レディネスを高めるために、系統性に基づいて、どのような予備的な課題を練習していけばよいかを知っている	学習カード

◆目標技の習得、およびその発展課題への取り組みに関する評価規準

評価の観点	評価規準の具体例	評価法
関心・意欲・態度	・新しい技ができる喜びを味わえるように進んで取り組もうとする。また、他の生徒ができた喜びを味わえるように、修正点を指摘したり、補助したり、練習の協力をする	練習の観察や学習カード
思考・判断	・予備的な課題の達成状況に基づいて、目標技を1人でできるように学習を進められる ・できた技をもとに発展させる課題に取り組んでいる	練習の観察や学習カード
技能	・学習目標に設定した技が1人ででき、さらに他の技と組み合わせるように習熟を図っている	練習の観察
知識・理解	・習得した技の技術構造を理解し、どのような動きをめざすべきか、また、他の技と組み合わせるためにその技をどのように変形できるのか、系統性に関する知識をもっている	学習カード

3 学習指導案の例

　ここではマット運動を取り上げ、第2ステージ8時間中の3時間めについて学習指導の具体的な展開例を示す。補助などを積極的に使い、まだできない、あるいはやったことのない技の予備的な課題を練習し、学習レディネスを高めることをねらいとしている。また、指導と評価の一体化を図るために、学習活動に対応した評価規準を示している。

	本時の ねらい	目標技の予備的な課題を練習し、学習レディネスを高める		
	資料および 準備	マット、跳び箱、踏切板、ソフトマット、教科書、学習カード、黒板		
		学　習　活　動	指導のポイント	評価規準
は じ め 10 分		1. 整列、あいさつ 2. 本時の学習内容の把握 　・前時に行った予備的な課題の達成度を確認し、次にどういう課題に進むべきか練習方法を考える 3. 練習場所の設営 4. 準備運動（ストレッチング・体ほぐしの運動）	・健康チェック ・目標技の習得に有効な予備的な課題を考えさせたうえで、教師主導で確認する ・類似の目標技を選択した生徒でグループをつくり、それぞれの技に応じた練習の場を設ける ・目標技の学習レディネスを高めるような準備運動を工夫する	・目標技の系統性に基づいて、予備的な課題に関する知識が身についているか（知） ・練習する技に適した場を設定し、積極的に準備を行っているか（関） ・目標技に類似した動きを含む準備運動を行うことができるか（技）
な か 35 分		5. 新しい技の予備的な課題の練習 　・15分間を目安にして、練習する技（種目）を変える 　例①　第1ステージで行った伸膝後転を後転倒立へ発展させる（15分） 　〈後転倒立の予備的な課題例〉 　　他の生徒に補助してもらい、後転の頭と手を着いた前屈のポーズから、一気に倒立になる練習 　例②　第1ステージでは行っていない前方倒立回転跳びに挑む（15分） 　〈前方倒立回転跳びの予備的な課題例〉 　　跳び箱の上から前方倒立回転下りを補助してもらいながら練習 　・生徒同士で動きを相互に評価したり、課題を達成できるよう補助したりする	・自分の能力に合っていない課題を選択している場合は、適切なアドバイスを与え、課題の変更をうながす ・技の系統性に基づいて課題を発展させるようにうながす ・前の課題を達成してから次の課題に進んでいるかチェックする ・適切に補助してもらう、あるいは他の生徒を補助しているか確認する	・自分の能力に合った課題を選択しているか（思） ・技の系統性に基づいて練習の仕方を工夫しているか（思） ・補助など、新たな技を習得するうえでの安全に気を配ろうとしているか（関） ・技のポイントを理解し、適切なアドバイスを出したり、補助を行ったりしているか（関）
ま と め 5 分		6. 整理運動 7. 本時の学習の振り返り 　・技能のポイントや練習方法を記録 　・次時の課題 8. 整列、あいさつ	・生徒の健康観察 ・練習方法のよい例を紹介する	・器具のかたづけに協力しているか（関） ・次時の課題を明確にしているか（思）

※（関）：関心・意欲・態度、（思）：思考・判断、（技）：技能、（知）：知識・理解

◆学習資料◆

第2ステージで学習する技の選択と組み合わせの見通し

年　　組　　番　　氏名　　　　　　　　　　　　　　　　　　　　年　　月　　日記入

1．第1ステージで習得した技を確認しよう
　① 発表会で行った技の組み合わせ
　　例）倒立前転～バランス～側方倒立回転～開脚前転～伸膝後転

　② 上の組み合わせ以外で習得した技

2．本単元でできるようになりたい技（目標技）

目標技（種目名）	練習の道すじ （・今できる技から発展させる　・段差やマットなどを工夫する　など）

3．本単元で学習する技を取り入れて考えられる新しい組み合わせ例

先生からのひとこと

◆学習資料◆

第2ステージで新しい技に挑戦するための練習段階とチェックカード

年　　組　　番　　氏名　　　　　　　　　　　記入日　　年　　月　　日

技名　前方倒立回転跳び

1　まだうまくできない	2　できる
3　なんとかできる	4　いつもできる

「練習段階」

1. ホップ走の練習

チェックカード

	1	2	3	4
・足が地面に着く順序ができる				
・手の振りとジャンプが合う				
・リズミカルにできる				
・前傾姿勢がとれる				

2. 倒立への足の振り上げ練習

	1	2	3	4
・片足振り上げ倒立ができる				
・手を上から振り下ろしてできる				
・振り上げ足を伸ばしてできる				
・ホップ走からできる				

3. 倒立から止まらないでブリッジの練習

	1	2	3	4
・足をしっかり振り上げる				
・足が着床するまで頭を起こしている				
・手を最後までしっかり支えている				

4. 台上から補助による前方倒立回転下りの練習

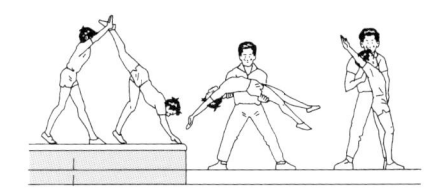

	1	2	3	4
・跳び箱の端に着手している				
・振り上げ足を伸ばしている				
・手でしっかり支え、頭を最後まで起こしている				
・腰を伸ばして回転している				
・立つとき、胸と腰を反らしている				

5. 踏切板の上に手を着いて前方倒立回転跳びの練習

	1	2	3	4
・踏切板の一番前に手を着く				
・頭を起こして着手している				
・最後まで足を振り上げる				
・腰を伸ばして立とうとしている				

6. 前方倒立回転跳びで腰を伸ばして立つ練習

	1	2	3	4
・しゃがみ立ちでできる				
・足を伸ばして振り上げる				
・頭を起こして手の突き放しができる				
・腰を伸ばして立てる				

第3節 第3ステージ
「技を組み合わせて楽しもう」
《種目選択の授業》

1 第3ステージの生徒の特性と本単元作成のポイント

　ここでは、第2ステージと同様、種目選択制の授業で、器械運動に興味のある生徒を対象として単元を構成していく。そのため、対象生徒には「関心・意欲・態度」の面では高いものが期待できる。

　しかし、必ずしも「得意だから選択した」生徒ばかりではなく、実際には「不得意だけど好き」な生徒など、さまざまな理由から選択してきているため、これまで同様に生徒間の技能差は考慮していかなければならない。

　これまで、生徒たちは第1ステージでは基本技、第2ステージでは発展技を習得してきた。この第3ステージでは、既習の技を中心にいくつかの技を組み合わせて行うことがねらいとなる。

【具体的な単元計画・学習の道すじ】
―8時間の具体例―

区分	はじめ	なか①	
時間	1	2	3
0分		本時のねらい　体ほぐしの運動（準備運動）	各自
	学習Ⅰ　はじめ		学習Ⅱ
		ねらい①　今もっている力を確認する	
	・オリエンテーション	◇既習技のポイント確認	◇組み合わ
	・体ほぐしの運動	◇局面構造と運動の先取りの理解	例：マッ〈運動 前方 前方 前方〈難易 易
	・既習技の確認	◇簡単な技の組み合わせ	
	・目標の設定	◇新しい技への挑戦	◇今できる
50分	整理運動	学習活動の反省・評価　教師による評価	

（吹き出し）前に学習した技の感覚を呼び戻し、自分のできる技を確認する

（吹き出し）技のつなぎめとなる融合局面を理解する。また、技の組み合わせをスムーズに行うためには運動の先取りが重要であることも理解する

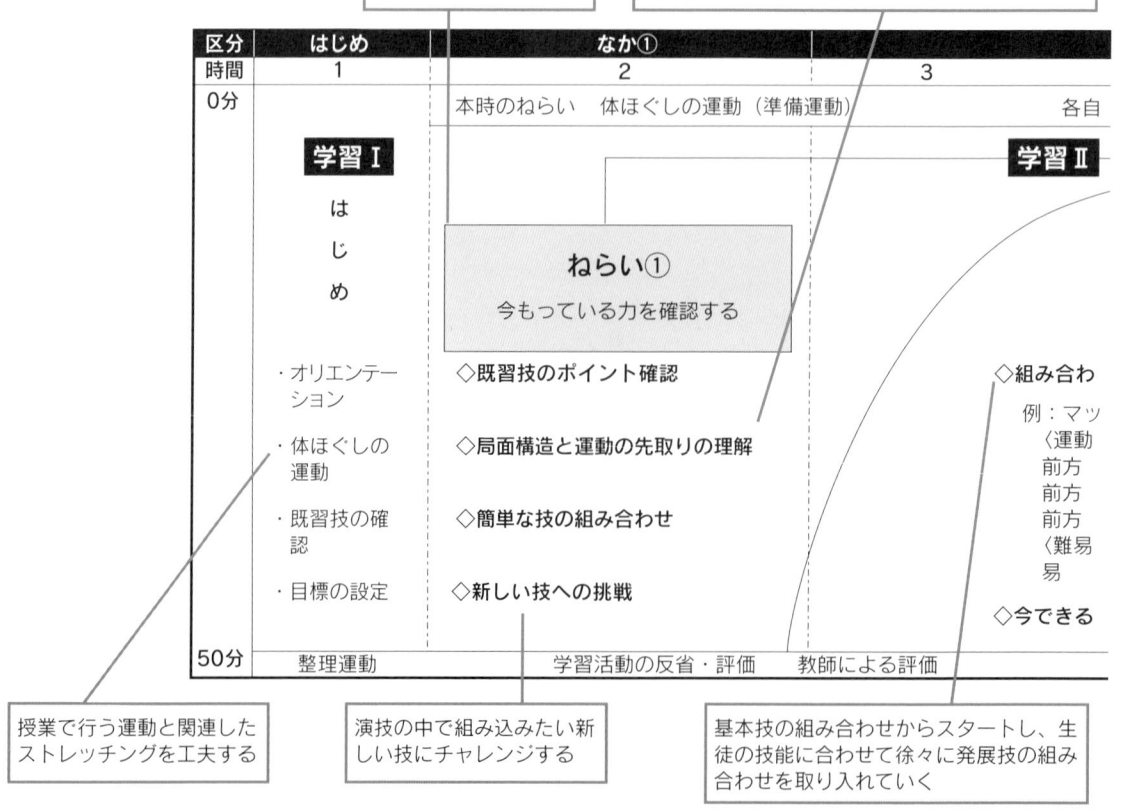

（吹き出し）授業で行う運動と関連したストレッチングを工夫する

（吹き出し）演技の中で組み込みたい新しい技にチャレンジする

（吹き出し）基本技の組み合わせからスタートし、生徒の技能に合わせて徐々に発展技の組み合わせを取り入れていく

器械運動では、できなかった技ができるようになることの喜びの次には、それらの技を組み合わせていく楽しさを味わうことができる。これまでのステージにおいても単元の最後には発表会としていくつかの技を組み合わせて行ってきた。しかしこれまではあくまでも一つひとつの技の習得に主眼がおかれてきた。

　ここでは、次の最終段階となる第4ステージの発表会や競技会を行うための演技の基礎となる技の組み合わせ方を学び、その技能を獲得していくことが最大の目標となる。

　技を組み合わせていく際に重要なのは、技と技のつなぎめである。先に行われる技の終末局面は、次の技の準備局面と重なり合う（融合局面の形成）。

　例えばマット運動において「前転→左右開脚跳び」を行う場合、前転から立ち上がるための「膝の屈伸動作」は、次のジャンプの「しゃがみ込んで蹴り上がる」動作と重なる。その際、この融合局面をスムーズに、かつ合理的に行うための「運動の先取り」が重要となる。つまり、第3ステージでは、技を行っている最中に、自分の体の動きを意図的にコントロールできるという、これまで以上に技の質的な習熟が要求されることになる。

　したがって、本単元では、技の組み合わせのバリエーションを増やすこととあわせて、単元はじめの既習技の確認の段階から生徒の運動中の意識の中に運動の先取りを芽生えさせていくことがポイントとなる。

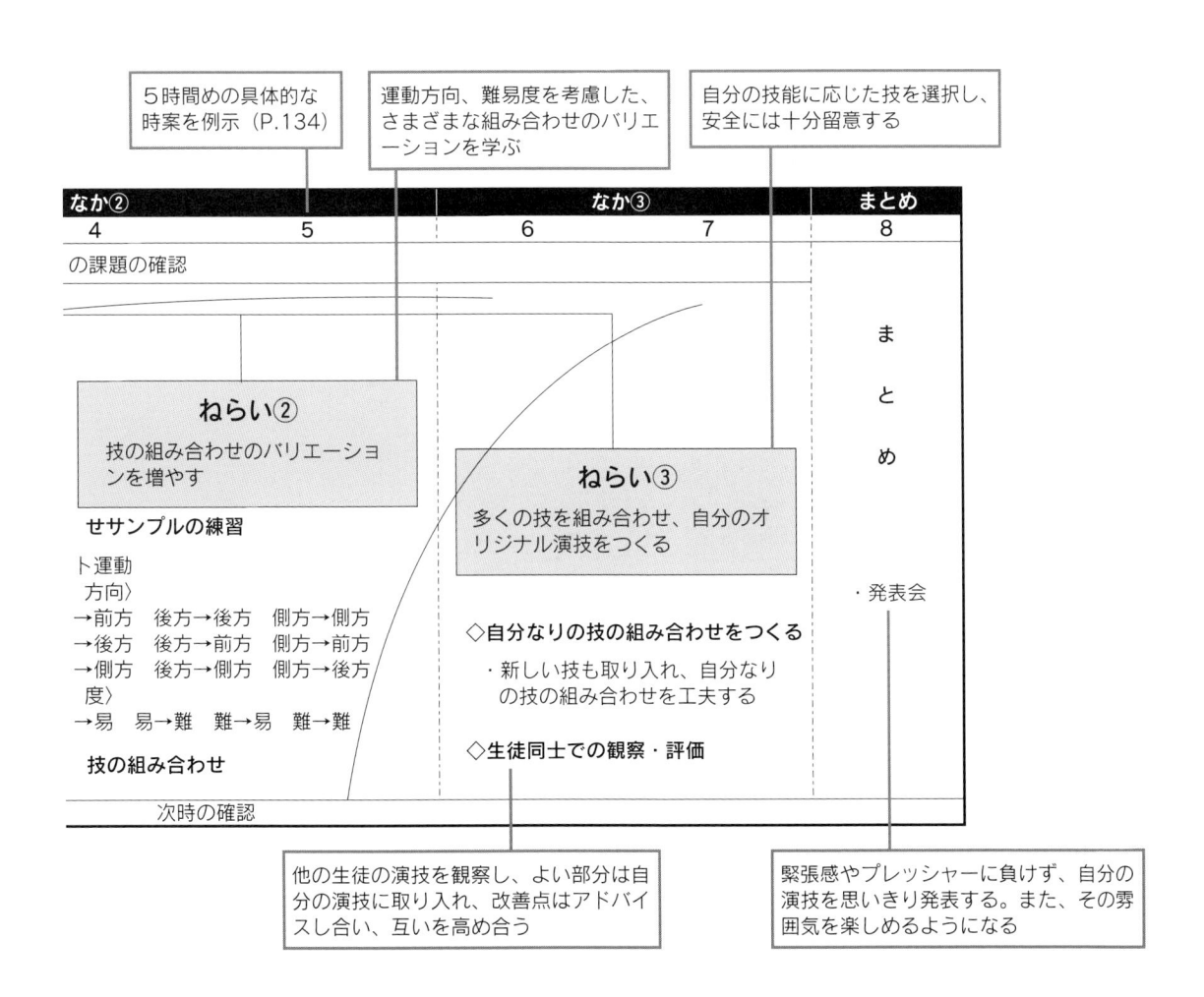

- 5時間めの具体的な時案を例示（P.134）
- 運動方向、難易度を考慮した、さまざまな組み合わせのバリエーションを学ぶ
- 自分の技能に応じた技を選択し、安全には十分留意する

なか②		なか③			まとめ
4	5	6	7	8	

の課題の確認

ねらい②
技の組み合わせのバリエーションを増やす

ねらい③
多くの技を組み合わせ、自分のオリジナル演技をつくる

◇サンプルの練習
〈運動方向〉
→前方　後方→後方　側方→側方
→後方　後方→前方　側方→前方
→側方　後方→側方　側方→後方
〈難易度〉
→易　易→難　難→易　難→難

技の組み合わせ

◇自分なりの技の組み合わせをつくる
・新しい技も取り入れ、自分なりの技の組み合わせを工夫する

◇生徒同士での観察・評価

まとめ
・発表会

次時の確認

- 他の生徒の演技を観察し、よい部分は自分の演技に取り入れ、改善点はアドバイスし合い、互いを高め合う
- 緊張感やプレッシャーに負けず、自分の演技を思いきり発表する。また、その雰囲気を楽しめるようになる

2 第3ステージの学習内容とその単元計画・学習の道すじ

1 学習内容

◇**既習技の確認（今もっている力を知る）**
　これまで習得してきた技にはどのようなものがあるか整理し、またどの程度習熟しているかを確認する。

◇**技の局面構造の理解**
　既習技の局面構造、特に技を組み合わせる際に重要となる融合局面について理解し、実際に技を行っている最中に融合する部分（技と技のつなぎめ）を意識してコントロールできるようにする。

◇**いろいろな技の組み合わせづくり**
　技の組み合わせは、技の運動方向や難易度を考慮し、組み合わせやすいもの（例：前転→開脚前転）や、困難なもの（例：頭はねおき→後転跳び）を整理する。そして、できる限り多くの系・群・グループの技の中から、今できる技や新しく取り組んでいる技を選び、自分なりの組み合わせのバリエーションを増やしていく。

◇**他の生徒の技さばきや組み合わせの観察評価と補助**
　他の生徒の技さばきや組み合わせのバリエーションを観察し、よい部分は自分に取り入れ、修正すべき点は互いに指摘し合う。また、技の組み合わせの中でまだ不安のある技については補助し合うなど、生徒同士で協力し合いながら安全に練習を行う。

◇**新しい技の習得**
　器械運動の魅力は、何といっても新しい技への挑戦と習得である。技の組み合わせの練習に加えて、もう少しでできそうな技やこれまで挑戦してみたかった技にチャレンジする。より魅力的な技を組み合わせの中に取り入れて、次の第4ステージの発表会で演技の中に組み込むことができるようにする。

◇**体ほぐしの運動**
　数人のグループで協力し合ってストレッチングを行う中で、運動するための体の調子を整えたり、アナロゴン的な運動を用いて運動感覚を養い、互いに本時の目標を確認し合うなどして、楽しみながらよりよい心身の状態を準備する。

2 具体的な単元計画・学習の道すじ

8時間の具体例をP.128に掲載。

3 具体的な指導手順と指導のポイント

●**はじめ　50分×1時間の流れ**
　単元への導入としてオリエンテーションを行い、今できる技や新しい技を組み合わせていく学習の道すじを理解させる。まず、第2ステージまでに習得してきた技を確認する。また、体ほぐしの運動を仲間と一緒に楽しみながら行うことによって、運動を行うための心と体の準備をする。

単元区分	学習内容と指導手順	指導のポイント
学習Ⅰ　はじめ　50分×1	1. オリエンテーション ・本単元のねらいと学習の道すじを理解する ・各自の能力に応じた目標を設定する	◎器械運動での技の組み合わせを発展させていくと、究極的にはオリンピックで見られるような演技につながっていくことを知らせる（どの選手も授業で扱うような基本技の組み合わせからスタートしている）
	2. 体ほぐしの運動 ・生徒同士ペアをつくり、協力してストレッチングやアナロゴン的な運動を行う。そこでは、互いの柔軟性や体調を確認し合ったり、会話の中で自分の目標を伝え合ったりする	◎今後の学習の進め方や活動の仕方を説明する ◎各種目特有の動きに関連するストレッチングを取り上げる。また、以後の授業での準備運動として活用できるようにする

		3. 既習技の確認 ・第2ステージまでに習得した技を整理する	◎初回の授業のため、過信を戒め、安全面に配慮した行動を徹底させる ◎基本的な補助法を指導し、協力して学習できるようにする

●なか① 50分×1時間の流れ

技の組み合わせをスムーズに、かつ合理的に行うために、運動の先取りを意識しながら技を行う。そのため、技を行っている最中に自分の体の動きを意識(自己観察)できるようにする。まずは習熟度の高まっている基本技から試していく。

単元区分			学習内容と指導手順	指導のポイント
学習Ⅱ	なか① 50分×1	ねらい①	1. 既習技のポイント確認 ・既習技の成功のポイントを確認する。また、運動中に自分の体の動きが意識できるか確認する 2. 技の局面構造と運動の先取りの理解 ・技(運動)の局面構造を知り、特に技を組み合わせる際には、そのつなぎめとなる融合局面が形成されることを理解する。また、その中では運動の先取りが重要になってくることを理解する 3. 簡単な技の組み合わせ ・前のステージでも行ったような基本的な技の組み合わせを練習する。その中で、運動の先取りを意識していく 4. 新しい技への挑戦 ・各自の興味と技能レベルに応じた新しい技に挑戦する	◎技のポイントを確認させ、習熟度を高めさせる ◎先行する技の終末局面(最後の部分)が後続の技の準備局面(開始の部分)と重なるため、後続の技のことを先取りしながら先行する技を実施することを理解させる。まずは簡単な技の組み合わせを練習する際に、この局面構造と運動の先取りを実感させていく ◎新しい技の難易度が、生徒の技能レベルに相応しているかチェックする ◎技のポイントを踏まえた適切な補助をし合い、みんなで楽しく協力して練習できるよう配慮する

●なか② 50分×3時間の流れ

いよいよ技の組み合わせを中心とする学習に移行していく。まず、例示された組み合わせサンプルを行うことで、組み合わせ方のバリエーションを学んでいく。そして、徐々に自分の得意な技を組み込んだものにチャレンジしていく。

単元区分			学習内容と指導手順	指導のポイント
学習Ⅱ	なか② 50分×3	ねらい②	1. 技の組み合わせサンプルの練習 ・第1ステージに習得した基本技を中心に組まれたサンプルを行い、組み合わせ方を学ぶ 例)前転→かかえ込み跳び(脚を前後に開いて片足ずつ着地しながら)→側方倒立回転 例)前転(立ち上がりながら動きを止めずに)→片足水平立ち(2秒静止後、そのまま脚を振り上げて)→倒立前転 例)伸膝後転(脚を前後に開いて片足ずつ立ちながら1/2ひねって)→側方倒立回転→倒立前転 ・運動の先取りを意識し、スムーズに技を組み合わせる 2. 今できる技の組み合わせ ・既習の技の中から自分で得意な技を選び、組み合わせてみる	◎技の運動方向や難易度を考慮し、生徒が組み合わせやすいものから例示する ◎各系、群、グループを考慮し、多様な組み合わせの例示を配慮する ◎チェックシートで達成状況を把握させる ◎発展的な技を取り入れていく場合には、必要に応じて補助し合うようにする。補助は安全の確保だけでなく、実施条件を易しくして、先取りを意識しやすくすることに役立つ ◎1. は一斉指導、2. は個別指導を基本とするが、生徒全体の技能レベルに応じて、一斉練習と個別練習のバランスをうまく図る

● なか③　50分×2時間の流れ

　自分の得意な技の組み合わせに新しくチャレンジしてきた技を組み込み、発表会用の演技づくりに取り組む。その際、より多くの系・群・グループから技を選択していくことと、技と技とのつなぎめをスムーズに行えるよう注意していく。

単元区分	学習内容と指導手順	指導のポイント
学習Ⅱ　なか③　50分×2　ねらい③	1. 自分なりの技の組み合わせをつくる ・各系、群、グループから自分のやりたい技を選択し、組み合わせていく ・運動の先取りを意識し、技と技の融合局面を大切に行う ・膝やつま先を伸ばすなど、姿勢の美しさも注意して行う 2. 仲間同士で観察・評価をし合い、互いを高め合う ・一つひとつの技が正確に行われているか、またそれらがスムーズに組み合わされているか確認し合う	◎多彩な技の組み合わせとなっているかチェックする ◎単なる技の足し合わせだけでなく、先行する技の終末と後続の技の開始が融合しているような、技と技の深い結びつきのある組み合わせ方も工夫させる ◎各自の技能レベルに合った技が選択され、無理のない組み合わせとなっているかチェックする ◎チェックシートで達成状況を把握させる ◎発展的な技を取り入れていく場合には、必要に応じて互いに補助し合わせる

● まとめ　50分×1時間の流れ

　本単元のまとめとして、これまで自らつくり上げてきた技の組み合わせを発表する。自分の技を人前で発表するという、これまでの練習のときとはまた違った緊張感の中での演技発表となる。また、仲間の演技を見て評価を加え、互いの努力の成果を確認し合う。

単元区分	学習内容と指導手順	指導のポイント
学習Ⅱ　まとめ　50分×1	1. 技の組み合わせを発表する ・練習どおりに演技できるよう、落ち着いて、ていねいに行うようにする 2. 他の生徒の演技を観察し、評価を行う ・一つひとつの技が正確に行われているか ・美しい姿勢で行われているか ・技がスムーズに組み合わされているか 3. 本単元での成果を確認し、また次のステージへむけての目標・課題を明確にする	◎緊張の中でも自分の気持ちをコントロールして行えるように注意をうながす ◎3つの評価規準をもとに、他の生徒の演技を評価させる ◎生徒の上達した部分を評価しながら、次につながるような動機づけを行う

4 安全上配慮する事項

　このステージに限らず、器械運動を行う際に安全上配慮すべき点は、主に以下の5点を挙げることができる。
・体ほぐしの運動を活用することにより、運動を行うための心身の状態を十分に整える。
・個人の技能レベルに合った技やその組み合わせを選択する。
・新しい技に取り組む際、正しい練習の段階を踏む。ただ見ためだけをまねる練習を行わないようにする。
・補助は正しく行う。
・練習前に器具の点検を行う。

　さらに、このステージで強調してきた組み合わせのための運動の先取りに関しては、未習熟な技を行う際に無理に先取りに注意をむけると、技のポイントを忘れてしまうことがあり、思わぬ失敗を招いてけがにつながるので注意をしなければならない。

5 評価の観点と評価法

　第1、第2ステージに共通する部分の評価の観点、および評価法は、前の当該箇所を参考にしてほしい。ここでは、第3ステージで主なねらいとして設定してきた項目について評価規準を示していく。生徒の運動に関する様子を評価の中心としながらも、仲間とのかかわり方に関しても積極的に評価の対象とする。

◆技の局面構造の理解と運動の先取りに関する評価規準

評価の観点	評価規準の具体例	評価法
関心・意欲・態度	・技の局面構造に関心をもち、実際に技を行う際にその内容を積極的に意識しながら練習に取り組むことができる ・他の生徒と補助し合うことによって、技の実施を楽にし、次の技を先取りしやすくなるように協力し合える	練習の観察や学習カード
思考・判断	・技のどの部分で次の技を先取りしていくのかを考え、実際に練習の中で工夫することができる	練習の観察や学習カード
技能	・自分の体の各部の動きを意識しながら運動することができる ・技を組み合わせる際、後続の技の準備動作を先取りしながら先行する技を行うことができる ・技と技をスムーズに組み合わせることができる	練習の観察
知識・理解	・運動の先取りの重要性を理解することができる ・技の局面構造を自分の運動に置き換えて理解することができる	学習カード

◆新しい技の習得に関する評価規準

評価の観点	評価規準の具体例	評価法
関心・意欲・態度	・新しい技を習得できるよう、自ら工夫して練習に取り組むことができる ・新しい技に取り組む際、他の生徒と補助し合うなど、互いに協力し、楽しみながら練習に取り組むことができる ・うまくいかないときに、それをできる生徒や先生に積極的に質問し、その課題解決にむけて意欲的に取り組むことができる	練習の観察や学習カード
思考・判断	・今もっている力に合った技を選び出し、段階を追って練習に取り組むことができる ・試行錯誤を繰り返す中で、自分なりの技のポイントを探り出すことができる ・新しい技をどのように組み合わせ、演技の中に取り入れていくかを工夫している ・生徒同士で互いの演技を観察し合い、改善すべき点を的確に指摘し合うことができる	練習の観察や学習カード
技能	・新しく挑戦した技を習得する ・新しい技の前や後に他の技を組み合わせることができる ・適切な補助によって、他の生徒の練習を助けることができる	練習の観察
知識・理解	・新しい技の技術構造を理解し、技を成功させるためのポイントを知っている ・技の習得へむけた練習の手順を理解している ・安全面や技術構造を考慮した適切な補助法を知っている	学習カード

◆いろいろな技の組み合わせづくりに関する評価規準

評価の観点	評価規準の具体例	評価法
関心・意欲・態度	・自分の持ち技を組み合わせることに楽しさを感じ、積極的にそのバリエーションを増やそうとする ・まだ不安な技を行う際、他の生徒と補助し合うなど、互いに協力し、楽しみながら練習に取り組むことができる	練習の観察や学習カード
思考・判断	・互いの演技を観察し合い、改善すべき点を的確に指摘し合える ・うまい人とそうでない人を比較し、そのよさを分析し、自分の技のさばきや組み合わせに取り入れている ・他の生徒の演技をまねするだけでなく、自分の技能レベルに応じた独創的な技の組み合わせを考え出すことができる	練習の観察や学習カード
技能	・いろいろな技を多数組み合わせて行うことができる ・運動の先取りによって、技と技とをスムーズに組み合わせることができる	練習の観察
知識・理解	・技の系統性を理解し、それぞれの系、群、グループにどのような技が含まれているのかを知っている ・技の組み合わせ方のバリエーションを多く知っている	学習カード

3 学習指導案の例

ここではマット運動を例として取り上げ、第3ステージ8時間中の5時間めについて学習指導の具体的な展開例を示していく。授業の前半は、これまでの復習中心で行い、後半は各自が今取り組んでいる技の組み合わせを行っていく。

本時のねらい	今できる多彩な技を、自分なりにいくつか組み合わせてみる
資料および準備	マット、スポンジマット、学習カード、技の系統図

	学習活動	指導のポイント	評価規準
はじめ 10分	1. 準備 2. 整列、あいさつ 3. 本時の学習内容の把握 4. 体ほぐしの運動	・全員でしっかりと、かつていねいに準備させる ・健康チェック ・本時の内容と学習の手順を理解させる ・生徒同士に協力して各種ストレッチングを行わせ、練習前の心と体の準備をさせる	・他の生徒と協力して、手際よく準備できているか（関） ・先生の話に集中し、内容と手順を理解しようとしているか（関） ・ストレッチングの内容を技の動きと結びつけて工夫しながら、楽しく行えているか（思・知）
	5. 技の組み合わせサンプルの復習(10分) 　例①　前転→開脚前転→前転しながら長座・前屈 　例②　後転→開脚後転→そのまま腰を下ろして左右開脚座・前屈 　例③　側方倒立回転→側転 　例④　側方倒立回転→前転（立ち際に脚をクロスさせてひねりながら立つ）→伸膝後転	・いろいろな技のグループから基本技を選び出し、運動方向や難易度を考慮したいろいろな組み合わせのサンプルを用意する（一斉指導） ・簡単で単純な技の組み合わせから、徐々に難しくて複雑な組み合わせのものへ移行していく	・一つひとつの技を正確に行えているか（技） ・技と技とをスムーズに組み合わせることができているか（技）

	例⑤）側方倒立回転→（片足踏み切り）跳び前転 例⑥）側方倒立回転→倒立前転→伸身跳びひねり→伸膝後転→後転倒立	・技を組み合わせる際には、後続の技の開始局面を先取りし、できるだけスムーズに技と技とがつながるよう注意をうながす ・例⑥までを共通課題とし、例⑦からは選択とする ・マットのつなぎめが開いていたら、適時直させる	
なか 35分	6．グループ練習（10分） ※3つのグループに分かれる 　A：サンプルをしっかりマスターしたいグループ 　B：サンプルをもとに基本技を中心とした技の組み合わせをつくりたいグループ 　C：発展技を含む、より高度な技の組み合わせにチャレンジしたいグループ ＜Aグループ＞ ・例①～⑥のうち、まだマスターできていないものを順に各自練習する ＜Bグループ＞ ・例①～⑥に含まれる基本技や自分のできるその他の技の中から得意な技を選択して、自分なりの技の組み合わせをつくる 　例⑦）側方倒立回転（1/4ひねって進行方向を向いて立つ）→（前に出た脚で）片足水平立ち→（挙げている脚をそのまま振り上げて）倒立前転→頭はねおき 　例⑧）片足旋回→（旋回している脚を止めずに振り上げながら）倒立前転→（立ち上がりながら）ホップ→ロンダート→後転倒立 ＜Cグループ＞ ・今チャレンジしている発展技の習得をめざす 　例⑨）発展技の例：倒立伸膝前転、跳び前転（伸身）、頭はねおき、前転跳び、後転跳び ・発展技を含み入れた技の組み合わせを工夫して行う 　例⑩）助走→ホップ→前転跳び（片足立ち）→側方倒立回転→（片足踏み切り）跳び前転 7．自分独自の技の組み合わせづくり(15分) ・できる限り別の系統の技を5つ以上選び出し、組み合わせる 　例⑪：片足旋回→倒立前転→側方倒立回転→片足水平立ち→倒立前転→伸身跳びひねり→伸膝後転 　例⑫：ホップ→前転跳び（片足立ち）→側方倒立回転→跳び前転→伸身跳びひねり→伸膝後転→後転倒立	・技能レベルや目標の近い生徒を集め、協力して練習を進めさせる ・必要に応じて、互いに補助し合うようにさせる ・生徒の選択した技の組み合わせ方の例を適宜アドバイスする ・各自の技能に相応しない技を選択していないかチェックする ・同じ系統の技に偏っていないかチェックする	・技のポイントを理解し、他の生徒に適切なアドバイスを出すことができているか（思・知） ・適切な補助を行ったり、他の生徒に補助をお願いしたりしているか（関・技） ・自分の技能に相応した技を選択しているか（思） ・多彩な技の組み合わせを工夫してできているか（思・技）
まとめ 5分	8．かたづけ 9．整理運動 10．本時の反省 　・学習カード作成 　・次時の課題確認 11．整列、あいさつ	・協力して手際よくかたづけさせる ・生徒の健康観察 ・技の組み合わせのよい例を紹介する ・発表会の予告	・器具のかたづけに協力しているか（関） ・次時の課題を把握しているか（思・知）

※Aグループの特徴：既習の基本技をまだ完全にはマスターしきれていない生徒群
　Bグループの特徴：既習の基本技をほぼマスターしており、技の組み合わせを工夫していきたいと希望する生徒群
　Cグループの特徴：例①～⑥までの技の組み合わせサンプルをほぼマスターしており、さらに高度な技を組み合わせていきたいと希望する生徒群

◆学習資料◆

第3ステージ　オリエンテーション

年　　組　　番　　氏名　　　　　　　　　　　　　　記入日　　　年　　月　　日

1．今できる技の確認

※下の系統図を利用して、今できる技を確認しよう。
（　）内に○：よくできる、△：まあまあ、×：できない・やったことがない、を記入

- 回転系
  - 接転技群
    - 前転グループ ― 開脚前転（　）、伸膝前転（　）、倒立前転（　）、跳び前転（　）
    - 後転グループ ― 開脚後転（　）、伸膝後転（　）、後転倒立（　）
    - 側転グループ ― 側　　転（　）
  - ほん転技群
    - はねおきグループ ― 首はねおき（　）、頭はねおき（　）
    - 倒立回転グループ ― 前方倒立回転（　）、後方倒立回転（　）、側方倒立回転（　）
    - 倒立回転跳びグループ ― 前転跳び（　）、後転跳び（　）、ロンダート（　）

- 巧技系
  - 平均立ち抜群 ― 頭倒立（　）、倒立（　）、片足水平立ち（　）、Y字バランス（　）
  - 支持抜群　　― 片足旋回（　）、脚前挙支持（　）、開脚前挙支持（　）
  - 跳躍抜群　　― 伸身跳び（　）、左右開脚跳び（　）、前後開脚跳び（　）
  - 柔軟抜群　　― 前後開脚座（　）、左右開脚座（　）、ブリッジ（　）

2．第3ステージでチャレンジしようと思う新しい技（目標技）

（　　　　　　　）
（　　　　　　　）
（　　　　　　　）

3．第3ステージでチャレンジしようと思う新しい技の組み合わせ

※できる限り異なる系統の技の中から5つ以上選び出して組み合わせを考えよう。

① （　　　　）→（　　　　）→（　　　　）→（　　　　）→
　 （　　　　）→（　　　　）→

② （　　　　）→（　　　　）→（　　　　）→（　　　　）→
　 （　　　　）→（　　　　）→

先生からのワンポイントアドバイス

◆学習資料◆

第3ステージ　発表会へむけて

年　　組　　番　氏名　　　　　　　　　　　　　　　　　　記入日　　年　　月　　日

1．発表会で行おうと思っている技とその組み合わせ

技　名	技の完成度	実施の中で、体の動きを意識できるか	実施の中で、次の技を先取りできるか
①			
②			
③			
④			
⑤			
⑥			
⑦			
⑧			

※技名は組み合わせの順番に記入しよう
※チェックポイントは○：よくできる、△：まあまあ、×：できない、で記入しよう

2．スムーズな技の組み合わせ

組み合わせ	評　価	つなぎ方
①→②		
②→③		
③→④		
④→⑤		
⑤→⑥		
⑥→⑦		
⑦→⑧		

※番号は1．の技名に対応しています（例：「①→②」技①と技②の組み合わせ部分）
※「評価」は、○：スムーズ、△：ぎこちない、×：止まってしまう、で記入しよう
※「つなぎ方」は、技と技とをどのようにつなげていくのか、説明が必要なときには記入
　しよう（例「前転→後転」の場合：前転で脚をクロスさせて向きを変えながら立つ）

先生からのワンポイントアドバイス

第4節 第4ステージ
「発表会や競技会をめざしてがんばろう」
《種目選択の授業》

1 第4ステージの生徒の特性と本単元作成のポイント

　このステージは、器械運動の学習をある程度経験した生徒であれば、適切な指導によって自分の能力に合った技や動きを選択して、演技や競技会を楽しめることをねらいとしている。体操競技のようにあらかじめ設定された規定演技の課題を、スムーズに美しく演技したり、種目選択による競技会において個人やグループで競い合ったりすることによって、器械運動のスポーツとしての本質的な競争の楽しさを味わうことができる。

　また、オリジナルな演技づくりのために、自分の能力に合った技や動きを選択・工夫したり、グループ内で生徒同士が協力して補助したり教え合ったりする。それにより、運動を観察したり感じたりする能力を高めることができる。

【具体的な単元計画・学習の道すじ】―12時間の具体例―

単元の展開（時間）

授業の展開（分）

毎時間、バレエ的な動きや補強運動を準備運動に取り入れる

6時間めの具体的な時案を例示（P.144）

区分	はじめ	なか①				
時間	1	2	3	4	5	6

0分

本時のねらい　準備運動　体ほぐしの運動

学習Ⅰ

学習Ⅱ

できるだけ能力差がつかないよう配慮して班編成し、みんなで協力して役割を決定する

今もっている力で規定演技の技や動きに挑戦し、演技する楽しさとできるようになる喜びを味わう

技にこだわらずに、スムーズに美しく連続した演技ができることを中心的な課題として練習する

は
じ
め

・オリエンテーション

・体ほぐしの運動

・バレエ的な動き

ねらい①
規定演技で示された技と動きができるようになる

◇規定演技の習得
・演技に含まれる動きや技を練習し、全体の流れを実際に体験する

◇既習技の復習
・マット運動、平均台、跳び箱に含まれる既習の技を確実に身につける練習

◇規定演技の習熟
・スムーズで美しい演技

50分　整理運動　グループ活動の反省・評価

変更可能な選択範囲で今できる技を決定し、確実に美しくできるようになってから、次の技やみたい技への発展を考える

頭で考えなくても自然に連続してできるようになったら、より美しい演技をめざし工夫する

2　第4ステージの学習内容とその単元計画・学習の道すじ

1 学習内容

◇**器械運動の特性と基礎的知識**
　器械運動は行う技の難しさとそれをどれだけじょうずにできるか、すなわち動きの美しさを競うスポーツであるという特性を理解する。

◇**今できる技とそのでき方の確認**
　課題に含まれている技ができるのか、またどれぐらい習熟しているのか確かめる。

◇**規定演技の習得と自分に合った演技の再構成**
　示された規定演技全体の流れを、技を入れないでスムーズに実施できるようにする。さらに、選択範囲の中で自分の能力に応じた技を選び、その技を入れて最後まで演技できるかやってみる。

◇**規定演技の習熟と洗練**
　できるようになった技で再構成した規定演技を、他の生徒が見ている前でもスムーズに美しくできることをめざして練習する。

◇**他人の動きの観察評価・競技会と採点**
　自分もあたかも一緒にやっているように、他の生徒の動きを観察し、技のポイントを見つけることが大切である。また、こうした活動から、相手の技の練習を補助することに発展させる。競技会を行い、互いに出来栄えを採点評価する。

◇**体ほぐしの運動**
　2人組のストレッチングを通して、自分と他人の身体的条件の違いを理解し、相手に適切な力を加えて行うようにする。

自分ができる既習技を使って規定演技を連続し（ねらい①）、高まった力に応じて演技構成を工夫して独自の演技を創り上げ、発表会や競技会を楽しむ（ねらい②）

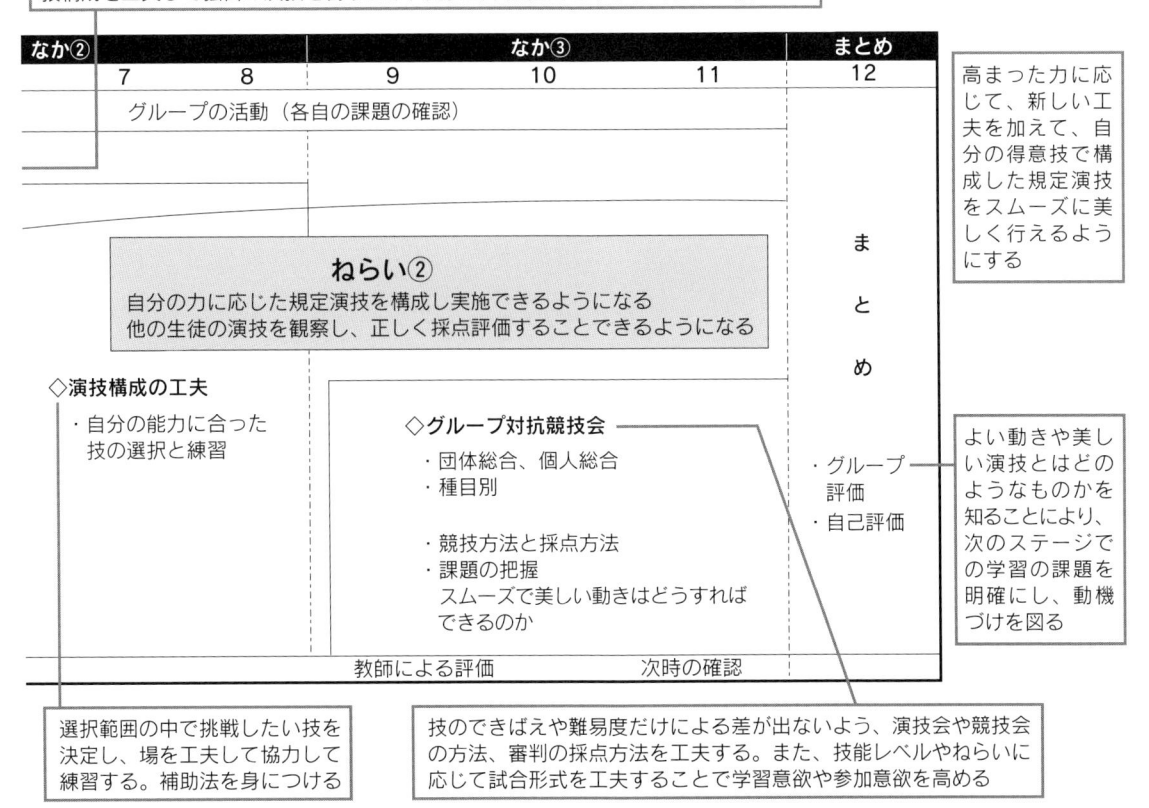

なか②		なか③			まとめ
7	8	9	10	11	12

グループの活動（各自の課題の確認）

高まった力に応じて、新しい工夫を加えて、自分の得意技で構成した規定演技をスムーズに美しく行えるようにする

ねらい②
自分の力に応じた規定演技を構成し実施できるようになる
他の生徒の演技を観察し、正しく採点評価することできるようになる

◇**演技構成の工夫**
・自分の能力に合った技の選択と練習

◇**グループ対抗競技会**
・団体総合、個人総合
・種目別
・競技方法と採点方法
・課題の把握
　スムーズで美しい動きはどうすればできるのか

・グループ評価
・自己評価

まとめ

よい動きや美しい演技とはどのようなものかを知ることにより、次のステージでの学習の課題を明確にし、動機づけを図る

教師による評価　　次時の確認

選択範囲の中で挑戦したい技を決定し、場を工夫して協力して練習する。補助法を身につける

技のできばえや難易度だけによる差が出ないよう、演技会や競技会の方法、審判の採点方法を工夫する。また、技能レベルやねらいに応じて試合形式を工夫することで学習意欲や参加意欲を高める

2 具体的な単元計画・学習の道すじ

女子の場合の 12 時間の具体例を P.138 に掲載。

3 具体的な指導手順と指導のポイント

はじめでは、学習内容として、今回の学習で設定している規定演技の要素となる動きや巧技的な運動、バレエ的な要素を多く取り入れたさまざまな運動を行うことで、技中心の学習では得ることのできない器械運動の体操競技的な楽しさを体験させるよう工夫する。学習Ⅱでは、基本的な規定演技に含まれる動きや技を自分の能力に応じて可能な範囲でアレンジすることにより、今もっている力で器械運動の演技を楽しみ（ねらい①）、高まった能力に応じて、新しい工夫を加えた自分独自の演技構成で、スムーズで美しい演技が実施できるようになる（ねらい②）。

●はじめ　50分×1時間の流れ

ステージの導入としてオリエンテーションを行い、体操競技の特性を規定演技で体験するための学習の道すじを理解させ、そのための巧技的な運動やバレエ的な動きの重要性と優れた演技の評価観点を説明する。次に、体ほぐしの運動から巧技的な運動、バレエ的な動きの実践を楽しみながら、規定演技や競技会への期待と学習への動機づけを高めていく。

単元区分		学習内容と指導手順	指導のポイント
学習Ⅰ	はじめ 50分×1	1. オリエンテーション ・学習のねらいと道すじを理解する ・学習の進め方を知り、学習の見通しを立てる ・グループ対抗競技会のための班別学習を理解する ・班編成、活動計画を作成する ・班ノートの使い方を理解する 2. 体ほぐしの運動 ・体ほぐしの運動の具体例を参考に、生徒が自由に運動を選択し、やり方を工夫できるようにする。また、以後の授業の導入に活用できるようにする 3. 巧技的・バレエ的な運動 ・規定演技に含まれる巧技的な運動やバレエ的な動きを実践することで、動きを演じることの楽しさや難しさを理解する ・巧技的な運動やバレエ的な動きの重要性を知る	◎学び方（学習の進め方や活動の仕方）を説明する。特に、事故防止の観点から、安全面に配慮した行動を徹底する ◎自分の今もっている力で挑戦できる課題を設定する ◎グループ対抗競技会にむけて、班の中での各自の課題を明確にさせ、意欲を高める ◎授業への導入となるものを選び、仲間と運動を楽しむ中で、自分の体の状態に気づくようにする ◎ステップ、ポーズ、ターン、ジャンプ、バランスなどの動きを連続的に実践させ、スムーズに美しく演技することの難しさと楽しさに気づかせる

●なか①　50分×3時間の流れ

規定演技の解説と習得を中心に授業を展開し、今もっている力でそれぞれの種目の演技を行うことで器械運動を楽しめるようにする。毎時間 10 分程度、前時の規定演技の確認練習を行い、その後、その日の種目の解説とグループ練習を行う。

単元区分			学習内容と指導手順	指導のポイント
学習Ⅱ	なか① 50分×3	ねらい①	1. 規定演技の習得 ・女子は、マット運動・平均台・跳び箱、男子は、マット運動・跳び箱・鉄棒の規定演技の解説と実践練習（1日1種目） ・マット運動と平均台では技を入れないで全体をスムーズに連続して演技する練習 ・跳び箱では段階を追った系統的練習（男女とも台上前転から前方倒立回転跳びへ）	◎一斉指導で規定演技の全体像を示した後、技を入れないでグループまたは個人で全体を演技するための反復練習をする ◎今もっている力で自分のできる技を選択し、技を加えた規定演技も反復練習する ◎跳び箱では系統的な段階の課題を確認しながら練習させ、次の段階に必要な技術要素を理解させるとともに、各自の課題を明確にさせる

単元区分	学習内容と指導手順	指導のポイント
	2. 既習技の練習 ・規定演技に含まれる技の選択範囲の中で既習技を選び、復習する ・班で協力して補助したり教え合ったりして技の習熟を高める 3. 課題の把握（自己評価・相互評価の活用） 　課題例 　「スムーズに美しく演技するにはどうすればよいのか？」 ・班ミーティングや相互評価を行い、自分の課題を見つける	◎補助の仕方も身につけて、互いに協力する ◎既習技から規定演技や選択技に含まれる技を選び、確実に身につけるよう練習する ◎班内で互いに補助したりアドバイスしたりして、必要な技を習得する ◎班ノートや個人ノートなどを利用し、自己評価や相互評価から自分の課題（美しい動き方）を把握できるようにする

● なか②　50分×4時間の流れ
　今もっている力で規定演技をスムーズに美しく連続して行えるようにする。技の系統性をもとに示された規定演技の工夫選択の範囲から、挑戦したい技を選び身につける。高まった力に応じて演技構成を工夫して、独自の演技を創り上げる。グループ対抗競技会にむけて自分の得意種目を2種目選び、グループ内での発表会をやってみてもよい。

単元区分			学習内容と指導手順	指導のポイント
学習Ⅱ	なか② 50分×4	ねらい②	1. 規定演技の習熟 ・今もっている力で規定演技をスムーズに美しく連続して行えるように練習する ・自分の力に合った規定演技を構成し、スムーズに実施できるように反復練習する ・挑戦したい技を加えた独自の演技の習熟を高めるよう練習する 2. 演技の発展 ・規定演技の技の選択範囲の中で挑戦したい技を決定し、場を工夫して、グループで協力して練習する ・跳び箱では、跳び方（台上前転、首はね跳び、頭はね跳び、前方倒立回転跳び）と高さ（横3段以上）を自分の力に合わせて選択し、美しい姿勢と安定した着地で跳べるように反復練習する ・グループで補助し合いながら、協力して練習する 3. グループ内での演技会 ・グループ対抗競技会の選手を決めるための演技会を行ってみる ・男子（マット運動・跳び箱・鉄棒）、女子（マット運動・平均台・跳び箱）ともに自分の得意な種目を2種目選択し演技する ・他の生徒の演技の優れている点や工夫している点を観察して参考にする ・グループ内で各種目5人の選手を決定する	◎頭で考えなくても自然に連続して行えるようになることが重要であることを理解させる ◎平均台やマット運動は技を入れなければどこでも練習できることに気づかせる ◎挑戦技を加えた演技構成でも、スムーズで美しい連続の演技がねらいである ◎難しい技への挑戦にこだわるのではなく、連続した演技の中で行うことを念頭に技を選択することを理解させる ◎前方倒立回転跳びが目標であるが、安定した美しい姿勢で確実に着地できる跳び方と高さを選択させる ◎力の加減や方向を手で感じながら補助することを理解させる ◎安全に演技や着地ができるように、器具やマットのずれを直すことに注意をむけさせる ◎ここでは生徒の学習進度や意欲に応じて、グループの状況に合わせて演技会を実施するか、練習時間を多く取るかを決定する ◎他の生徒の演技を観察する練習であることを理解させ、観察のための視点を明確に示す ◎競技会の選手はグループ内での話し合いで決定してもよい

●なか③　50分×3時間の流れ

　グループ対抗競技会を行う。技の難易度や独創性という点だけで採点に差が出ないように、競技会の方法や審判員の採点方法を工夫する。試合後は班ごとのミーティングを行い、相互にアドバイスしながら、各自の課題を明確にしていく。一連の競技会が終了したら、班ノートや個人ノートをもとに自己評価や相互評価を行い、次の課題を把握できるようにする。

単元区分			学習内容と指導手順	指導のポイント
学習Ⅱ	なか③ 50分×3	ねらい②	1. グループ対抗競技会 ・3種目の団体競技会（1人2種目以上に出場する） ・1種目に各班5人以上出場 ・審判は生徒が行う（各班から1～2人） ・競技方法を検討する（団体総合・個人総合・種目別など） ・演技の観察方法や採点方法を学ぶ 2. 課題の把握（自己評価や相互評価の活用） ・試合後の班ミーティングや班ノート、個人ノートの記入で自己評価や相互評価を行い、自己の演技についての課題を見つける	◎得意種目を2種目以上選択し、オリジナルの演技を行って競技会を楽しむ ◎試合を楽しむ中で、仲間の演技の優れた点を観察し、自分の課題を見つける ◎審判を行うことで、スムーズで美しい演技がどうすればできるようになるのかなどの課題を見つけられるようにする ◎班ノートや個人ノートなどを利用し、自己評価や相互評価から自分の課題（スムーズで美しい演技）を把握できるようにする ◎採点用紙に示されたアドバイスを参考にして、自己の演技の課題を明確にし、解決方法を探ることができる

●まとめ　50分×1時間の流れ

　ステージのまとめとして、これまでに身につけた得意種目の演技を発表するなど、このステージの学習を振り返る機会をつくる。次に、班ノートや個人ノートを整理、分析して、自分の課題を明確にし、次のステージにつなげる。

単元区分		学習内容と指導手順	指導のポイント
まとめ 50分×1		1. 得意種目の発表 ・自分の得意種目をみんなの前で演技する 2. 個人ノート・班ノートの完成、ステージ全体の自己評価 ・器械運動を楽しめたか、目標技が習得できたか、健康や安全に留意できたかなど、班や個人の課題を整理、分析する 3. 課題の明確化 ・次のステージにむけての自分の課題を明確にする	◎得意種目の演技を仲間に発表する機会をつくり、相互に評価できるようにする ◎個人ノート、班ノートを整理、分析して、次の課題が明確になるようにする ◎得意種目や得意技などを演技に生かすにはどうすべきかなど、次のステージにむけて動機づけをする

4 安全上配慮する事項

　ねらい①の段階では、それぞれの種目で規定演技として示された課題を、技の難易度にこだわらずスムーズに連続して演技できることが重要であることを確認する。

　ねらい②の段階では、全体をスムーズに美しく連続して演技できることを前提に、自分の能力に合った挑戦技を組み込んだ演技構成に取り組むことを理解させる。難度の高い技への挑戦が練習の中心にならないように留意する。

5 評価の観点と評価法

　ここでは、モデルとなる第4ステージの単元計画の流れに従い、具体的な学習指導の手順に対応した具体的な評価の観点と評価法を示している。具体的に示されている4つの観点別評価規準は、まったく別々の行動に関連づけられているのではないことを理解して、学習過程の評価を行う必要がある。

◆「規定演技の習得」の具体的な評価規準

評価の観点	評価規準の具体例	評価法
関心・意欲・態度	・器械運動の特性に関心をもち、楽しさや喜びを味わえるように進んで取り組もうとする ・演技の全体像を覚え、スムーズに連続できるようにしようと積極的に練習している ・互いに協力して練習し、器具や用具の点検など、安全に留意している	練習の観察や学習カード、個人ノート
思考・判断	・演技を楽しみながら、自分の能力に合った技や動きを工夫している	練習の観察
技能	・規定演技に含まれている技や動きを身につけて、スムーズに美しく演技を続けることができる	練習の観察や学習カード、個人ノート
知識・理解	・種目ごとに自分のレベルに合った技や動きを身につけるための練習の内容や方法を理解している	学習カード、班ノート、個人ノート

◆「既習技の復習」の具体的な評価規準

評価の観点	評価規準の具体例	評価法
関心・意欲・態度	・互いに協力して既習技を確認し、できる技を使って規定演技を楽しもうとする	練習の観察や学習カード、個人ノート
思考・判断	・既習技を復習する中で、それを規定演技として行うための課題を発見し、解決するための工夫をしている	練習の観察や学習カード、個人ノート
技能	・規定演技の中で行うことのできる、いくつかの得意な技を身につけている	練習の観察や学習カード、個人ノート
知識・理解	・自分に合った既習技やその習熟を高めるための練習の仕方を理解している	学習カード

◆「規定演技の習熟」の具体的な評価規準

評価の観点	評価規準の具体例	評価法
関心・意欲・態度	・演技全体を確実に覚え、スムーズに美しく連続して演技しようと積極的に練習している	練習の観察
思考・判断	・演技を楽しみながら、自分の能力に合った技や動きを美しく見せる工夫をしている	練習の観察や学習カード、個人ノート
技能	・規定演技の選択範囲に含まれている技や動きを身につけて、連続した演技に加えている	練習の観察や学習カード、個人ノート
知識・理解	・自分に合った技や動きをしっかりと身につけるための練習の内容や方法を理解している	練習の観察、学習カード

◆「演技構成の工夫」の具体的な評価規準

評価の観点	評価規準の具体例	評価法
関心・意欲・態度	・互いに協力して目標技を確認し、身につけた技を使って規定演技を楽しもうとする	練習の観察
思考・判断	・身につけた技を練習する中で、それを規定演技として行うための課題を発見し、解決するための工夫をしている	練習の観察や学習カード、個人ノート
技能	・規定演技の中で行うことのできる、いくつかの得意な技やオリジナルな動きを身につけている	練習の観察や学習カード、個人ノート
知識・理解	・新しく身につけた技や動きの習熟を高めるための練習の仕方を理解している	練習の観察や学習カード、個人ノート

◆「グループ対抗競技会」の具体的な評価規準

評価の観点	評価規準の具体例	評価法
関心・意欲・態度	・互いに協力して身につけた目標技を生かして、自分の演技で競技会を楽しもうとする	練習や競技会の観察
思考・判断	・演技を楽しみながら、自分の能力に合った技や動きをスムーズに美しく見せる工夫をしている	競技会の観察
技能	・規定演技の中で行うことのできる、いくつかの得意な技やオリジナルな動きを身につけている	練習や競技会の観察や個人ノート
知識・理解	・新しく身につけた技や動きを含めた演技の見せ方を理解している	競技会の観察や採点用紙の評価

◆「演技の採点」の具体的な評価規準

評価の観点	評価規準の具体例	評価法
関心・意欲・態度	・仲間の演技を積極的に評価し、よいところを見出そうとする	競技会の観察と採点用紙、個人ノート
思考・判断	・優れた演技を正しく判定することができる	競技会の観察と採点用紙
技能	・観察の視点ごとに正確に演技を評価することができる	競技会の観察と採点用紙
知識・理解	・優れた演技とはどのようなものかを理解している	競技会の観察と採点用紙、個人ノート

◆「得意種目の発表会」の具体的な評価規準

評価の観点	評価規準の具体例	評価法
関心・意欲・態度	・相互に協力して得意種目の演技を見せ合い、器械運動の演技の楽しさを深めようとする	発表会の観察と学習カード、個人ノート
思考・判断	・発表を楽しみながら、得意種目について受けたアドバイスから新たな課題を発見している	発表会の観察と評価カード、個人ノート
技能	・自分に合った得意種目の演技を安定して実施できる習熟度を身につけている	発表会の観察
知識・理解	・得意種目や得意技を身につける練習の仕方や工夫の仕方を理解している	発表会の観察と学習カード、個人ノート

3 学習指導案の例

　ここでは第4ステージ12時間中の6時間めの学習指導の具体的な展開例を示している。種目を移動しながら、班別学習で協力して補助し合うことにより、規定演技をスムーズに美しく連続して行う能力を身につけるとともに、技の系統性に従って示されている課題技の選択範囲から、目標技を選んで習得することをねらいとしている。また、指導と評価の一体化を図るために、学習活動に対応した評価の観点を示している。これを参考に、学習過程の中で生徒の学習状況を適宜評価し、次の学習指導に生かすようにする。

本時の ねらい	各種目の規定課題をスムーズに美しく演技できるようになるとともに、選択範囲の目標技に挑戦する
資料および 準備	跳び箱、踏切板、ロングマット・マット・スポンジマット、平均台（高、低、台のみ）、班ノート、個人ノート

	学 習 活 動	指導・支援の留意点	評価の観点
はじめ 10分	1. 整列、あいさつ 2. 本時の学習内容の把握 3. 準備運動と体ほぐしの運動 4. マット運動と平均台の規定演技の確認練習	・健康状態を観察確認する ・本時の学習内容について説明する ・見学者に学習の補助と見学のポイントを指示する ・動き中心にポイントを確認する	・積極的に演技を習得しようと活動しているか（関）
なか 35分	5. マット運動 ・床の上で技を入れないで演技を連続する練習 ・マットの上でできる技を入れた連続する練習 ・技の選択範囲から選んだ目標技の練習 ・目標技を加えた演技の連続練習と動きの工夫 6. 平均台 ・床の上で技を入れないで演技を連続する練習 ・低い平均台の上でできる技を入れた連続演技の練習 ・高い平均台で技を入れた連続演技の練習 ・目標技を入れた連続演技の練習（台は低・高） 7. 跳び箱 ・自分の力に応じて跳び方を選択する 　首はね跳びの練習（横3段以上で） 　頭はね跳びの練習（横3段以上で） 　倒立前方回転跳びの練習（横3段以上で） ・安定して着地するためのポイントの確認 ・より大きく美しく見せるための動作の確認と練習（腰・膝・足首を伸ばす、足首を閉じる） ・協力して互いに補助し合う ・目標技への挑戦 ・1種目12分で3種目をローテーションして練習	・スムーズに美しく演技することを意識させる ・易しい技でも美しく見せることができることを理解させる ・安全に留意して目標技に挑戦するよう指示する ・床の上で連続した演技がスムーズにできなければ、台の上でもできないことを理解させる ・高さと幅が動きを阻害する要因であることを理解させる ・安全に着地するよう注意する ・補助によって運動の全体像を体験することが重要であることを理解させる ・無理な挑戦はせず、美しく見せる工夫が重要であることを理解させる ・互いにアドバイスし合うことで、運動のポイントを確認し合うようにする ・安全確保のため、責任をもって互いに補助し合うように指示する	・互いに協力して練習課題に取り組んでいるか（関） ・技の系統性を理解して、練習を工夫しているか（思） ・新しい技を身につけているか（技） ・挑戦技の練習の仕方を理解しているか（知） ・演技を美しく見せるための方法を理解しているか（思・知） ・技の練習のみにこだわっていないか（思）
まとめ 5分	8. 整理運動 9. 整列、あいさつ ・本時の学習活動の反省、次時の課題 10. かたづけ ・最後に練習した種目の用具のかたづけ	・生徒の健康状態を観察確認する ・本時のまとめをする ・次時の課題を指示する ・かたづけの指示をする	・本時の課題を達成できたか（4観点） ・協力してかたづけに参加しているか（関）

※（関）：関心・意欲・態度、（思）：思考・判断、（技）：技能・表現、（知）：知識・理解

◆学習資料－規定演技の解説の具体例－◆

● 1年男子　鉄棒課題

《基本構成（低鉄棒）》 最低限実施しなければならない内容

後転からかかえ込み下向き下り　　後転から棒下振り出し跳び

《解説》
①正面立ち。片足を後ろに開いて順手で握り、逆上がり
②片足を前に出し、膝かけで後ろに振り下ろし、振り戻して膝かけ上がり
③片手を逆手に持ち換えて、1/2ひねって、片足を抜き、腕立て支持
④足をより高く後ろに振り上げて、後ろに跳び下りる（正面立ち）

《各自で工夫できる内容》
できるだけやってください
①両足踏み切りでも実施できる
②膝を伸ばしたももかけ上がり
③腕立て支持の後に振り上げて後転または前転。または前転と後転
④下り技として、後ろ足を前に出して横向きに下りる、棒下振り出し跳び下り、踏み越し下り、かかえ込み下向き下り（横向き立ち）など

〔渡辺忠夫『研究部報34』「男子能力別プログラム（その1）」（財）日本体操協会競技委員会研究部（1974年）、渡辺忠夫『研究部報35』「東独の能力別プログラム（その2）男子」（財）日本体操協会競技委員会研究部（1974年）より転載〕

● 3年男子　マット運動規定演技

※ロングマット2枚往復（東独 JugendKlasse Ⅲ）

〔渡辺忠夫『研究部報35』「東独の能力別プログラム（その2）男子」（財）日本体操協会競技委員会研究部（1974年）より転載〕

《解説》
①直立から前に2歩歩いて、両足踏み切りでジャンプ1回ひねり、
②ただちに跳び前転→　その場跳びして開脚立ちになり、
③上体を前に水平に倒して開脚立ちになる　→　前に手と頭を着き、
④頭倒立になり、はずみをつけながら胸で受け、
⑤伏臥支持→　足を閉じたまま、
⑥勢いをつけて倒立になり、前転して直立　片足を踏み出して、
⑦足を前後に交差させてジャンプ（はさみ跳び）→　1歩踏み出して、
⑧側面水平立ち　→　1/4ひねりして直立になり、上体を前屈し、
⑨後転倒立　→　ジャンプして直立→　2、3歩助走して、
⑩ロンダート（図は側方倒立回転）、
⑪ジャンプ（着地）

《各自で工夫できる内容》
①～⑤までは、解説どおりにやりましょう
⑥の倒立　→　大きな前転でも可
⑧側面水平立ち　→　正面水平立ちやY字バランスでも可
⑨後転倒立　→　伸膝後転でも可
⑪伸身ジャンプ　→　左右開脚や前後開脚、1回ひねりも可

《アドバイス》
・ともかく、スムーズに美しく続けることが目標です
・個々の技にとらわれず、全体を続けることが重要です
・ロングマットでは続ける練習を。技の練習はショートマットで。
・ちょっと制約が多いようですが、スムーズに続くと、ゆか運動の演技としてはかっこいい。両足踏み切りの倒立と後転倒立は少し難しいけれど、工夫すれば旧西ドイツの規定よりも簡単で、演技としては見栄えがする規定です

● 3年女子マット運動規定演技

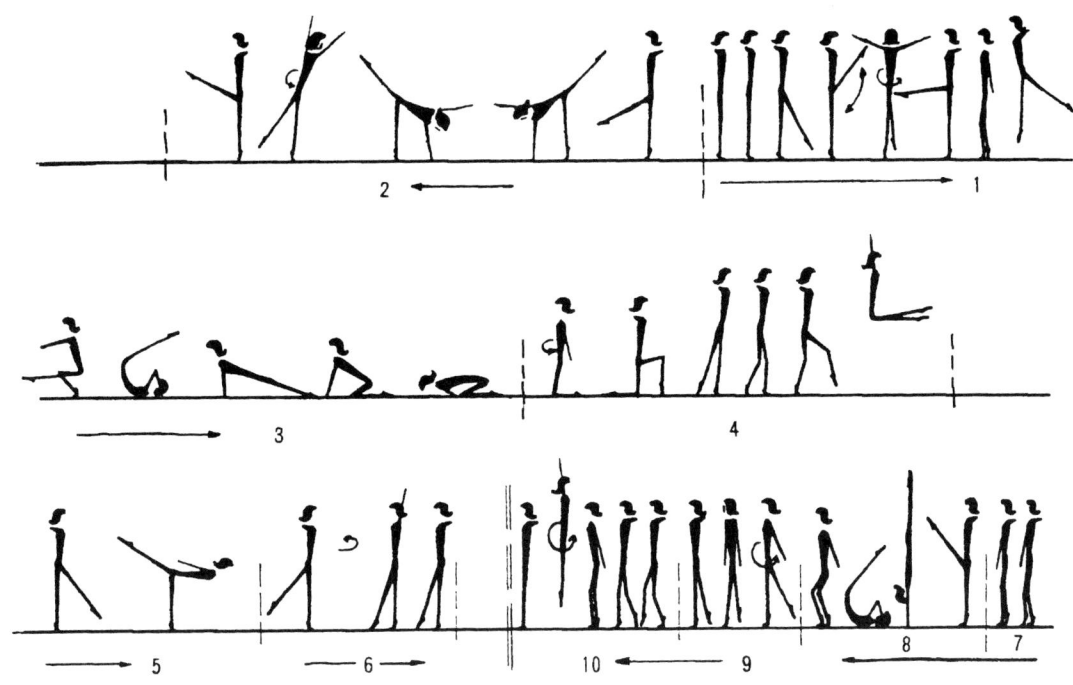

〔森 直幹『研究部報35』「女子」(財)日本体操協会競技委員会研究部（1974年）より転載〕

《解説》
①直立、両手を横に上げ、左足を1歩前に出し、右脚を前上、次に後ろへ振りながら右へ1/2ひねり、右足を1歩前に出し、左脚を後ろへ上げて、右足で跳び上がる（シリンヌ） 1.0点
②左足を1歩前に出し、左へ側方倒立回転、左へ1/4ひねり、左脚を前に振りながら右足で着床 1.5点
③右足上でしゃがみ立ちとなり、左脚は前に上げたまま後方回転し、伏臥支持、上体を深く前屈して両膝を着き手のひらを床に着ける 0.5点
④両腕を外に回しながら、上体を起こして膝立ちになり、同時に右膝上で左へ1/2ひねり、体の前に左足をつま先立ちで下ろす。起き上がって左足上に立ち、右足はつま先で後ろに下ろし、左右2歩助走して、はさみ跳び 1.0点
⑤左足を前に踏み出し、左足上に片足水平立ち、両腕は体と平行にする 1.0点
⑥上体を起こし、右脚を前に振りながら左へ1/2ひねり、体重を右足上に移し、左足は前につま先で立ち、両腕は前上方から横へ振る 0.5点
⑦右腕の波動運動をしながら左へ3歩、左腕の波動運動をしながら右へ3歩歩く 0.5点
⑧左足を踏み出して倒立に振り上げ、1秒保持、前転して、右足を左足の前に出したしゃがみ立ち 1.5点
⑨左足上で左へ1回ひねり（浮いている脚は任意） 0.5点
⑩3歩助走してその場跳び1回ひねり、直立 2.0点
合計 10.0点

《各自で工夫できる内容》
②側方倒立回転 → 倒立回転ファミリーの技（前方、後方）や演技の大きさ
③後方回転 → 後転倒立や前後開脚後転、後方ブリッジなど
④はさみ跳び → 足打ち跳び、猫跳び、リープターン、大ジャンプなど
⑤片足水平立ち → 各自で選択可能
⑧倒立前転 → 大きな前転、静止なしの倒立前転、前方ブリッジなど
⑨1回ひねり → ひねりのときの手と足の位置・ポーズ、1回以上のひねりなど

《アドバイス》
・各自で工夫して技を変更しても、全体の流れはスムーズに、美しく演技しましょう！

◆学習資料◆

自己評価票

年　月　日

3年　　組　番　氏名 _____

_____組_____班

関心・意欲・態度	①	興味をもって授業に参加することができた	5・4・3・2・1
	②	忘れ物をしないで授業に参加することができた	5・4・3・2・1
	③	遅刻をしないで授業に参加することができた	5・4・3・2・1
	④	授業の準備やあとかたづけができた	5・4・3・2・1
	⑤	仲間と協力して楽しく練習することができた	5・4・3・2・1
	⑥	課題を解決するために積極的に練習することができた	5・4・3・2・1
	⑦	粘り強く、繰り返し練習することができた	5・4・3・2・1
	⑧	授業以外の場所で、進んで運動を行うことができた	5・4・3・2・1
思考・判断	⑨	自分に合った課題を見つけることができた	5・4・3・2・1
	⑩	課題を解決するために副教材などの資料を活用することができた	5・4・3・2・1
	⑪	課題を解決するために練習方法などを工夫することができた	5・4・3・2・1
	⑫	互いに教え合うことができた	5・4・3・2・1
	⑬	課題が達成できたかを、自己評価することができた	5・4・3・2・1
技能	⑭	今もっている力で器械運動を楽しむことができた	5・4・3・2・1
	⑮	思いきり体を動かすことができた	5・4・3・2・1
	⑯	基本的な技能を身につけることができた	5・4・3・2・1
	⑰	技能が向上した	5・4・3・2・1
知識・理解	⑱	運動の特性やねらいを理解することができた	5・4・3・2・1
	⑲	器械運動の技術について正しい運動の方法を理解することができた	5・4・3・2・1
	⑳	学習によって身についたことや反省をまとめることができた	5・4・3・2・1

5⇒よくできた　　3⇒ふつう　　1⇒できなかった

授業全体を通しての評価（10段階で）
あなたの班 ☐　　　あなた自身 ☐

《授業の感想》

器械運動の授業全体を通して

競技会をやってみて

班の仲間に対してアドバイスしてあげたこと・仲間からアドバイスされたこと

第3章

器械運動の技と その学び方

第1節　マット運動
第2節　鉄棒運動
第3節　平均台運動
第4節　跳び箱運動
第5節　器械運動の発表会にむけて
第6節　器械運動の幇助（補助）法

第1節
マット運動

1 マット運動の特性と技の体系

　マット運動の技は、大きく分けて、回転系と巧技系の2つに分かれる。回転系とは、前方や後方、側方に回転することを特徴とする技のグループである。巧技系とは、倒立したりバランスをとったり、巧みにジャンプする技のグループである。

　回転系の技は、マット上を転がって回転する接転技群、手と足を着いて回転するほん転技群、そして空中で1回転する宙返り技群に区別されている。これらの技は、回転方向、回転中の姿勢や立ち上がりの姿勢、空中局面の有無などによって、いろいろな技へと変化発展していく。

　接転技群の技は、前転、後転、側転のグループに分かれ、姿勢の変化や空中局面を加えるなどの発展を示す。ほん転技群の技は、はねおきグループ、倒立回転グループ、倒立回転跳びグループの3系統に分かれ、それぞれの異なった技術をベースとして発展している。

　巧技系の技は、倒立や片足立ちなどのバランス、ジャンプ、腕立て支持でポーズをとったり足を旋回させたりする技、柔軟度を示す技などがある。

　技の学習においては、それぞれのグループの中で系統的に学習展開すると効果的である。

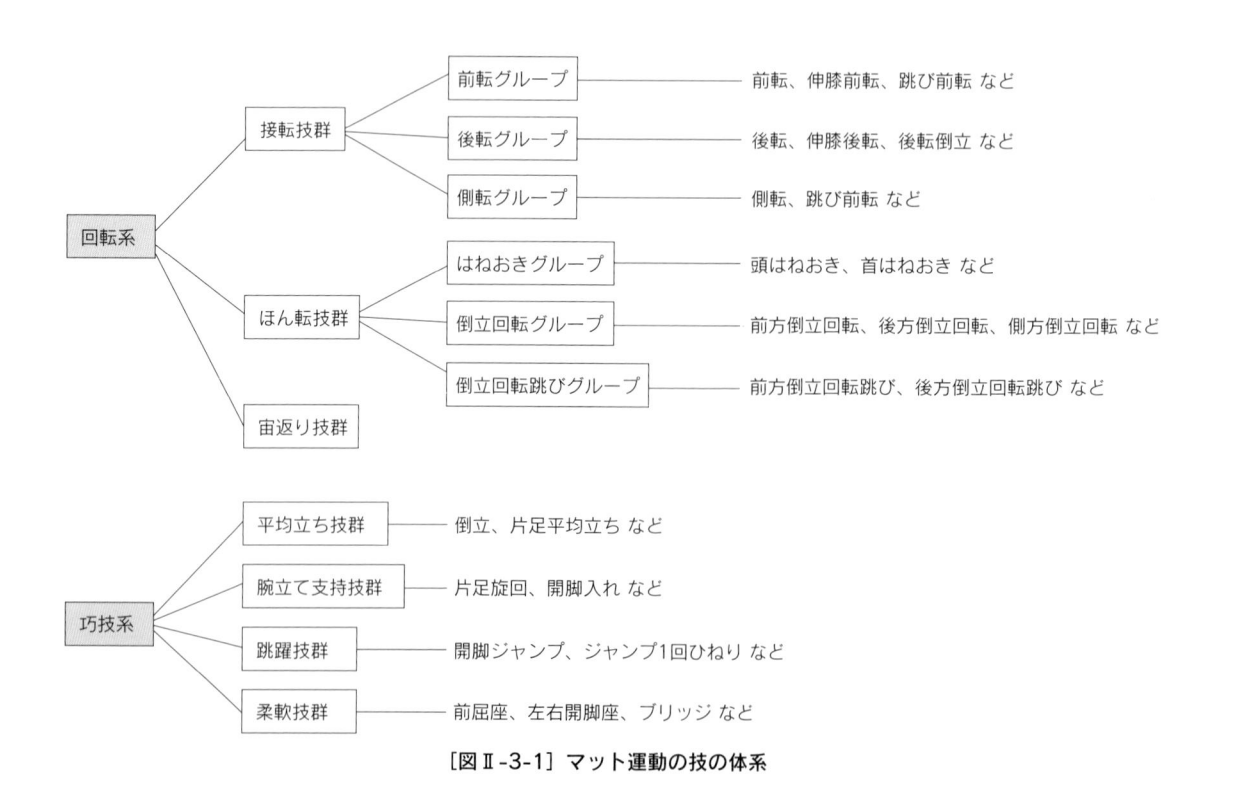

回転系
- 接転技群
  - 前転グループ ― 前転、伸膝前転、跳び前転 など
  - 後転グループ ― 後転、伸膝後転、後転倒立 など
  - 側転グループ ― 側転、跳び前転 など
- ほん転技群
  - はねおきグループ ― 頭はねおき、首はねおき など
  - 倒立回転グループ ― 前方倒立回転、後方倒立回転、側方倒立回転 など
  - 倒立回転跳びグループ ― 前方倒立回転跳び、後方倒立回転跳び など
- 宙返り技群

巧技系
- 平均立ち技群 ― 倒立、片足平均立ち など
- 腕立て支持技群 ― 片足旋回、開脚入れ など
- 跳躍技群 ― 開脚ジャンプ、ジャンプ1回ひねり など
- 柔軟技群 ― 前屈座、左右開脚座、ブリッジ など

[図Ⅱ-3-1] マット運動の技の体系

2 マット運動の予備的運動と体ほぐしの運動

　マット運動の技の主な特徴は、「逆さまになる」「回転する」「手で体を支えたり、手でジャンプしたりする」「柔軟性を示す」「手や足でバランスをとる」といったことである。こうしてみると、多くの基本的な運動内容が跳び箱運動や平均台運動と共通していることがわかる。

　以下に、マット運動での体ほぐしの運動例を挙げるが、マット運動の技の動きの特徴や種目間の共通性に着目すれば、マット運動や跳び箱運動、あるいは平均台運動、鉄棒運動とも関連したさまざまなアイデアが浮かんでくるであろう。

●台の上からジャンプ──着地
・跳び箱2〜5段を用い、着地点に丸を描いて、その中に着地する
・空中でかかえ込みポーズ、開脚ポーズ、伸身ポーズなどのポーズをつくり、丸の中で止まる
・膝や腰を曲げながら、体を弾力的に使って着地を止める

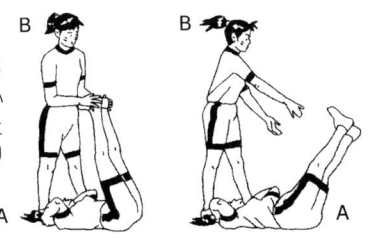

●手押し車で手ジャンプ
・補助者は相手の膝のところを持ち、実施者は体を軽く反らせながら肘を曲げ、その反動でジャンプする。空中で何回たたけるか挑戦したり、たたく回数を決めて連続して手ジャンプしたりする

●手押し車歩き
・前後に歩いたり、あお向けの姿勢になったりして、手押し車で歩く

●2人組でブリッジ
・ブリッジの姿勢をつくるとき、膝や肘を伸ばすようにする
・ブリッジから前や後ろに立ち上がる
・下になった人は相手を背中で押し上げて、立ち上がるのを手伝う

●背中の上で伸身ポーズ
・バランスをとりながら伸身ポーズをつくり、膝やつま先、手をまっすぐに伸ばして止まる

●おしりでバランスをとる
・両手を左右に広げ、開脚して足を持ち上げてバランスをとる。膝、つま先、手をしっかりと伸ばして止まる。もう1人は、手の上や脚の上を連続して跳ぶ

●脚の姿勢づくりと腹部の強化
・BはAの脚を前や横へゆっくりと倒し、Aは床に脚を着けないでBの手元へ脚を戻す。このとき、Aは膝とつま先をしっかりと伸ばして行う

第1節 マット運動

3 前転グループの学習

　前転グループの技は接転技群に属し、基本的技術として順次接触回転技術と伝動技術によって成り立っている。順次接触回転技術とは、後頭部から首、背、腰へと順次接触しながらスムーズに回転することである。伝動技術とは、回転中に足を前方へ投げ出すことによって高めた足のスピードを、マットに振れる瞬間にブレーキをかけ、それに合わせて上体を起こすことで前方への回転力をつくり出す技術である。前転グループはこの2つの技術をうまく利用することで、いろいろな発展技ができるようになる。

1．前 転

1 技の説明とポイント

しゃがみ立ちから（①）、両手は肩幅でマットに着く（②）。腰を高く上げながら後頭部から転がり、足を前上方に投げ出し、腰角を広げる（③）。足のかかえ込みに合わせて、一気に上体を起こす（⑤）

技術ポイント
- ▶ 回転するときに後頭部からスムーズに転がるために、後頭部で体を支えるような感じから転がり始める
- ▶ 足の投げ出しと膝のかかえ込み、上体の起こしをタイミングよく行うには、お腹の力を緩めないようにする

つまずきへの対応
- ● 前転に入るとき、足と手の間の距離が短い➡
  - ・足の近くに手を着きすぎると足を一気に上方に投げ出すことができないので、50cmぐらいの間隔をあける
- ● 上体の起こしが遅れて起き上がれない➡
  - ・膝をかかえ込むときに、あごを締めて上体を起こすようにする

2 予備的な運動と場の工夫

❶首倒立
- ・腰と脚を高く持ち上げ、手で腰を支えてポーズをとる
- ・5秒以上はポーズを保持する（目安）

❷腕組みゆりかご
- ・背中を丸めて後ろに転がり、首倒立になる
- ・足を前に投げ出して、お腹を締め、膝に胸を引きつける

3 動き方をつくり出すための課題と場の工夫

❶手押し車から前転
- 補助者は足を肩ぐらいの高さに持ち上げ、前に投げ出す
- 実施者は勢いよく立ち上がるようにする

❷台上から前転
- 台の高さはいすぐらいの高さから始めて、徐々に低くしていく
- 足が離れる瞬間、台を軽く蹴り、足のかかえ込みに合わせて一気に上体を起こす

4 発展技および変形技

❶腕を組んでの前転
- 後頭部をマットに着けながら、マットを軽く蹴って一気に回転し、「コロン」というリズムで一気に立ち上がる

❷手の甲を着いて前転
- 手の甲を着きながら、マットを蹴って一気に回転する

❸前転片足立ち
- 片足を前に持ち上げて、もう一方の足だけでぐらつかずに勢いよく立ち上がる

❹2人組での前転
- 腕を組み、合図をして動きを合わせる
- 息を合わせて、一気に回転し、立ち上がる

❺前転ジャンプ
- 前転から勢いよく立ち上がり、前へジャンプする（50cm程度を目安に）

❻タンク前転
- パートナーの足を握る
- 下の人は足をしっかりと持ち上げ、上の人は腰を曲げて腰を高く持ち上げる

第1節 マット運動

2. 開脚前転

1 技の説明とポイント

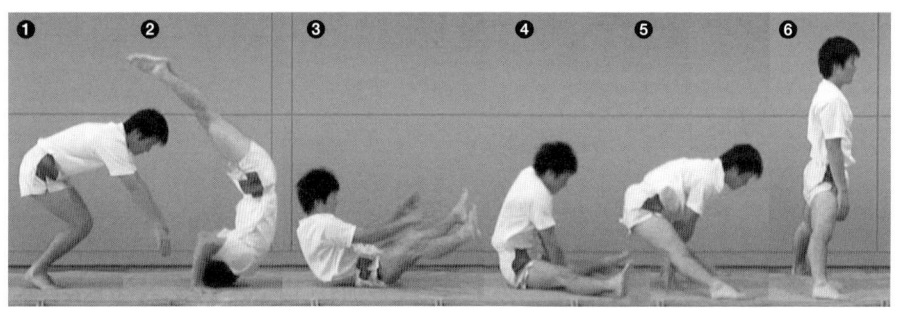

膝を伸ばしながら回転にはいり、膝に力を入れて足を開く準備をしておく（②）。マットに足が着く瞬間に、一気に大きく左右に開く（③）。手は足の間に着き、両手でマットを押しながら上体を前に乗り出し、膝を伸ばしたまま立つ（④）

技術ポイント
- 後頭部から転がり始め、前上方への足の投げ出し（腰角増大）で回転スピードを高める
- 足を左右に開くタイミングに合わせて上体を前に乗り出し、手でマットを押して開脚立ちになる

つまずきへの対応
- **開脚で膝が曲がる➡**
  - 両手と後頭部を着きながら回転に入る際に、膝を伸ばすようにする
  - 2.①②の練習で、膝を伸ばして立つようにする
- **手を押すタイミングが合わない➡**
  - 足がマットに着く寸前に、両足を大きく開く
  - 手の押しは両足を開く瞬間に行う

2 予備的な運動と場の工夫

❶段差を利用して、開脚座から手の押しで開脚立ち
- 重ねたマットの上に座り、足を段差の下に出す

❷首倒立から足を投げ出して開脚立ち
- 腰を開いて足を前上方に投げ出す

3 動き方をつくり出すための課題と場の工夫

❶落差を利用して
- 足先が段差の下に出るように前転し、重ねたマットに手を着いて立ち上がる
- 膝が伸びているか必ず確認する

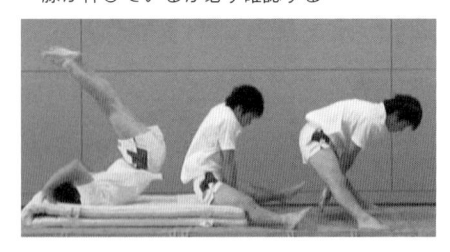

❷傾斜を利用して
- 踏切板にマットを乗せて傾斜をつくる
- 傾斜の下に足が着くように前転し、傾斜を手で押して立ち上がる

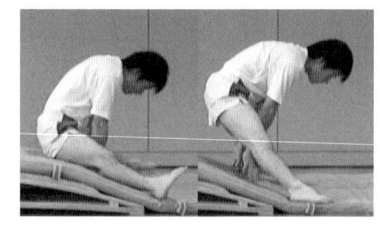

❸補助を利用して
- 補助者は腰を持ち上げる

4 発展技および変形技

❶倒立からの開脚前転
・ゆっくりと肘を曲げながら後頭部をマットに着け、腰角を広く保ちながら足先を前に送り出す。足がマットに着く瞬間に大きく開き、前屈しながら手で押して立つ

❷手を使わずに開脚前転
・足がマットに着く瞬間に足を大きく開き、同時に体を締めて前に乗り出す

3．伸膝前転

1 技の説明とポイント

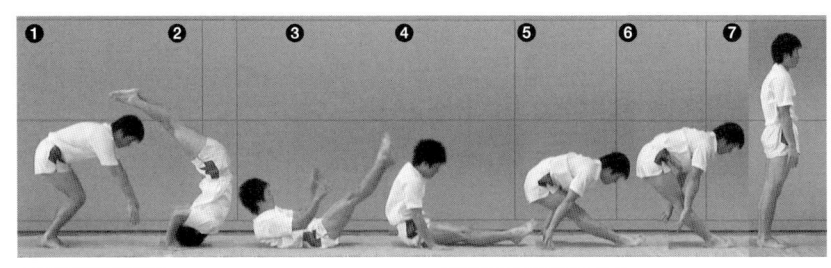

膝をしっかりと伸ばしながら回転にはいる（①）。腰角を広げるようにして足を前上方に投げ出し（②）、足がマットに着く瞬間に上体を一気に前屈させる（③）。前屈と同時に手を大腿部の横のマットに着き、押し放す（④）

技術ポイント
▶ 後頭部から転がり始め、足がマットから離れたら、膝をしっかりと伸ばす
▶ 前方への回転に合わせて、前屈しながら手で強くマットを押し放し、スムーズに立ち上がる

つまずきへの対応
● **前転で腰角が広くならない➡**
・マットに手と後頭部を着いてから、足を投げ出すようにして回転する
・2.③の練習で、腰の開きと足の投げ出しを確認する
● **膝が曲がる➡**
・2.①の練習で、マットに後頭部が着いたときに膝を伸ばす感じをつかむ
・2.②③の練習で、膝の伸ばしを確認する
● **手の着くタイミングが悪い➡**
・手の着きと前屈を一緒に行うようにする
・2.③の練習で、手を着くタイミングを確認する

2 予備的な運動と場の工夫

❶膝の伸びを意識して前転
・マットに後頭部が着いたら膝を伸ばし、足を投げ出しながら立つ直前に足を曲げて勢いよく立つ

❷長座から腰を持ち上げる
・手をももの横に着けて勢いよく前屈し、手でマットを押し放して腰を持ち上げる

❸伸膝ゆりかごから、前屈して腰を持ち上げる
・膝を伸ばして後ろに転がり、腰を開いて足を前へ投げ出しながら勢いよく前屈し、手でしっかりとマットを押して腰を持ち上げる

第1節 マット運動

3 動き方をつくり出すための課題と場の工夫

❶段差を利用して
・段差の下に足を着けることで、立ち上がりを楽にする
・マットを押して立ち上がるとき、膝がしっかりと伸びているか確認する

❷傾斜を利用して
・踏切板にマットを乗せて傾斜をつくる
・傾斜の下に足が着くように伸膝前転して、傾斜を手で押して立ち上がる

❸助走を利用して
・2、3歩助走から片足踏み切りで、あるいは両足踏み切りで行う
・勢いを利用して立ち上がる

4 発展技および変形技

❶手を使わずに伸膝前転
・2、3歩の助走を使うと行いやすい
・前屈と同時に、反動的に腰を引き上げながら立ち上がる

❷倒立からの伸膝前転
・倒立前転を習得していることが前提となる
・倒立から腰角を広く保ったまま、前転にはいるようにする

4．倒立前転

1 技の説明とポイント

体をまっすぐに伸ばして倒立する（①）。ゆっくりと前に倒れながら足を前へ送り出し、肘をゆっくり曲げながら後頭部から転がる（②）。前方への回転に合わせて膝をかかえ込み、立ち上がる（③）

> 技術ポイント
- 倒立で上に伸び上がりながら頭を起こし、肩を前に出しながら肘を曲げはじめ、前転の準備をする
- 肘を曲げて後頭部から転がるとき、お腹や膝に力を入れて体の力を抜かないようにし、転がりに合わせて膝をかかえ込む

> つまずきへの対応
- 倒立から前転するとき、体の力を抜いてしまう➡
  - マットに後頭部を着けて回転にはいる際、腰角を広く保ったまま回転する
  - 倒立から一気に小さくならないようにする
- 足が前に倒れすぎて、背中から落ちる➡
  - 肘を曲げながら、マットに後頭部を着けて回転にはいる際、背中の丸みを意識する

2 予備的な運動と場の工夫

❶腕立て支持で足たたき
- 背屈頭位で前を見て、腰を高く持ち上げて足をたたく（左）
- 腹屈頭位で足を見て、腰を高く持ち上げて足をたたく（右）

❷頭倒立
- 頭頂部と両手で正三角形をつくる
- 指を軽く曲げて手を着き、指先に力を入れてバランスをとる

❸壁登り倒立から前転
- 足で壁を軽く蹴り、腰を開いたまま後頭部をマットに着けて回転にはいる

3 動き方をつくり出すための課題と場の工夫

❶手押し車から倒立位を経過して前転
- 補助者は足を持ち上げて倒立させる
- 肘と体をしっかりと伸ばし（②）、前に倒れながら肘を徐々に曲げ、スムーズに前転につなげる（③）

❷台を使って
- 倒立のポーズに注意する
- 静止する必要はない

❸補助を用いて
- 補助者は手を上げて構える。両手でつかんだ足を持ち上げ、実施者の体をまっすぐにさせて、足を少しずつ倒しながら、スムーズに前転につなげさせる。実施者は少しずつ肘を曲げながら前転する

4 発展技および変形技

❶倒立で２、３歩歩いてから倒立前転
・倒立で２、３歩歩いてから倒立ポーズをつくり、前転へつなげる
・練習では、倒立歩行は膝を曲げて行ってもよい

❷倒立開脚（伸膝）前転
・倒立では足首、膝、腰、肩をまっすぐに伸ばす
・スピーディーに起き上がるようにする

5．跳び前転

1 技の説明とポイント

軽い助走から、手を後ろから前に振り出しながら両足で踏み切る（①）。足を振り上げ、空中で屈身のポーズをつくり（③）、マットに手を着き、頭を手の間に入れて後頭部から転がる（⑤）。膝のかかえ込みに合わせて上体を起こす（⑥）

技術ポイント
▶ 跳び上がったとき、空中では頭より足、腰のほうが高くなるようにして、前方への回転力をつくっておく
▶ 前転にはいるとき、一気に体を丸くすると背中に衝撃があるので、手で支えながら脚を前に送り出すようにして前転にはいる

つまずきへの対応
● 前転で体がつぶれる➡
・手を着くと同時に体を小さく丸めてしまうのが原因である
・２.①～③の練習で、体の力を抜かないで、足を前に送り出すようにして前転する感覚を身につける
● 前転で体を丸くできずに、背中を打ってしまう➡
・２.①～③の練習で、足をかかえ込むと同時に上体を起こす感覚を確認する

2 予備的な運動と場の工夫

❶手押し車から前転
・補助者は足を高く持ち上げ、前に投げ出す
・頭を手の間に入れ、後頭部から回転し、腰角を広く保ったまま、足を前に送り出しながら前転する

❷台上から前転
- 膝くらいの高さの台を使用する
- 台を軽く蹴って勢いよく回転し、立ち上がる瞬間に膝を曲げて勢いよく立ち上がる。

❸片足振り上げから跳び前転
- 足を前後に構え、手を下から前へ振り出しながらジャンプして跳び前転を行う

❸ 動き方をつくり出すための課題と場の工夫

❶台上から腰を高くして前転ジャンプ
- 高さが50cmくらいの台を使う
- 台上でかがみ立ちし、手を台の下に出しながら軽く台を蹴って前転する

❷台上からゴムを跳び越して
- 台は膝ぐらいに、ゴムひもは腰くらいの高さにし、下にはスポンジマットを置く
- 腰は一気に曲げない

❸台上に跳び上がり前転
- スポンジマットを重ねて腰くらいの高さにする
- 台上で倒立するくらいまで足を振り上げる
- 踏切板を使って、空中ポーズの練習もする

❹ 発展技および変形技

❶伸身跳び前転
- 力強く踏み切って大きく跳び上がり、空中で体を伸ばしてポーズをつくってから前転する。手を着くときに、足が倒立くらいまで上がるように回転させる

❷跳び開脚（伸膝）前転
- 空中ポーズと立ち上がりの開脚をしっかりと行う

第1節 マット運動

4 後転グループの学習

　後転グループの技は接転技群に属し、前転と同じく順次接触回転技術と伝動技術によって成り立っているが、頭越しの回転技術も大切になる。

　順次接触回転とは、後方へスムーズに転がることができるように、足から腰、背中、後頭部へと順次接触させながら転がることである。伝動技術とは、後方への回転スピードをつくり出すために、しゃがみ立ちから腰、背中へと回転にはいるとき、上体の後方への倒しと重心移動をうまく同調させ、それに合わせて足を後ろ上方に振り上げるようにして回転スピードをつくり出すことである。頭越し回転技術とは、手でマットを押すとき、後方への回転に合わせて腰角を広げるように腰を軽く浮かせて、手の間から頭を抜くことである。この頭越し回転技術がきちんと身についていると、伸膝後転や後転倒立に発展させることができる。

1．後　転

1 技の説明とポイント

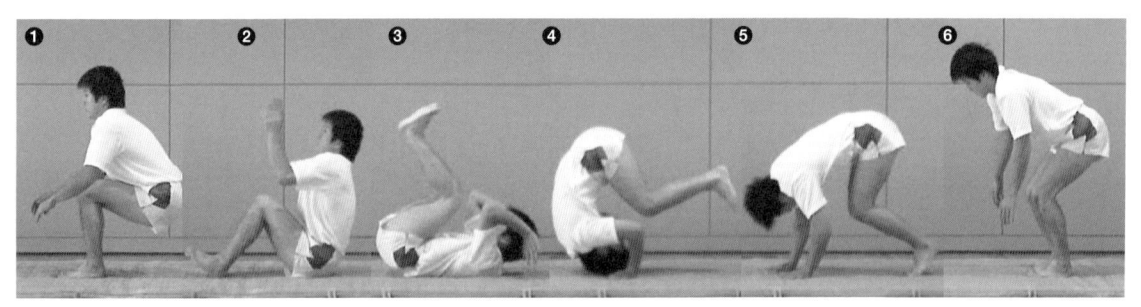

腰を後ろに引きながら回転に入り（①）、腰が着くとき背中を丸くして、手を耳の横にもってくる（②）。
上体を後ろへ倒し、膝を一気に頭の後ろに振り上げる（③）。手でマットを最後まで押す（⑤）

技術ポイント
- しゃがみ立ちから、おしりをマットに着きながら上体を後ろへ倒す
- 手の押しと腰の開きを同調させて、頭を抜くようにする

つまずきへの対応
- **まっすぐ後ろに回転できない➡**
  - 手の押しが左右均等でないとまっすぐ回れない。こぶしで後転をし、手の押し方を確認する
- **頭越しで首が痛くなる➡**
  - 2．①②の練習を行い、首の曲げに慣れるようにする
  - 手の押しに腰の開きを同調させるようにすると、首への負担が小さくなり痛くなくなる

2 予備的な運動と場の工夫

❶しゃがみ立ちから首倒立
- 手のひらをマットにしっかりと着き、腰を顔の上に持ち上げて止まる
- 1人でうまくできない場合は、補助者に腰や足を支えてもらう

❷首倒立で膝を床に着ける
- 背中とおしりを頭の上に持ち上げて、脚を開いて膝を耳の横のマットに着けるようにする

3 動き方をつくり出すための課題と場の工夫

❶傾斜を利用して後転
・踏切板にマットをかけて傾斜をつくり、腰を下ろして後転する

❷重ねたマットと補助を利用して
・マットを2つ折りにして段差をつくり、手は段差の上に着け、段差から頭が出るように後転する
・補助者は腰を持ち上げるようにして回転を助ける

4 発展技および変形技

❶片足後転
・片足立ちから後転して、片足で立つ

❷後転で傾斜を登る
・踏切板などを利用して傾斜をつくり、傾斜の下から上へ後転して登る
・上体の倒しと脚の振り上げにスピードがないとうまく登れない

2．開脚後転

1 技の説明とポイント

マットに手を着き、膝を伸ばす（③）。腰を持ち上げながら手でマットを押し、足を手に引き寄せながら開脚して足を着く（④）。手で押して立ち上がる（⑤）

技術ポイント
▶ 上体の倒しからの足の振り上げをしっかりと行って、回転のスピードをつくる
▶ 腰を上へ持ち上げるようにマットを押して立ち上がる

つまずきへの対応
●**立つときに膝が曲がる**➡
・膝を伸ばした状態で前屈の練習をする
・2.①の練習で、膝を伸ばしたまま腰を持ち上げて立つ練習をする

第1節 マット運動　161

2 予備的な運動と場の工夫

❶しゃがみ立ちで手を着いて、マットを蹴って開脚立ち
・マットを蹴って膝を伸ばし、足を手に引き寄せて、手でマットを押して開脚立ちになる

❷ゆりかごから開脚して足をマットに着ける
・背中を着けながら膝を伸ばし、足がマットに着く前に開脚する

3 動き方をつくり出すための課題と場の工夫

❶段差を利用して
・重ねたマットを利用する
・段差の上に手を着くように後転し、段差の下に立つ

❷傾斜を利用して
・傾斜を利用して後転し、その傾斜面を押して開脚立ちになる

4 発展技および変形技

●伸膝開脚後転
・腰を後ろに引きながら、手をマットに着くようにする
・手が着くのと同時に上体を後ろに倒して、回転スピードをつくる

3. 伸膝後転

1 技の説明とポイント

手がマットに着いたら、膝を伸ばす（③）。腰を持ち上げながら手でマットを押し上げ、足を手に引き寄せる。マットを押し放して、スムーズに立ち上がる（④）

技術ポイント
▶上体の倒しから後ろ上方への足の振り上げを行って、回転のスピードをつくる
▶腰を持ち上げるように、手でマットを押して立ち上がる

つまずきへの対応
●立つときに膝が曲がってしまう➡
・膝を伸ばして前屈柔軟の練習を行う
・2.①の練習で、膝を伸ばしたまま腰を持ち上げて立つ練習を行う

2 予備的な運動と場の工夫

❶しゃがみ立ちで手を着いて、マットを蹴って伸膝で立つ
・マットを蹴って膝を伸ばし、腰を高く持ち上げて、足を手に引き寄せてマットを押して立つ

❷ゆりかごから膝を伸ばして足をマットにつける
・背中を着けながら膝を伸ばすようにし、膝を伸ばしたまま、マットに足を着ける

3 動き方をつくり出すための課題と場の工夫

❶傾斜を利用して
・傾斜を利用して後転し、マットを押して立つ

❷段差を利用して
・重ねたマットを利用する
・段差の上に手を着けて後転し、段差の下に立つ

4 発展技および変形技

❶全経過伸膝後転
・腰を後ろに引きながら、膝の横で手を着き、手を着くのと同時に上体を後ろに倒して、回転のスピードをつくる

❷全経過伸膝後転（手で支えずに後転にはいる）
・前屈しながら腰を後ろに引き、おしりがマットに着く寸前に上体を倒し込んで回転にはいる

4．後転倒立

1 技の説明とポイント

腰を後ろに引きながら背中を倒すとともに、膝を頭の上に引き寄せる。このとき、手は頭の横で構える（②）。腰を勢いよく伸ばしながら、手でマットを押し上げる（④）。腕を伸ばしたら、一気に倒立ポーズをつくる（⑥）

技術ポイント
▶ 後方への回転に合わせて、腰と腕を伸ばすタイミングを覚える
▶ この技を練習する前に、倒立を習得する必要がある

第1節 マット運動

つまずきへの対応

●腰を伸ばすことはできるが、腕が伸びない➡
・腰の伸ばしと手の押しのタイミングが合っていない
・2と3.①の練習で、腰の伸ばしと手の押しのタイミングをつかむ
●手と体は伸ばせるが、倒立ができない➡
・腰を伸ばし始めるタイミングが遅い
・3.②の練習の中で、倒立で前に倒れるくらいのタイミングで行ってみる

2 予備的な運動と場の工夫

❶首倒立での腰の曲げ伸ばし
・手を首の横に添え、腰をしっかりと折りたたみ、腰を曲げ伸ばして上下に反動をとり、その反動を利用して上に伸び上がる
・補助者は、腰とももを支えてバランスをとってやる

❷後転から、後ろに腰を伸ばして正面支持臥
・肘と腰を一気に伸ばし、足がマットに着く前に腕と体を伸ばしきる

3 動き方をつくり出すための課題と場の工夫

❶腰の曲げ伸ばしから倒立（補助つき）
・腰曲げの反動を利用して、一気に伸び上がり、手、腰、膝をしっかりと伸ばして倒立する
・補助者は、足を持って上へ持ち上げる

❷補助をつけての後転倒立
・この練習を通して、腰と腕を伸ばすタイミングをつかむ
・補助者は両手で足を持ち上げる

4 発展技および変形技

❶後転倒立からはねおき立ち
・倒立から肘と膝を軽く曲げて体を反らし、反らした反動を使って足をマットに振り込み、手で押し放す。手で跳ねて一気に立つ

❷伸膝での後転倒立
・腰を後ろに引きながら、膝の横で手を着き、手を着くと同時に上体を後ろに倒して、回転スピードをつくる

5 倒立回転グループの学習

倒立回転グループの技はほん転技群に属し、足の振り上げと体の倒しによって倒立を経過して回転する技である。前方倒立回転と後方倒立回転は体を大きく反らして回転する運動で、体を後屈させる柔軟性が必要である。しかし、側方倒立回転には体を大きく反らせる局面はないので、後屈の柔軟性は必要とされない。

1．側方倒立回転

1 技の説明とポイント

体を前に倒しながら着手し（②）、足を振り上げて手を着きながら横向きになる（③）。腰を伸ばして回転し、手の間のマットを見る（④）。腰を曲げながら足先を開始時の方向に向けて着き、手でマットを押し放す（⑤）。立ちながら横向き姿勢になる（⑥）

技術ポイント
▶ 開始体勢は前向きで行い、手を着いてから立つまで、両手の間を見ているようにする
・倒立位では腰をしっかりと伸ばすようにする

つまずきへの対応
● 上を向いてしまって、うまく立てない➡
・足先を開始時の方向に向けて下ろすようにする
・2.①②、3.①〜③の練習でポイントを身につける

2 予備的な運動と場の工夫

❶壁倒立から横に下りる
・両手の間を見たまま行う
・見ている場所と足の着く場所に目印をつけると行いやすい

❷壁倒立から片手支持で横に下りる
・下りる側に体を傾けながら片手で押し放して立つ
・手元を見たまま立つ

3 動き方をつくり出すための課題と場の工夫

❶円の線上で
- 手の着く場所を見て足を振り上げ、手を見たまま足を下ろし、手で押し放して立つ
- 手足を着く場所と向きや視線の目印を描くと行いやすい

❷マットの縫いめや線を利用して
- ①と同様

❸倒立 1/4 ひねりから横に立つ
- 倒立になり、片手を前に出して 1/4 ひねり、手元を見ながら、片足ずつ下ろして立つ
- 補助者は足や腰を支えて補助する

4 発展技および変形技

●片手側方倒立回転
- 足の振り上げは勢いよく行い、体は片手でしっかりと支える（②）。片手でマットを押し放して立つ（④）

2．前方倒立回転・後方倒立回転

1 技の説明とポイント

◆前方倒立回転

足を振り上げて倒立する（①）。手元を見たまま、体を反らせて足を下ろし（③）、足が着いたら、腰を前に移動させながら立ち上がる（④）

技術ポイント
▶ 倒立回転を習得するためには、体を大きく反らす柔軟性が必要になるので、計画的に柔軟性を養う
▶ 練習は補助をつけて行う

つまずきへの対応
●体が反らない➡
- 体を反らす柔軟練習を計画的に行う
- 腰だけではなく、肩を広げる柔軟練習も行う

◆後方倒立回転

腰を前に出しながら、バランスをとって後ろへ倒れ、体を反らせながら手を下ろしていく（②）。手を着く場所を確認し、手が着いたら腹部を後ろに引いて足を持ち上げる（③）

2 予備的な運動と場の工夫

❶体を反らせて足で頭に触れる
- 腹ばいで体を反らせ、頭を上げて後ろを見る
- 膝を曲げて、頭に足をつけてみる

❷台を使ってブリッジ
- 台の上であお向けになり、手と足で支えてブリッジのポーズをつくる
- 体は台に触れずに、手と足だけで支えてみる

❸補助者の足を握ってブリッジ
- 補助者は肩の後ろを持ち上げる
- 実施者は肘と膝を伸ばしてマットを見る

❹膝立ちブリッジでの起き上がり
- 膝立ちから後ろに倒れ、膝立ちブリッジになる。ブリッジから腰を前に出しながら起き上がる

3 動き方をつくり出すための課題と場の工夫

❶壁倒立からブリッジ
- 手の着く位置を変えながら足を下ろしていく
- 補助者は腰とももを支える

❷壁を伝わってブリッジ
- 手と足を少しずつ移動させる
- 補助者は背中と腰を押さえる

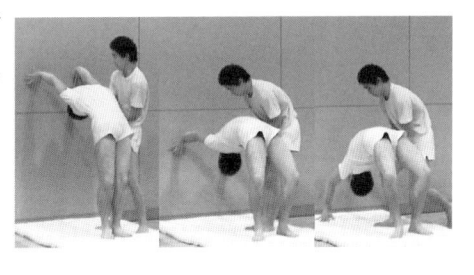

❸ブリッジから前方への起き上がり
- 腰を前に出しながら起き上がる
- 補助者は腰と背中を押す

❹台を利用した後方への起き上がり
- 台は動かないように注意し、高い台から徐々に低くしていく
- 台に足を乗せてブリッジを行う。顔をしっかりと起こし、台を蹴って起き上がる

4 発展技および変形技

●前方倒立回転片足立ち
- 倒立姿勢で足を大きく前後に開き、片足を残したまま、もう一方の足で立つ

6 はねおきグループの学習

はねおきグループの技はほん転技群に属し、腰の曲げ伸ばしによるはねる動作を使って回転力をつくり出すことが特徴である。前方に回転する場合には、倒立回転や倒立回転跳びと似た経過を示すが、回転力と上昇力を得るのに腰の曲げ伸ばし反動を用いることによって区別されている。

頭はねおきや首はねおきが代表的な技であるが、はねてからひねって正面支持臥になるといった発展技もある。

1. 首はねおき

1 技の説明とポイント

後転から手を着いて腰を持ち上げ、腰をしっかりと曲げてはねる準備をする（②）。腰曲げから足を斜め前に投げ出して、手でマットを押し放す（③）。顔を起こして手でしっかりと押し放し、体を反らしてはねる（④）。体を反らしたまま立ち上がる（⑤）

技術ポイント
- 手だけでなく、腰の曲げ伸ばしではねることが大きな特徴である
- はねるときに足を前上方に向かってはねる

つまずきへの対応
- ●体の反りが出ない➡
  - 3.①〜③の練習で、空中で体を反らせる感覚をつかむ
- ●足がマットに着いた後に、後ろに転んでしまう➡
  - はねの方向をできるだけ前のほうにする
  - 足を斜め前上方に向けてはね、最後まで体を反らしておく

2 予備的な運動と場の工夫

❶首支持姿勢
- 手の向きに注意する
- 補助者は腰と膝を押さえて、顔の上に腰がくるようにする

❷首支持での腰の曲げ伸ばし
- 腰の曲げ伸ばしを使って、上に伸び上がる
- 補助をするときは腰と膝を押さえる

❸首支持姿勢からボール投げ
- ボールを足の間にはさみ、首支持から腰の伸ばしを使って、ボールを前上方に飛ばす

3 動き方をつくり出すための課題と場の工夫

❶2人の補助つきはねおき
- 2人の補助者は実施者の手首を持ち、はねに合わせて、手を引き上げてやる
- 実施者は体を反らせて立ち、補助者は実施者が立っても手を離さない

❷台上からのはねおき
- 台の上に手を着いて腰を持ち上げ、手の間に後頭部を着ける。腰を伸ばして、はねおきで立つ
- 補助をするときは肩と腰を支える

❸補助を利用して
- 肩が着くと同時に、体を曲げて反動をとり、はねる
- 補助者は腰と背中を支える

4 発展技および変形技

●前転から首はねおき
- しゃがみ立ちで手を着き、腰を持ち上げて、手の間に後頭部を着きにいく。このとき、足はマットの近くに残しておき、肩が着くと同時に、体を曲げて反動をとり、一気にはねる

2．頭はねおき

1 技の説明とポイント

しゃがみ立ちから手をマットに着ける（①）。手の前方に前頭部を着け、腰を持ち上げる。このとき、足はマットの近くに保持し、腰を曲げて足を低く保つ（②）。足の高さを変えずに腰を前方に移動させ、前上方に向かって一気にはねる（④）。

技術ポイント
▶ 腰の伸ばしと手の押し放しを同調させてはねる
▶ はね起きるためには、足は前上方に向かってはねる

つまずきへの対応

●体の反りが出ない➡
- 3.①〜③の練習で、空中で体を反らせる感覚をつかむ
- マットを見たまま、はねるようにする

●足がマットに着いた後に、後ろに転んでしまう➡
- はねの方向が前を向いていない
- 足を斜め上に向けてはねるようにする

第1節 マット運動　169

2 予備的な運動と場の工夫

❶頭支持姿勢をつくる
・腰を持ち上げて、足先をマットの近くに浮かせて止まる

❷頭倒立から腰の反動を使って倒立（補助つき）
・頭倒立から腰曲げ反動を使って倒立する
・補助者は実施者の足を持って援助する

3 動き方をつくり出すための課題と場の工夫

❶台上からの頭はねおき
・跳び箱の1段めなどを使い、その上から行う。下にはスポンジマットなどを置く
・補助者は背中と腰を支えて立たせる

❷マットを重ねて
・重ねたマットの上から行う

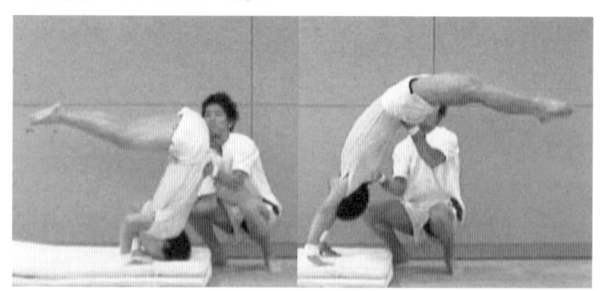

❸補助を利用して
・補助者は腰と背中を支える

4 発展技および変形技

●頭はね1/2ひねり正面支持臥
・足を上に向かってはね、マットを見たまま一気に1/2ひねって正面支持臥になる

7 倒立回転跳びグループの学習

　倒立回転跳びグループの技はほん転技群に属する。このグループの技の特徴は、腕によるジャンプ力が技の出来栄えに大きく影響するということである。

　このグループの代表的な技は、前方倒立回転跳びと後方倒立回転跳びである。これらは倒立回転と経過が似ているが、回転の最中に空中局面を示すことによって区別される。技の出来栄えは空中局面の姿勢や雄大さが重要である。

1．前方倒立回転跳び

1 技の説明とポイント

両手を上げながら斜め上にポップし（①）、足を勢いよく振り上げながら着手（③）。手でマットを突き放して体を反らす（⑤）。空中で体を反らして伸身のポーズをとり（⑥）、膝を軽く曲げながら柔らかく着地する（⑦）

技術ポイント
▶着手時に力強い足の振り上げと手の突き放し（手ジャンプ）で前方への回転力をつくる
▶空中で体を大きく反らして、高く浮くようにする

つまずきへの対応
●反った姿勢を空中でとることができない➡
・3.②の練習で、空中で体を反らす練習を行う
・足の振り上げを勢いよくする

2 予備的な運動と場の工夫

❶ばんざいスキップ
・手は下から振り上げ、両手を高く上げながら斜め前にジャンプし、足の前後を入れ替えて着地する。これを連続して行う

❷斜め倒立（補助つき）でジャンプ
・補助者は足首を高く持ち上げる
・足を高く上げた状態で、肘を曲げ伸ばしてジャンプする

❸足を振り上げて体を反らす
・後ろ足を勢いよく振り上げながら前の足でマットを蹴り、マットを見た状態のまま腰を大きく反らす
・補助者はももをしっかりと受け止めて押し返す

3 動き方をつくり出すための課題と場の工夫

❶勢いよく振り上げ倒立をして前に倒れる（スポンジマット利用）
・体を反らせて勢いよくマットに倒れる
・スポンジマットを使用する

❷台を利用して
・台の上から前転跳びを行う。下にスポンジマットを使う
・補助者は背中を支えて立たせる

❸2人組手つなぎ補助を利用して
・2人の補助者は互いの手を握って腰ぐらいの高さに構え、手をつないだままで背中を押し上げる

❹踏切板の利用
・踏切板の上にマットを敷き、その上に着手して行う

4 発展技および変形技

●片手前方倒立回転跳び
・足の振り上げを強くして、片手だけ着手して行う

2．側方倒立回転跳び 1/4 ひねり（ロンダート）

1 技の説明とポイント

両手を上げてポップし（①）、片足を振り上げながら、マットに片手ずつ着ける（④）。手を着きながら、体を反らしてひねる（⑤）。足をマットに向かって振り込みながら、両手でマットを押し放す（⑥）

技術ポイント
▶側方倒立回転を習得していることが前提になる
▶体を十分に反らせながらひねるようにする

つまずきへの対応
●着地場所が進行方向から外れてまっすぐにならない➡
・側方倒立回転で腰が曲がってしまうので、倒立位で体を反らしてからひねるようにする
●手が着いたまま、足が下りてくる➡
・足の振り込みと手の押し放しのタイミングを合わせて、しっかりマットを押し放す

2 予備的な運動と場の工夫

❶台に手を着いてはねおき立ち
・台に手を着いて倒立をし、肘と膝を軽く曲げ、体の反りの反動を利用して、手の押し放しと足の振り込みを行う

❷倒立からはねおき立ち
・倒立で肘と膝を軽く曲げ、体の反りの反動を利用して手の押し放しと足の振り込みを行う

❸側方倒立回転 1/4 ひねり
・側方倒立回転での倒立の状態から、体を 1/4 ひねり両足をそろえて下ろす

3 動き方をつくり出すための課題と場の工夫

❶ホップから側方倒立回転 1/4 ひねり
・2〜3歩助走からホップして、後ろ足を振り上げながら片手ずつ手を着き、側方倒立回転で腰を大きく反らせて、足が下りる前に 1/4 ひねって立つ

❷台上からロンダート
・台上で側方倒立回転で 1/4 ひねって、足を振り下ろしながら手で台を押し放す

4 発展技および変形技

●ロンダートから伸身ジャンプ
・マットを見てジャンプし、そのまま空中で伸身ポーズをつくり、膝を柔らかく曲げて着地する

3. 後方倒立回転跳び

1 技の説明とポイント

手を後ろから前を通して勢いよく振り上げ、後ろに大きくジャンプする（①〜③）。ジャンプしながら頭を起こして、後ろを見にいき（②）、空中で体を大きく反らせて、マットを見る（③）。手を着いたら足をマットへ振り込んで、手でマットを押し放す（⑥）

技術ポイント
▶ 手を勢いよく振り上げながら頭を起こし、体を反らせてジャンプする
▶ 補助を利用して練習する

つまずきへの対応
● 手を着いた後に肩が前へ出て、うまく手で押し放せない ➡
・後ろへ大きくジャンプする

2 予備的な運動と場の工夫

❶ 後方への回転に慣れる
・補助者は相手の手首を持ち、腰の上に相手を乗せて回転させ、手をマットに着かせる
・実施者は体を大きく反らせ、自分からマットを見にいく

❷ 台に手を着いて、はねおき立ち
・台に手を着いて倒立し、肘と膝を軽く曲げて体を反らし、その反動を利用して手の押し放しと足の振り込みを行う

❸ 倒立からはねおき立ち
・倒立から体の反りの反動を使ってはね起きる
・足がマットに着く前に、手をマットから放して立つようにする

❹ 後ろ跳びの練習
・背中ぐらいの高さに重ねたスポンジマットの上に、後ろへ大きく跳ぶ

❺補助をつけて後ろ跳び
・実施者に背中を支えてもらい、両手を振り上げながら、斜め後ろへ大きくジャンプする

❻後方倒立回転（補助つき）
・手を前から上に振り上げ、後方へ体をしっかりと反らして素早くマットを見る

3 動き方をつくり出すための課題と場の工夫

❶台上から補助を利用して
・後ろへ大きくはねながら体を反らす
・補助者は腰を支えて回転させる

❷ロープを使った補助法
・実施者の腰に柔道の帯やロープを結び、2人の補助者がロープを持って補助する

❸傾斜台を利用して
・傾斜の上から踏み切って行うことで後ろへジャンプしやすくする

第1節 マット運動

8 巧技系グループの学習

　巧技系には、片足でバランスをとる技、倒立、片足旋回、ジャンプ、柔軟性を示す技などがある。これらの技を回転系の技と連続して組み合わせたり、向きを変える前に取り入れたりすることによって、さまざまな演技を構成することができる。

1．片足平均立ち

1 技の説明とポイント

◆正面水平立ち

◆側方水平立ち

◆Y字バランス

（技術ポイント）
▶ 上体を前に倒し、片足を後ろに上げて水平にする
▶ 体を反らせると美しい。手は前か、横に上げる

（技術ポイント）
▶ 上体を横に倒し、片足を上げて水平にする
▶ 腰が曲がらないように注意する

（技術ポイント）
▶ 片足を手で持って横に保持し、もう一方の手を上げてY字型のポーズをつくる
▶ 上げた足と支え足をしっかりと伸ばす

（つまずきへの対応）　●きれいなポーズがつくれない➡
・友だちに補助してもらい、ポーズを直してもらう
・鏡を見て練習する

2 予備的な運動と場の工夫

❶手を横に開いて片足立ち
・手を横に保持し、片足を横に持ち上げてバランスをとって止まる（5秒を目安として）

❷上体を前に傾け、片足を後ろに上げて片足立ち
・体を前に45度くらい倒し、足を後ろに45度くらい持ち上げて止まる（5秒程度）

3 動き方をつくり出すための課題と場の工夫

❶壁に手を着いてポーズをつくる
・5秒を目安に行う

❷足を補助してもらって
・足の部分を支える

❸手を補助してもらって
・手を握ってあげる

❹2人で手をつないで
・向かい合って両手をつないだり、横に並んで片手をつないだりして行う

2．倒立

1 技の説明とポイント

《手の使い方》
・手先は前に向ける
・指を曲げて、指先でマットを押すように力を入れる

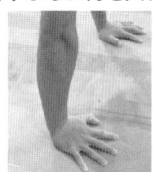

手をマットに着きながら、後ろの足を振り上げてマットを蹴る（②）。マットを見たまま、手で体をしっかりと支え（④）、体をまっすぐに伸ばす（⑥）

技術ポイント
▶ 倒立はさまざまな技の基礎となるので、ほん転技群の学習前に習得するようにする
▶ 倒立静止を練習する前に、倒立で歩く練習を行うとよい

つまずきへの対応
●足を振り上げることができない➡
・腰を反らすようにして、足を振り上げる
・倒立位になったときに前に転ぶのが恐いと感じると、力強く足を振り上げることができない。3.③を行い、前に倒れたときに前転する練習を行う

2 予備的な運動と場の工夫

❶カエルバランス
・肘を軽く曲げて体を支え、肘に膝を乗せてバランスをとる

❷首倒立
・腰を手で支えて、足を持ち上げて止まる
・さまざまなポーズをつくってみる

❸頭倒立
・両手と頭頂部が三角形の頂点となるようにマットに着いて倒立をする
・足を前後や左右に開いたポーズも行ってみる

❹前腕倒立
・前腕部で台形（手先を狭く）をつくり、指先に力を入れて前に倒れないようにする
・補助を用いて行う

第1節 マット運動　177

3 動き方をつくり出すための課題と場の工夫

❶支持して足たたき
・腰を持ち上げて、肩を伸ばして支え、足をたたく
・何回たたけるか挑戦する

❷手押し車から倒立
・補助者は実施者の足を肩に乗せてから立ち上がり、足を持ち上げて倒立させる

❸壁よじ登り倒立
・壁を足でよじ登って倒立する
・下りるときは前転して下りる

❹台を蹴っての補助倒立
・台を蹴ることによって、足の振り上げが楽になる
・補助者は足を支える

❺補助倒立
・補助者は手を出して構え、振り上げられた足をつかんで静止させる

4 発展技および変形技

●片手倒立
・壁に背を向けて倒立を行い、足を開いて片側に体を傾け、片手をゆっくりとマットから放して止まる。開いた足で壁を支えて行う

3．片足旋回・開脚入れ・開脚ジャンプ・ジャンプ1回ひねり

1 技の説明とポイント

◆片足旋回

片足を横に出して、両手はマットに着いて構える（①）。横の足は両手の下をくぐらせて回転させる（②）。両手に体重を乗せて、マットに着いていた足を持ち上げ、旋回している足をその下に通す（④）

技術ポイント
▶ 旋回する足はマットに触れないように回転させる
▶ スピードをつけて、連続して行えるようにする

◆開脚入れ

正面支持臥から軽く肘を曲げるとともに体を反り、その反動でマットを押し放してはねる（①）。はねると同時に、両足を左右に大きく開いて前に出し、足を閉じながら背面支持になる（②）。肘を軽く曲げて手で体を支える。肘をつっぱらないように注意する（③）

技術ポイント　▶ はねるときは足がマットに触れないようにする　▶ おしりをマットに着けずに背面支持になる

◆開脚ジャンプ

手を前から勢いよく振り上げてジャンプする（②）。ジャンプすると同時に足を開いて水平まで持ち上げ、上体を前に傾けてポーズをつくる（④）

技術ポイント
▶ 空中で開脚屈身ポーズをつくる。その際、膝やつま先を伸ばして行う
▶ 高く浮くことと、ポーズの美しさが大切になる

◆ジャンプ1回ひねり

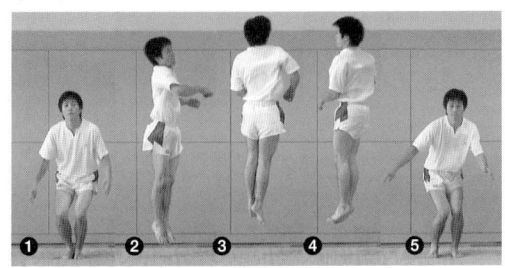

真上にジャンプして、空中で1回ひねる（②）。バランスをとって着地する（③）

技術ポイント
▶《顔の使い方》
・ひねる方向に顔を向けながらジャンプする（1回ひねり）
▶《手の使い方のバリエーション》
・腕もひねりに同調させる（1回ひねり以上）

9 組み合わせと演技構成の学習

マット運動では、技をいくつか組み合わせて連続して行うことができる。これは、一つひとつの技がある程度できることが前提になるが、技を組み合わせて練習することによって、さらに一つひとつの技がうまくなるという相乗効果も期待される。

演技を構成する際には、向きの変え方などにも工夫を凝らし、リズミカルに連続して行えるように構成する。

組み合わせや演技の練習では、一つひとつの技をていねいに行うこと、技のつなぎめをスムーズにつなげることなどに注意して行う。

1．技の組み合わせ（例）

❶前転－ジャンプ1回ひねり－伸膝前転

- 前転から立ち上がりながら、ジャンプ1回ひねりにつなげる
- ジャンプ1回ひねりから、膝を柔らかく曲げながら着地し、スムーズに伸膝前転につなげる

❷倒立前転－ジャンプ1/2回ひねり－後転倒立－側方倒立回転

- 倒立前転から立ち上がりながら、ジャンプにつなげる
- 後転倒立から片足ずつ下ろしてそのまま横を向き、側方倒立回転へと連続する

❸前方倒立回転跳び－前転－開脚ジャンプ－頭はねおき

- 前転跳びの着地は膝を柔らかく曲げながら行い、スムーズに前転へつなげる
- 開脚ジャンプから、手は前に構えたまま膝を柔らかく曲げながら着地し、その構えのまま頭はねおきに連続する

❹前転－開脚ジャンプ－側方倒立回転－頭はねおき

・開脚ジャンプから両足で着地し、片足を前に出しながら側方倒立回転へ連続する
・側方倒立回転から横向きで立ち、片方の足へもう一方の足を寄せながら向きを変え、頭はねおきへ連続する

２．演技発表

　ロングマットをまっすぐにつないで、その上で往復して演技を発表すると行いやすい。あるいは、マットを十文字に置いて行うなど、マットの置き方を工夫して行うのも楽しい。

①演技の例

◆演技例１
①倒立伸膝前転－側方倒立回転から片足踏み切り跳び前転－ジャンプ1/2ひねり－後転倒立－はねおき立ち
②助走から跳び前転（両足踏み切りでも片足踏み切りでもよい）－任意のバランス（２秒静止）
③助走－前転跳び

◆演技例２
①直立から伸膝前転－倒立開脚前転－両足をそろえて立つ－側方倒立回転－後転倒立
②助走から跳び前転（両足踏み切りでも片足踏み切りでもよい）－任意のバランス（２秒静止）
③助走－前転跳び

◆演技例３
①倒立開脚前転－両足をそろえて立つ－側方倒立回転－伸膝後転
②助走から跳び前転（両足踏み切りでも片足踏み切りでもよい）－任意のバランス（２秒静止）
③助走－前転跳び、あるいはロンダート（どちらかを選択）

②グループ演技発表

　何人かの演技者が技をシンクロさせて行ったり連続して行ったりして、楽しい内容を工夫して発表させる。このとき、マットの置き方を工夫し、跳び箱などの要素（馬跳びなど）を演技に取り入れたり、前転跳びや開脚ジャンプを補助つきで行う、バランスは何人かが手をつないで行うといった、生徒が協力し合って行う内容を盛り込んだりすると、より一層楽しい演技発表になる。

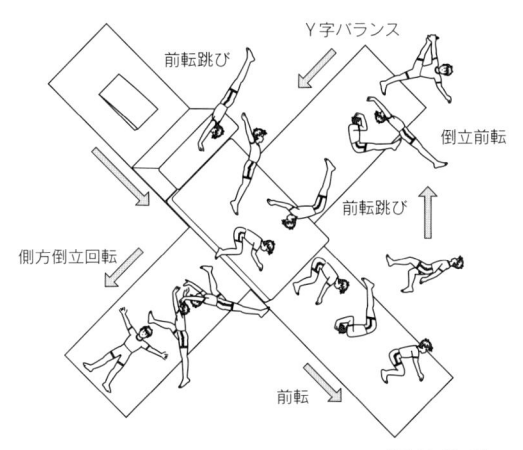

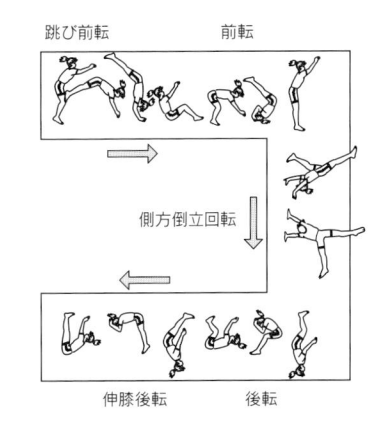

［図Ⅱ-3-2］マットの置き方の工夫例

第2節
鉄棒運動

1 鉄棒運動の特性と技の体系

　器械運動の鉄棒は、腕で体を支える、さまざまな体勢でぶら下がる、鉄棒を軸にして体を回転させるなど、日常生活では経験できない動きや技が他の種目に比べて多い。鉄棒運動はいろいろな技を自己の能力に応じて選択し、習得していくことを目標にして行われる。また、いくつかの技ができるようになってくると、上がる－回る－下りるというように、組み合わせを工夫して行ったり、演技をつくって発表したりするなどの楽しみ方ができる。

　鉄棒運動の技は、技の開始局面と終末局面の体勢から見ると、支持から懸垂へ、支持から支持へ、懸垂から懸垂へ、懸垂から支持への運動構造をもった技によって構成されており、支持系グループと懸垂系グループに大きく分けられる。

①支持系グループ

　支持系の技は、前方または後方に回転するのか、または足をかけて回転するのかによって、①後方支持回転グループ、②前方支持回転グループ、③足かけ回転グループに分けられる。

　それぞれの技は図Ⅱ-3-3に示したように整理することができる。

②懸垂系グループ

　鉄棒にぶら下がった体勢で懸垂振動を行う懸垂系の技は、前後振動からのひねりや握りの持ち換え、または、下り技や振り上がり技などへの発展方向がある（図Ⅱ-3-4）。

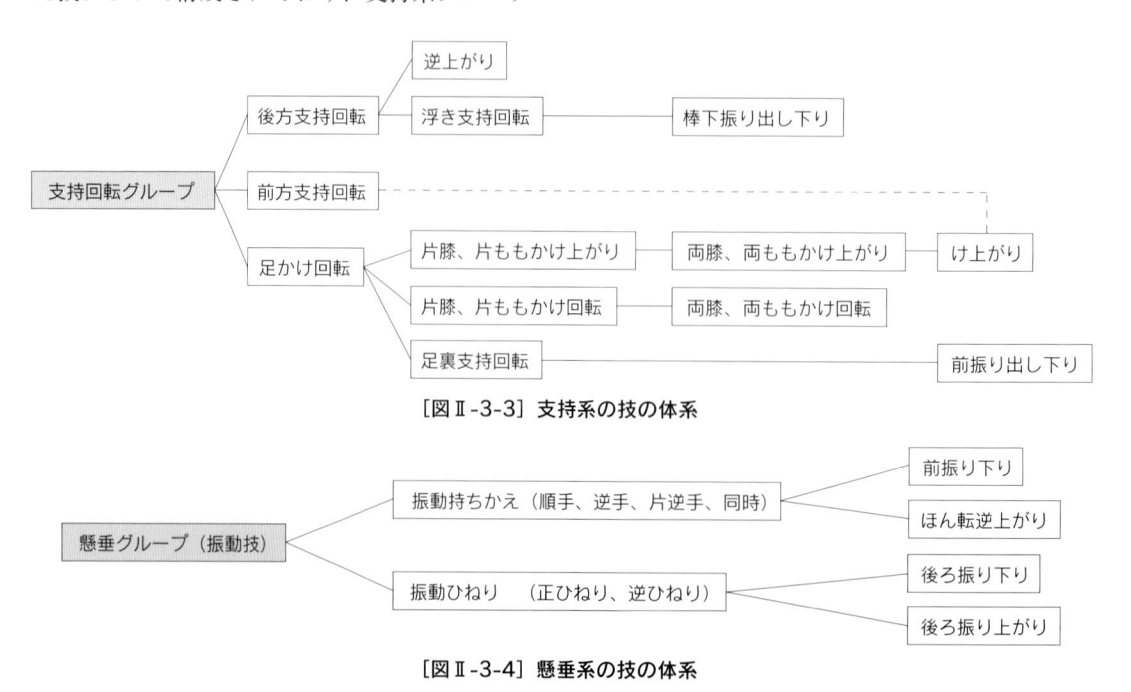

[図Ⅱ-3-3] 支持系の技の体系

[図Ⅱ-3-4] 懸垂系の技の体系

2 鉄棒運動の予備的運動と体ほぐしの運動

鉄棒の技を習得していく前提として、懸垂力、支持力、バランス力、回転感覚、姿勢保持能力などを高めておく必要がある。

以下、下り技、上がり技、回転技と分けて、予備的運動と体ほぐしの運動を示しておく。

①下り技の予備的運動と体ほぐしの運動

●前回り下り
・回転感覚をつけるために、支持からの前回り下りを行う

●後ろ回り下り
・鉄棒に腰かけた体勢から後ろ回り下りを行う

●横飛び越し
・跳び越し下りの感覚づくりとして、跳び箱や人を利用して横跳び越しを行う

②上がり技の予備的運動と体ほぐしの運動

●鉄棒への跳びつき
・鉄棒を下に押さえる感覚づくりとして、胸や頭の高さぐらいの鉄棒に跳びつく

●ぶら下がり
・懸垂力の予備的運動として、ぶら下がって移動したり、肘を曲げてこらえてみる

●足じゃんけん
・支持力を高める運動として、足じゃんけんを行う

③回転技の予備的運動と体ほぐしの運動

●足抜き後ろ回り（上）、足抜き前回り
・前や後ろの回転感覚づくりとして、足抜き後ろ回り、前回りを行う

●足や腹をかけたぶら下がり
・回転技の途中経過を意識するために、足や腹を鉄棒にかけてぶら下がる

3 後方支持回転グループの学習

　後方支持回転グループの運動は、正面支持姿勢を基本姿勢にして後方に1回転する運動である。しかし、逆上がりのように開始姿勢が懸垂姿勢や踏み切りから後方回転し、支持にもち込む場合もある。また、棒下振り出しのように開始姿勢が支持姿勢であるが回転途中に足を前方に振り出して下りる技などもこのグループに入る。

1．支持からの後ろ跳び下り

1 技の説明とポイント

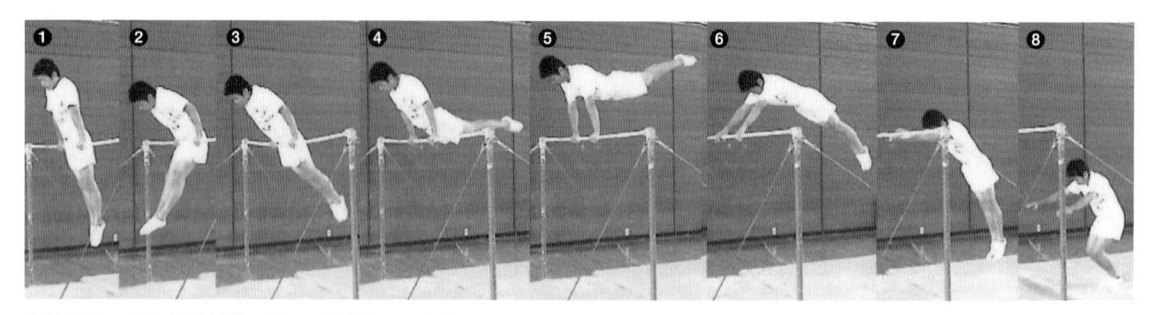

支持姿勢で足を軽く前後に振り（①②）、足を斜め後ろに強く振り上げながら手で鉄棒を押す（④⑤）。手で鉄棒を突き放し、跳び下りる（⑥⑦）。両足でしっかりと着地する（⑧）

技術ポイント
- ▶ 支持振動でタイミングをとる
- ▶ 足の後方への振り上げと同時に、親指のつけ根あたりで鉄棒を突き放す

つまずきへの対応
- ● 肘が曲がって、鉄棒の近くに下りてしまう➡
  - ・支持で移動したり、軽く横に跳んだりしながら手の支えを練習する
- ● 突き放しが早く、下りたときに床に手をついてしまう➡
  - ・足が振り上げから下がってきたら突き放す

2 予備的な運動と場の工夫

❶足たたき
・足をたたいたり振ったりする

❷足踏み
・自転車をこぐように足を回す

❸お腹で支える
・片手や両手を離してみる

❹支持振動
・足の振りをだんだんと大きくする

3 動き方をつくり出すための課題と場の工夫

●ゴムひもを跳び越す
・後ろに跳び下りるときに、手の突き放しで、手をたたいたり、ゴムひもを跳び越したり、マット上につけた印の上に着地する

4 発展技および変形技

❶後ろ跳びひねり下り

❷後ろ跳び1回ひねり下り

スムーズに行えるようになると半ひねりや1回ひねりへの発展が考えられる。
その際、軸手の押しとひねりのタイミングを合わせることが大切になる

2．逆上がり

1 技の説明とポイント

足を斜め前に踏み込み（①②）、鉄棒に胸を引きつけながら足を振り上げ（③）、肩を倒して体を回転させる（④⑤）。
腹部が鉄棒にかかった後、背中から上昇して支持姿勢になる（⑥〜⑧）

技術ポイント
▶ 足を振り上げるときにはあごを締め、足のつけ根あたりを鉄棒にもってくるように振り上げる
▶ 起き上がるときは、頭の起こしと手首の返しを合わせる

つまずきへの対応
● 体が反ってしまう➡
・鉄棒の手の間のところにパッドなどを置いて、ももの付け根あたりをぶつけるように行う
・あごを引き、足の振り上げ方向を意識させる
● 脇が開いて、体が回転しない➡
・低い鉄棒や補助台、あるいは補助を利用して回転感覚を養う練習をする

2 予備的な運動と場の工夫

❶脇を締める
・懸垂体勢でこらえる練習をする

❷足抜き回り
・足抜き回りにより後方回転の感覚を身につける

❸後方への回転感覚
・肩回転の感覚づくりのために、柔道帯を片ももにひっかけてスイングする

3 動き方をつくり出すための課題と場の工夫

❶前回り下り
・前回り下りをゆっくり行うことで、逆方向からの逆上がりの感覚づくりをする

❷支持になる感覚
・腹かけ懸垂から支持に起き上がる
・手首を返すことを意識する

❸補助台や補助を利用して
・足の振り上げを行いやすくするために、跳び箱や踏切板を利用して行う
・補助は、膝の裏側と腰のあたりに手を添えて行う

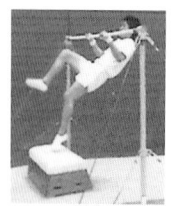

4 発展技および変形技

❶反動逆上がり

❷両足踏み切り逆上がり

踏み込み逆上がりから、反動逆上がり、両足踏み切り逆上がり、懸垂逆上がりへの発展がある。
また、手の握り方を変化させることによるバリエーションが考えられる

3．後方支持回転

1 技の説明とポイント

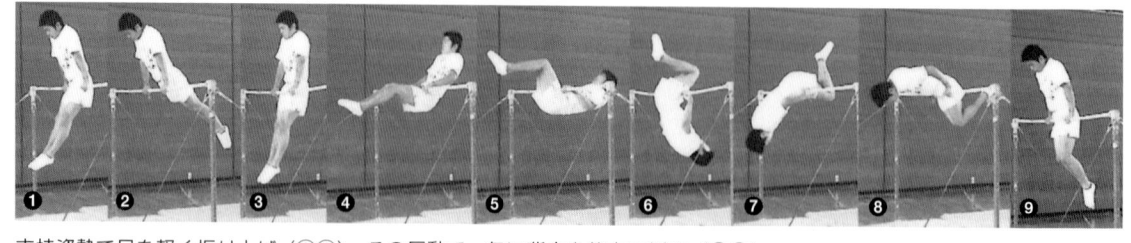

支持姿勢で足を軽く振り上げ（①②）、その反動で一気に背中を後方に倒す（④⑤）。
上昇時は手首を返し、背中から上がるように上体を起こす（⑦〜⑨）

技術ポイント
▶ 足の振り込みに合わせて、背中を後方に倒す
▶ 支持から後ろに倒れるときに早くから腰を曲げない
▶ 回転中は足のつけ根付近を鉄棒から離さないように行う

つまずきへの対応
● 鉄棒から体が離れてしまう➡
・脇を締めながら背中を倒し、鉄棒をももから離さないように最後まで振り込む
● 支持になるとき、手首が返らない➡
・腹かけ懸垂からの起き上がりや、逆上がりを素早く行う練習をする

2 予備的な運動と場の工夫

❶腹かけ懸垂からの起き上がり
・支持姿勢から前に倒れ、その反動で起き上がる

❷後方ダルマ回り
・ダルマ後転を行うことで、後方回転の感覚を身につける

3 動き方をつくり出すための課題と場の工夫

●補助具や補助を利用して
・柔道帯やロープなどを利用する
・補助は実施者のももの裏側と背中に手を添えて行う

4 発展技および変形技

❶後方伸身支持回転

❷後方浮き支持回転（ともえ）

後方支持回転は、屈膝から伸膝、または鉄棒に触れないで行う「ともえ」への発展や、連続する方向がある

4. 棒下振り出し下り

1 技の説明とポイント

支持振動から足首を鉄棒の近くに引き寄せながら、背中を斜め下に倒す（①〜③）。肩の回転に合わせて、足先を斜め上方に振り込む（④⑤）。腰を伸ばしながら手を放し、前を見て着地する（⑦⑧）

技術ポイント
- ▶ 体を倒すときに鉄棒から足が離れないようにする
- ▶ 鉄棒から遠くへ跳ぶように脇を一気に開き、バーを後方に押し放す

つまずきへの対応
- ●前に跳び出せず、すぐに下に落ちてしまう➡
  - ・ゴムひもなどを跳び越させる
  - ・マット上に印をつけ、足の投げ出す場所を意識させる
- ●手が放せない➡
  - ・低い鉄棒、スポンジマット、補助などを利用して行う
  - ・胸を前に突き出す練習を行う

2 予備的な運動と場の工夫

❶胸を前に突き出す感覚づくり〈1〉
- ・鉄棒の下を歩いてから、胸を前に突き出す

❷胸を前に突き出す感覚づくり〈2〉
- ・鉄棒の前に両足をそろえ、ぶら下がった体勢から一気に胸を前に突き出す

3 動き方をつくり出すための課題と場の工夫

●跳び箱を利用し、やりやすい体勢から振り出し下り
- ・腰や胸の高さぐらいに鉄棒の高さを設定して、片足または両足踏み切りから鉄棒に足首を引き寄せて行ってみる

4 発展技および変形技

❶棒下振り出しひねり下り

❷足裏支持回転前振り出し下り（ヒコーキ跳び）

振り出しのタイミングが合ってくると、ひねり技へ、またはヒコーキ跳びへの発展がある

4 前方支持回転グループの学習

　前方支持回転グループの運動は、正面支持姿勢を基本として前方に1回転する運動であるが、け上がりのように開始姿勢が懸垂姿勢や踏み切りから前方回転して支持にもち込む技もある。また、転向前下りや踏み越し下りのような、前方向に下りる技もこのグループの中に含めている。

1. 前方支持回転

1 技の説明とポイント

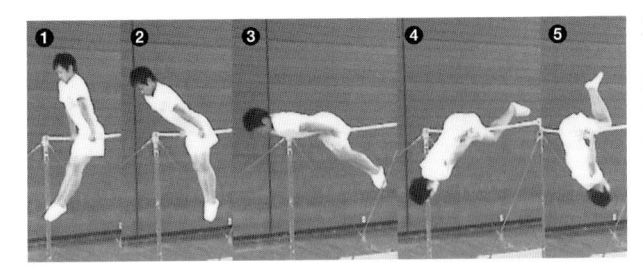

支持姿勢から真下を過ぎるまで胸を張り、遠くへ倒れるように振り下ろす（①〜③）。真下では腰を曲げて、腰でぶら下がるようにする（④⑤）。上昇局面では鉄棒をはさむようにしてアクセントをかけ、手首を返す（⑥〜⑧）

技術ポイント
▶ 開始姿勢のとき、鉄棒を下に押す
▶ 上がるときはあごを締めておく

つまずきへの対応
● 倒れるときに背中が丸くなってしまう➡
・あごを前に突き出すようにする
・マットの前のほうに印をつけて、それを見るようにして、頭を早く前屈させない
● 鉄棒から腰が離れてしまう➡
・回転にはいるとき、腰を少し軽く曲げておく
・真下の体勢から鉄棒をはさむように行う

2 予備的な運動と場の工夫

❶跳び上がりによる手首の返し
・手首を返す感覚づくりのためにジャンプして支持になる

❷前回り下り
・前回り下りを行う

❸前方ダルマ回り
・ダルマ前転で回転感覚を身につける

3 動き方をつくり出すための課題と場の工夫

● 補助具や補助を利用して
・柔道の帯やロープ、またはパットを利用する
・補助は腰のあたりを最後まで押さえるようにする

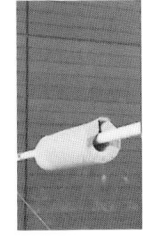

4 発展技および変形技

①前方伸膝支持回転

②前方支持回転で順手から逆手に持ち換える

屈膝での前方支持回転がスムーズになると、連続する、握りを変化させる、手の持ち換えを行う、伸膝で行うなどの発展方向がある

2．け上がり

1 技の説明とポイント

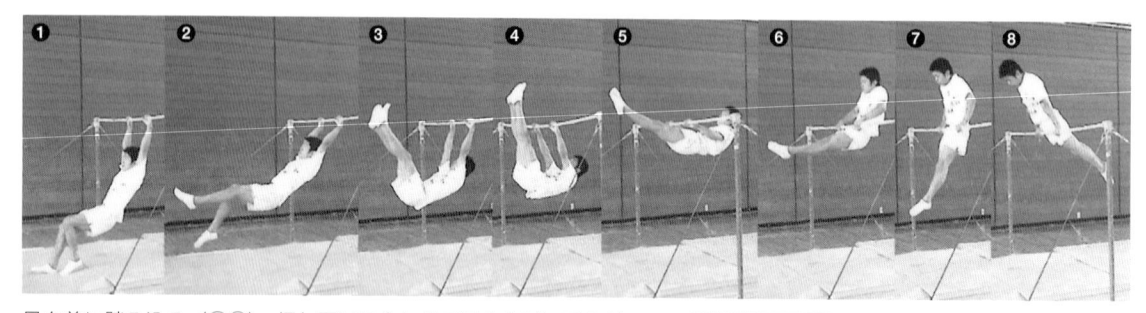

足を前に踏み込み（①②）、振れ戻りに合わせて腰を曲げ、足を鉄棒に引き寄せる（③④）。上昇局面では体の前面から鉄棒を離さないようにして脇を締め、鉄棒を下に押さえる（⑤）。上体を前に乗り出しながら、最後は手首を返す（⑥⑦）。

技術ポイント
▶足を引き寄せるときは、足首からすねのあたりを鉄棒にぶつけるように行う
▶上昇局面では体をなるべく反らないようにする

つまずきへの対応

●上がるときに肘が曲がってしまう➡
・前振りのとき、肩角度を十分に開いて振る
・振れ戻るときに、鉄棒をももにぶつけるように行う

●体が反ってしまう➡
・補助者が膝の裏と背中を押さえて上方に持ち上げる
・蹴る意識を強くしないで、最後まで背中を丸くしておく

2 予備的な運動と場の工夫

①肩角度をせばめて支持
・一度懸垂体勢になってから、一気に跳び上がる

②片足踏み切り支持
・低い鉄棒にして、片足踏み切り支持を行う

③棒を用いて、肩角をせばめる感じ
・棒を用いて鉄棒を押さえ、支持になる感じをつかむ

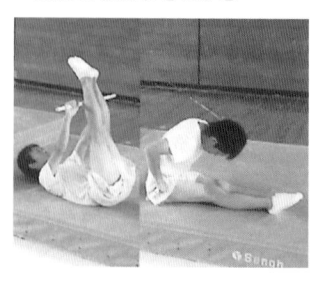

3 動き方をつくり出すための課題と場の工夫

❶足かけ上がり
・け上がりの感覚と似ている足かけ上がり技を行う

❷補助具や補助を利用して
・柔道の帯やロープを利用して、片足にひっかけて行う
・補助は膝の裏と背中を支えて行う

4 発展技および変形技

❶懸垂振動からけ上がり

・振動の大きさを変化させる
・懸垂から行う
・支持から懸垂になって行う（短振け上がり）
・握りを変化させるなどの発展方向がある

❷短振け上がり

3．転向前下り・踏み越し下り

1 技の説明とポイント

◆転向前下り

鉄棒の上に片足を乗せ、バランスをとりながら足を前に出す（①〜③）。軸手は逆手で持ち換え、足のはね上げと同時に鉄棒を押し（④〜⑥）、横向きに下りる（⑦）

技術ポイント
▶ もものつけ根付近で支えると、バランスがとれる
▶ 放した手は横に上げる

第2節 鉄棒運動　191

◆踏み越し下り

片逆手で順手側の鉄棒の上に片足を乗せ（②）、前に乗り出すようにして腰を引き上げ、後ろ足を前に出す（④⑤）。手は鉄棒を長く押しながら、横向きに下りる（⑦⑧）

技術ポイント
▶ 片足を握りの近くに乗せる
▶ 鉄棒を越すときは足を素早く抜く

つまずきへの対応
● 片手や片足支持になれない➡
・跳び箱や平均台の上などで感覚をつけてから行う
● 腰が引けてしまう➡
・補助者が腕を持って、バランスがとれるようにする

2 予備的な運動と場の工夫

❶足入れ座り
・支持から足を入れ、鉄棒に座る

❷手を使わずに、足入れ座り
・バランスをとって手を離す

❸足入れから向き換え
・正面支持から片方の足を前に出し、ひねってから反対の足を後ろに回して正面支持

・背面支持から片方の足を後ろに回し、ひねりながら反対の足を前に出して背面支持

3 動き方をつくり出すための課題と場の工夫

❶鉄棒の上に足を置く
・鉄棒に足を乗せる

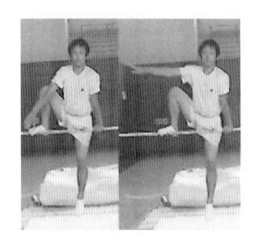

❷前跳び下り
・平均台や跳び箱などで転向下りの感じをつかむ
・前に跳び下りる

❸跳び箱や補助を利用して
・跳び箱を利用して跳び越し下りの感じをつかむ
・補助は手首や肘のあたりを支えて行う

4 発展技および変形技

❶跳び越し下り

❷開脚跳び越し下り

踏み越し下りがスムーズになってきたら、一気に鉄棒を跳び越してみる

5 足かけ回転グループの学習

足かけ回転グループの運動は、足をかけた逆懸垂姿勢、踏み込み振動、懸垂振動から行われる足かけ上がり技と、片膝かけ、両膝かけ、足裏支持姿勢での足かけ回転技に大きく分けられる。これらの技は握りを変えたり、足をかける位置、姿勢（中かけ、外かけ、大外かけ、開脚、閉脚）を変えたりすることで多彩なバリエーションが生み出される。

1. 膝かけ上がり、ももかけ上がり

1 技の説明とポイント

足を前に踏み込み（①②）、触れ戻りに合わせて片足を一気に膝のところまで入れる（③④）。上昇局面では鉄棒と膝をしっかりとかけ、脇を締め、手首を返し、鉄棒を下に押さえて上がる（⑤〜⑦）

技術ポイント
▶ 前振りから足入れは一気に行う
▶ 上がるときに膝の裏で鉄棒をはさむようにする

つまずきへの対応
● 大きく振れない➡
・肩を遠くに回すように、補助者に振動を助けてもらう
● 支持になれない➡
・肘を曲げながら脇を締め、手首を返す
・鉄棒をはさんでいる膝は上がるときに合わせて強く曲げるようにする

2 予備的な運動と場の工夫

❶支持になる感覚
・片足で蹴って支持になる

❷膝かけ振動
・膝かけ振動により体の回転感覚をつける

❸膝かけ振動上がり
・膝かけ振動から支持になる

第2節 鉄棒運動

3 動き方をつくり出すための課題と場の工夫

●補助具や補助を利用して
・補助パットなどを利用する
・補助は膝の裏と背中を押さえて行う

4 発展技および変形技

●ももかけ上がり
スムーズな足の入れができてくると、一気にももの裏（つけ根）まで足を入れて上がる実施への発展がある。また、片足を握り手の外側にかけるなどの工夫もできる

2．膝かけ回転、ももかけ回転

1 技の説明とポイント

◆前方膝かけ回転

逆手でしっかりと支え、上体は前のほうに向かって遠くへ振り下ろす（①〜④）。上昇局面では膝をしっかりと鉄棒にかけ、上体は前に乗り出し、手首を返す（⑥〜⑧）

技術ポイント
▶上がるとき、膝の裏で鉄棒をはさむように行う
▶逆手で行う

◆後方膝かけ回転

背中を斜め下方向に倒す（②③）。真下でしっかりと肩を回転させ、鉄棒にかけていない足を鉄棒の上に回す（④⑤）。上昇局面では腰や背中から上がり（⑥⑦）、手首を返して鉄棒を下に押さえる（⑧）

技術ポイント
▶なるべく背中を遠くに振り下ろす
▶支持になる前に体を反らない

つまずきへの対応
- ●前方回転で上がるとき、足が開きすぎて上がれない➡
  - ・伸ばしている足を曲げている足首にひっかけて行ってみる
- ●後ろに上がるとき、スムーズに上がれない➡
  - ・伸ばしている足のももあたりを鉄棒から放さないようにする
  - ・手首を返して、上体を起こす

2 予備的な運動と場の工夫

❶膝かけ振動
・膝かけ振動により回転感覚を身につける

❷膝かけ支持から前方に回転振動
・足かけ支持姿勢から前に倒れる

❸膝かけ支持から後方に回転振動
・足かけ支持姿勢から後ろに倒れる

3 動き方をつくり出すための課題と場の工夫

❶補助具を利用して
・補助パットなどを利用する
（P 189 参照）

❷補助を利用して
・補助は膝の裏と背中を押さえ、支持になるときに膝の上や腕（前方回転時）、肩（後方回転時）を押さえて行う

4 発展技および変形技

❶前方ももかけ回転

❷後方ももかけ回転

前方も後方も片膝かけからももかけ回転へ、また、それらの技を連続する発展方向がある。一般的には前方回転は逆手、後方回転は順手が行いやすい

第2節 鉄棒運動　195

6 懸垂系グループの学習

懸垂系グループの運動は、前後の懸垂振動からの手の持ち換え、または、ひねりと持ち換えを伴った振りの形態に分けられる。また、その中では、順手、逆手、片逆手、大逆手、正ひねり、逆ひねりの実施により細分化される。さらに、懸垂系の技は、支持回転系の技との接点をもつ技もあり、多彩な組み合わせに発展することも考えられる。

1．握り方

◆握り方

順手　　　逆手　　　片逆手

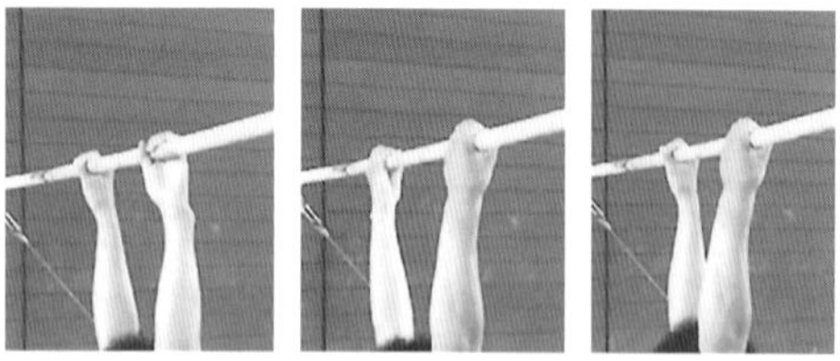

◆懸垂振動の場合

前振り局面　　　後ろ振り局面

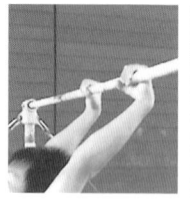

技術ポイント
▶ 前振り局面（順手）および後ろ振り局面（逆手）では、手首を曲げて鉄棒を深く握ることが大切である

2．懸垂振動

1 技の説明とポイント

◆懸垂振動

前への振り下ろしでは、腰を軽く曲げて足先を先行させ（①）、真下に至るまで徐々に体を反らせて、肩を脱力させる（②）。前振りでは足先を先行させ（③④）、後ろへの振り下ろしでは背中を先行させる（⑤⑥）。足を振り上げるとともに、肩を真上に引き上げる（⑧）

技術ポイント
▶ 前振りでは握りを深くしておく
▶ 後ろ振りでは肩の引き上げと同時に、握り換えて深く握り直す

◆懸垂振動でひねり

前への振り下ろしで真下を通りすぎたあたりからひねりに入る（①～③）。片逆手で前に振り（⑤）、足が一番前に振り上がったときに逆手に持ち換える（⑥）。後ろ振りでは肩を上に引き上げ、順手に持ち換える（⑧⑨）

技術ポイント
▶ひねるとき、軸手の握りは深くしておく
▶片逆手から逆手への持ち換えは素早く行う

つまずきへの対応
●後ろに振ったときに跳びそうになる➡
・前振りのときに、手首を曲げて鉄棒を深く握っておく
・真下を過ぎたら、肩を真上に引き上げる
●うまくひねることができない➡
・足先からひねる感じで行う

2 予備的な運動と場の工夫

❶懸垂姿勢
・片手でぶら下がる

❷反動による手の握り換え
・反動をつける
・手を持ち換える

❸ひねりの感覚づくり
・鉄棒の下を歩きながら、胸を張り出しながらひねりを行う

3 動き方をつくり出すための課題と場の工夫

●跳び箱の上から前後に懸垂振動
・跳び箱など台の上から鉄棒に跳びつき、1回振って下りる

3．前振り下り・後ろ振り下り

1 技の説明とポイント

◆前振り下り

振り下ろしから足先を斜め上方に振り上げる（①〜④）。その後、足を下に押さえるようにして、一気に胸を突き出して体を反り、手を後ろに押し放す（⑤⑥）。前を見て着地する（⑧⑨）

技術ポイント
▶胸を前に突き出し、体をしっかり反らして、前方に出るように行う
▶手を放すときは、親指で鉄棒をはじくように行う

第 2 節 鉄棒運動　197

◆後ろ振り下り

前方にスイングし（①②）、後ろ振りから肩を素早く上げ（③〜⑦）、鉄棒を押し離し、着地姿勢をとる（⑧〜⑩）

技術ポイント
- 前へのスイングのときは、握りを深くしておく
- 下りるときは肩を引き上げて、体がまっすぐに立ってから手を離す

つまずきへの対応
- 胸をあてようとしてもできない➡
  ・足先を振り上げるときに、腰を大きく曲げてから一気に足を下げてみる
- 後ろ振り下りで後ろに跳んでしまう➡
  ・手を離すときに、顔が鉄棒の上に出てから離すようにする

2 予備的な運動と場の工夫

❶ぶら下がりによる感覚づくり
・ぶら下がって、腰を曲げたり反ったりする

❷胸を前に突き出す
・下りの感じをつかむために胸を前へ突き出す

❸肩の引き上げ
・後ろ振りから横に移動したり、肩の引き上げで手をたたいたりする

3 動き方をつくり出すための課題と場の工夫

●足を前後に振ってから前への跳び下り
・体が後ろに反った反動を利用して足を引き上げ、前に跳び下りる

4 発展技および変形技

❶ほん転逆上がり

❷後ろ振り上がり

懸垂振動からの後ろ振りでは振り上がり支持へ、前振りではほん転逆上がりへの発展がある。
その他にも手の持ち換えやひねりなどのさまざまなバリエーションが考えられる

7　組み合わせと演技構成の学習

　鉄棒の組み合わせを考える場合、上がり技、中の技（回転技）、下り技ととらえるのが一般である。図Ⅱ-3-5にはこれまで取り上げてきた技を分けてみた。ここでは、さまざまな組み合わせのパターンが可能となる。

　また、図Ⅱ-3-6に示したように各技の実施方向、姿勢、握り方、足のかけ方などにより、多くのバリエーションが考えられる。

　以下、一般的な組み合わせの例をいくつか提示してみることにする。

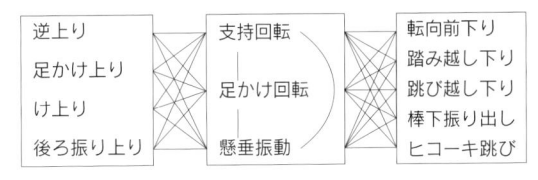

[図Ⅱ-3-5] 鉄棒の技の組み合わせ

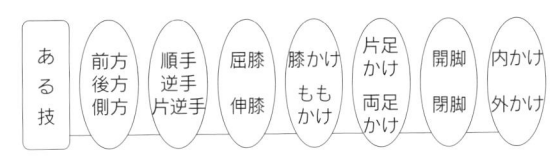

[図Ⅱ-3-6] 技のバリエーション

1．逆上がりからの組み合わせ

❶踏み込み逆上がり－後方支持回転－後ろ跳び下り

後方支持回転後の組み合わせの部分は、1回の支持振動で後ろ跳び下りにつなげられるとよい

❷両足踏み切り逆上がり－前方支持回転－踏み越し下り

逆上がりの後、すぐに胸を張り、鉄棒を押す。踏み越し下りの前は肩を前に乗り出し、腰を引き上げる

2. 足かけ上がりからの組み合わせ

❶後方膝かけ上がり－後方膝かけ回転－後ろ跳びひねり下り

膝かけ上がりから後方回転に移るときは、なるべく止まらないように行う

❷前方膝かけ上がり－前方ももかけ回転（逆手）－転向前下り

足かけ上がりの支持になる直前に手を持ち換える。転向前下りの前は手首を返しておくことが大切である

3. け上がりからの組み合わせ

❶け上がり－後方支持回転－棒下振り出し下り

け上がりで上がりながら足を後方に振る。後方支持回転の後半では、多少体を反らせる感じの支持体勢を意識する

❷け上がり－前方支持回転－跳び越し下り

け上がり後の体勢を立て直し、前方支持回転の後半は、上体を先行させ、跳び越し下りの準備のために足は前に残しておく

4．懸垂振動からの組み合わせ

❶ほん転逆上がり－短振け上がり－前方支持回転－ヒコーキ跳び下り

ほん転逆上がりでは、真下の体の反りから一気に腰を鉄棒につけるように行う。短振け上がりでは、懸垂に下ろすときに屈身姿勢を維持しておく。前方支持回転後半は、止まらずに足裏支持体勢に移行する

❷後ろ振り上がり－後方支持回転（ともえ）－懸垂振動け上がり－跳び越し下り

後ろ振り上がりでは上昇時の脇の締めを強調する。後方支持回転からすぐに懸垂になる。け上がりは、跳び越し下りにつなぐために足を前に残しておく

第3節
平均台運動

1 平均台運動の特性と技の体系

　学校体育で行われる平均台運動は、「運動遊び」の中で平衡感覚を養うための教材としても扱われるが、「器械運動」においては、個々の動きが単なるバランス保持をめざすものではなく、その動きの質が常に評価の対象になるということを念頭においておく。これらのことは平均台運動を始めたばかりの初歩の段階では混同されやすい。

　しかし、「運動遊び」と「器械運動」の違いは、目標とする動きが技として成立するか、またその理想とされる動き方はどのようなものかといった視点の有無によって区別することができる。

　平均台運動の特性は、平均台の「幅」「長さ」「高さ」によって運動空間が制限されているということである。すでに前項（第2章第1節参照）でも述べたとおり、特に「幅」は物理的に、「高さ」は心理的にバランスをくずしやすくする。そのため、平均台運動の練習では、「幅」や「高さ」に制限されるという特殊な運動空間の条件に見合った動き方を身につけることが主な目的となる。

　また、ここで示した平均台運動の技の体系は、比較的バランスのとりやすいものからバランスのとりにくいものへと順に並べられている。平地における歩行動作の平均台運動への変化形態（歩・

```
歩・走グループ
   ↓
ポーズグループ
   ↓
ターングループ
   ↓
跳躍グループ
   ↓
接転グループ
   ↓
倒立回転グループ
```

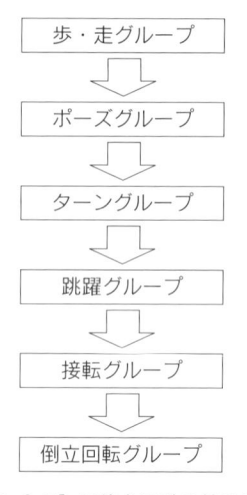

［図Ⅱ-3-7］平均台運動の技の体系

走グループ）から始まり、静止した状態でバランスをとるというポーズグループ、そしてポーズグループにおけるバランス保持技術を基礎として方向転換を試みるターングループへと発展していく。また、空中局面を伴う跳躍グループ、さらには、器械運動の特性である「逆さ」を経過する接転グループ、および倒立回転グループへと発展していく。

2　平均台運動の予備的練習と体ほぐしの運動

　平均台運動の技は、バランス保持を前提として、よりスムーズに、よりエレガントに行われなければならない。そのため、実施者には技に取り組む前に、あらかじめ平均台の特性である「幅」「長さ」「高さ」に親しみ、どのような動きにおいてもある程度自然にバランスコントロールができる能力を身につけさせる必要がある。

　したがって、ここではこれまで行われてきた平均台運動の復習を行うとともに、平均台の物理的条件を体感できる、あるいはバランスをくずした際の対処法などを習得できるような予備運動、ならびに体ほぐしの運動を設定することが大切である。

●低い平均台に支持して左右に跳ぶ
・両腕でしっかりと支持し、着地の衝撃を和らげるようにする
・慣れてきたら、膝と腰の位置をできるだけ高く上げて行ってみる

●ゆか上の線の上を歩く
・平均台上で歩くことを思い浮かべながら行う
・正しい姿勢で行う

●腹支持でバランスをとる
・平均台と重心の位置を意識して行う
・初めは支持して行い、慣れてきたら腹のみで行ってみる

●両手、両足を台に着けて前進する
・初めは少しずつ進む
・慣れてきたら、手足の動かし方を工夫してみる

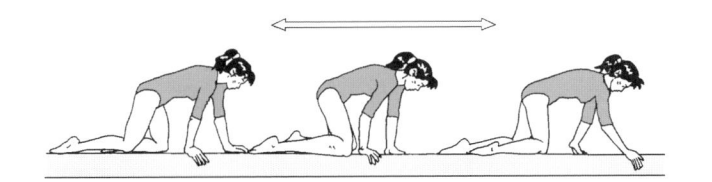

●2人組で歩く（1人は下で歩行の補助）
・なるべく補助者に頼らないようにする
・上半身が前かがみにならないようにする
・補助者は実施者の動きに合わせて動く

●両端から走り寄ってじゃんけん
・途中で落ちないようにする
・移動と静止を明確に行う

●あお向けでバランスをとる
・背中で平均台を感じるようにする
・慣れてきたら、手足の位置を工夫してみる

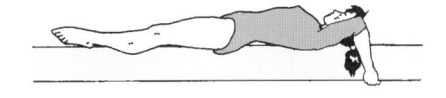

●座りながら前や後ろに移動する
・初めは少しずつ行う
・慣れてきたら、動き方を工夫する

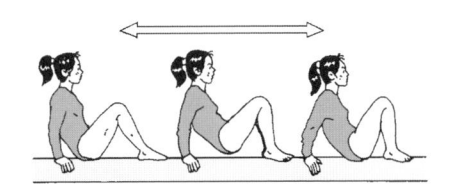

第3節　平均台運動

3 歩・走グループの学習

平均台運動では、歩・走を単なる移動運動ではなく、正しい重心の移動技術を用いた１つの技としてとらえる。この場合、歩はどちらかの足が常に台上に接していること、走は瞬時、空中局面が見られることが課題になる。また、走は跳躍グループと類似する点が多いが、身体移動が主な運動課題となるため、空中局面での質が問題にされる跳躍グループとは区別される。さらに、このグループの学習では、上半身の姿勢保持などバランスの制御の仕方を習得することになる。

1. 歩

◼ 技の説明とポイント

つまずきへの対応

●足元を見てしまう➡
・顔は正面を向け、視線のみを台へと向ける

●左右の腕を水平に保てない➡
・肩および腕の位置を再確認してから行う

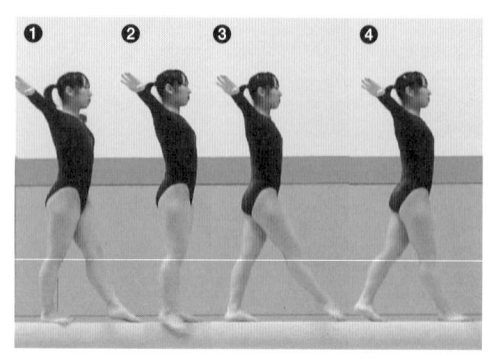

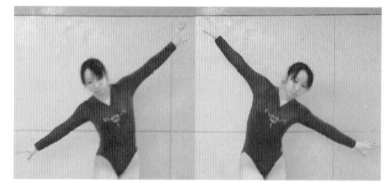

技術ポイント
▶足を前に出すとき、足の内側が台の側面をこするように足を運ぶ
▶つま先で台を確かめてから、かかとを下ろす
▶かかとを下ろすときに、重心を進行方向へ移動する

◼ 予備的な運動と場の工夫

●姿勢づくり
・頭部は常に平均台の鉛直線上に保持しておく
・背すじを伸ばす
・肩および腕の位置は左右均等にする

◼ 発展技および変形技

❶つま先歩き
・しっかりかかとを上げて、できるだけ重心を高くする

❷後ろ歩き
・前歩きと同様の足の運び方で行う
・つま先で台を確かめてから、かかとを下ろす

❸ 横歩き
- 上半身が前後に揺れないようにする
- 初めは追い足で行い、慣れてきたら足を交差する

❹ しゃがみ歩き
- 足を前方に運ぶときに、膝とつま先を伸ばして台の下に垂らすように振り出す

2．走

1 技の説明とポイント

技術ポイント
- ▶ スピーディに前方に移動する
- ▶ 着台と踏み切りをリズミカルに行う
- ▶ 前かがみになったり、左右に揺れたりしないようにする

つまずきへの対応
- ● 着台および踏み切りの際にふらつく➡
  - ・体の上下動を最小限にする

2 予備的な運動と場の工夫

❶ はずみ歩き
- 膝のはずみ動作はリズミカルに行う
- 伸び上がったときに、膝を伸ばしてつま先立ちになる

❷ 障害物を置いて、またぎ越す
- 徐々に歩幅を大きくしていく
- 前かがみにならないようにする

3 発展技および変形技

❶ ツーステップ
- 初めは追い足で行い、慣れてきたら足の踏み換えを空中で行う

❷ スキップ
- 左右のホップをリズミカルに行う
- 跳躍と膝の引き上げを同調させる

4 跳躍グループの学習

このグループの技は、空中局面を特徴として、跳び下り、台上での跳び、跳び上がりの3つに分類することができる。さらに、跳び下りは頭越し回転を伴うものとそうではないものに分けられる。ここでは頭越し回転を伴わないものを取り上げる。台上での跳びには、伸身跳びを基本として踏み切りと着台を両足で行うもの、交差跳びを基本として片足で行うものがある。跳び上がりには、踏み切り後、直接足で着台するものと手の支持を用いる支持跳躍の形をとるものに分けられる。

1. 跳び下り

1 技の説明とポイント

◆伸身跳び下り

技術ポイント
- ▶足を前後にずらして踏み切る（①）
- ▶はっきりとした伸身姿勢をみせる（②③）
- ▶空中で着地位置を確認しておく（③④）
- ▶膝の屈伸を使って、着地の衝撃を和らげる（⑤）

つまずきへの対応
- ●空中で前かがみになってしまう➡
- ・前方ではなく上方へと跳ぶようにして、視線のみを着地地点へと向ける。下をのぞき込まない

2 予備的な運動と場の工夫

❶片足踏み切り跳び下り
- ・はっきりとした伸身姿勢をみせる
- ・空中で素早く足を閉じて、着地に備える

❷跳び箱から行う
- ・空中での姿勢づくりをする
- ・低い段から徐々に高くしていく

3 発展技および変形技

❶開脚跳び下り
- ・左右の脚の高さが同じになるように跳ぶ
- ・膝やつま先を伸ばす

❷1回ひねり跳び下り
- ・マット上で正確に行えるようになってから行う
- ・空中で素早くひねりきる

2. 台上での跳躍

1 技の説明とポイント

◆伸身跳び

技術ポイント
- はっきりとした伸身姿勢をみせる
- 足を前後にずらして、安定した着台を行う

つまずきへの対応
●跳躍が小さくなってしまう➡
・低い台から徐々に行い、恐怖心を取り除いていく

◆前後開脚跳び

技術ポイント
- はっきりとした前後開脚をみせる
- 初めは小さく跳んで、徐々に大きくしていく

つまずきへの対応
●着台時にバランスを崩してしまう➡
・足首と膝でうまく衝撃を吸収する。着台時に上半身がふらつかないようにする

2 発展技および変形技

❶かかえ込み跳び
・膝を胸に引きつけるようにかかえ込む

❷ねこ跳び
・空中で素早く足を入れ替える
・初めは小さく跳んで、徐々に大きくしていく

3. 跳び上がり

1 技の説明とポイント

◆片足踏み切り跳び上がり

技術ポイント
- 足の振り上げと踏み切りを同調させる（①②）
- 振り上げた足を確実に台に乗せてから、その上に重心を乗せる（③④）

つまずきへの対応
●着台時にバランスを崩してしまう➡
・着台した足に重心を乗せていく際に、上半身がふらつかないようにする

2 予備的な運動と場の工夫

❶片手支持跳び上がり
・踏み切りと支持のタイミングを合わせる
・支持手の押し放しを用いて立つ

❷跳び箱で行う
・足の振り上げと踏み切りのタイミングを覚える
・しっかりと重心を引き上げる

第3節 平均台運動　207

5 ポーズグループの学習

このグループには、立位ポーズや臥座ポーズ、支持ポーズなど、多様なポーズが集められている。これらのポーズは、美しい姿勢で安定を保てるかどうかが評価の対象となる。ここでの安定とは、物理的に長時間止まることではなく、バランス調節のもとの静止を意味している。

立位・座・臥・支持ポーズ

1 技の説明とポイント

◆水平バランス

技術ポイント
- バランスをとりながら、浮き脚を徐々に上げていくとともに、それに合わせて上半身を前方に倒していく
- 腕の位置を左右均等に保つ

つまずきへの対応
● 後ろに振り上げた脚が曲がる➡
- 立位において脚を伸ばす意識をしてから、そのままの状態で徐々に脚を上げていく

2 予備的な運動と場の工夫

❶つま先立ち
- かかとをできるだけ高く上げる
- 足首がぐらつかないように、しっかりと固定する

❷しゃがみ立ち
- 背すじを伸ばして、正しい姿勢を保持する
- 脚を内側に締めるようにする

3 発展技および変形技

❶両足立ちの変形
- 手先、足先まで意識し、きれいな姿勢がとれるようにする
- 腕や脚の位置を工夫する

❷片足立ちの変形
- 重心を上方に引き上げるような感じで行う
- 腕や浮き脚の位置を工夫する

❸脚上挙座
- はじめは手で支えて行う
- 背すじと膝、つま先を伸ばし、きれいなV字姿勢がつくれるようにする

❹支持臥
- 振り上げ脚の膝やつま先を伸ばし、きれいなポーズがとれるようにする

6 ターングループの学習

このグループの技は、主として片足を軸にして回転する特徴をもっており、体前面を先行させる「正ターン」と、体背面を先行させる「逆ターン」とに区別されている。また、ターンの仕方には振り足を回し込んでひねりに入る「回し型」と、片足を振り上げながらターンに入る「振り上げ型」との2種類がある。さらに、技の類縁性から片足立ちポーズと密接にかかわりをもっており、なかでもつま先立ちでの片足立ちポーズは、実際にターンの練習を行う際には必修の練習課題となる。

片足ターン

1 技の説明とポイント

◆振り上げ型

◆回し型

[技術ポイント]
▶片足ターンには振り上げ型と回し型の2種類の方法がある
▶方向転換を行う際にはつま先立ちになり、重心を上方に引き上げるようにして行う
▶頭部が平均台の鉛直線上からはずれないようにし、腕と浮き脚をうまく使って回転する

[つまずきへの対応]
●回転の際にバランスをくずしてしまう➡
・軸足にしっかりと重心を乗せる。回転し始めるときに、上半身が左右に振れないようにする

2 予備的な運動と場の工夫

❶両足ターン
・方向転換はつま先立ちで行う
・上方へ伸び上がるように回転する

❷ターンの準備動作から片足つま先立ち
・軸足にしっかりと重心を乗せる
・上方へ伸び上がるように行う

3 発展技および変形技

❶片足ターン1回ひねり
・腕と肩の回し込みをうまく使い、軸足に重心を乗せたら素早く回転する
・頭部が平均台の鉛直線上からはずれないようにする

❷ しゃがみ立ち片足ターン

・浮き脚、および腕、肩をうまく使って回転する
・回っている間、上半身の正しい姿勢がくずれないようにする

7 接転グループの学習

このグループの技の特徴は、頭越し回転を伴う接触回転である。平均台運動の技は、マット運動において正しい技術を身につけていることが前提となるが、このグループのように非日常的な動きを含む場合には、特にそのことが重要である。

1．前転

1 技の説明とポイント

着手位置を確認し（①）、腰をつり上げながら回転を始める（②）。後頭部を平均台につけにいくと同時に脚を振り上げ（③）、足を前後に開いたまま、首、肩、腰の順に台上に接触させていく（④⑤）。はじめに振り上げた足を素早く着台させ（⑥）、回転の勢いを用いてしゃがみ立ちとなる（⑦）

《手の着き方》
・両手で平均台の上面と側面をつかむように支持する

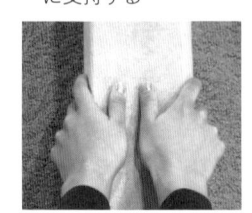

技術ポイント
▶ 準備姿勢では、足は前後に置き、両腕でしっかりと平均台を支える
▶ 回転の際には、腰の上方へのつり上げと脚の振り込みを思いきって行う。同時に、あごを引き、後頭部から平均台に接触するようにする
▶ 回転の勢いを止めることなく、脚を前後にして一気にしゃがみ立ちになる
▶ 常に背中で平均台を感じながら行う
▶ マット上で正しい技術を用いた前転ができるようになってから平均台上で行うようにする

つまずきへの対応
● **スムーズに回転できない**➡
・順次接触および回転加速の技術を用いて行えているかを確認する
● **左右に曲がる**➡
・腰のつり上げと脚の振り込みの方向に気をつける

② 予備的な運動と場の工夫

❶背倒立から片足立ち
- 前転の後半部分の練習
- 足先の振り下ろしと上半身を起こすタイミングを合わせる
- 足を前後にして、一気にしゃがみ立ちになる

❷前転から左右開脚座
- 頭越しの局面で一度脚をそろえ、背倒立を経過して回転し、左右開脚座になる

❸マット上の線の上で
- 平均台上で行うことを意識して行う

❹平均台にマットをかけて
- 背中で平均台を感じながら行う
- 回転の始まりからしゃがみ立ちまで、できるだけスピーディに行う

③ 発展技および変形技

❶手を使わずに前転
- 回転の際には、後頭部を平均台に着けにいくと同時に、腰のつり上げと脚の振り上げを行う
- スムーズに立ち上がるようにする

❷前転上がり
- 事前に手を着く位置を確認しておく
- 踏み切りと同時に素早く着手して、腰をつり上げるようにして回転する

2. 後 転

1 技の説明とポイント

しゃがみ立ちから（①）素早く腰を下ろし、回転の勢いを得る（②）。脚を振り上げながら、背、肩、首の順に台上に接触させていく（③④）。着手と同時に体全体を持ち上げ、頭越しをする（⑤⑥）。回転し終わるまでしっかりと腕で平均台を押して立つ（⑦）

技術ポイント
- ▶ しゃがみ立ちから回転する際に、上半身を後方へと回転させる
- ▶ 脚の振り込みを思いきって行う
- ▶ できるだけ素早く着手して、頭越しに備える
- ▶ マット上で正しい技術を用いた後転ができるようになってから、平均台上で行うようにする

つまずきへの対応
- ●スムーズに回転できない➡
  - ・順次接触および回転加速の技術を用いて行えているかを確認する

2 予備的な運動と場の工夫

❶あお向けから肩倒立を経過して回る
- ・あらかじめ着手した背面臥のポーズから、肩越しに後方へ回転する
- ・脚の振り込みを十分に行って、一気に回転する
- ・初めは補助者をつけて行う

❷補助を用いて行う
- ・補助者は側方に立ち、左右のぶれを防ぐとともに、頭越しの局面を援助する

3 発展技および変形技

●後転から支持臥
- ・頭越しの局面の後、スムーズにポーズへと移行する

8 倒立回転グループの学習

このグループの技の学習は、接転グループと同様にマット運動で正しい技術を習得していることが前提になる。特に、マット上において立位から倒立位を経過して再び立位になるまでの過程を繰り返し行い、身体各部の"通り道"を十分に把握しておく必要がある。台上での倒立も重要な練習課題となる。

側方倒立回転

1 技の説明とポイント

脚を前後に開いた立位から（①）、脚を振り上げて1/4ひねりしながら着手する（②）。左右開脚を伴う倒立位を経過して（③）、着台位置を確認したうえで片足ずつ着台する（④）。回転し終わるまでしっかりと腕で平均台を押して立つ（⑤）

技術ポイント
- 振り上げ脚が平均台の鉛直線上からはずれないようにする
- 横向き倒立を経過する際には、腰が曲がったり、反ったりしないようにする
- 立ち上がりの技術を用いて、スムーズに立ち上がれるようにする

つまずきへの対応
- 倒立経過時に腰が曲がってしまう➡
  ・マット上で正しい技術を用いて行えているかを確認し、平均台上でも同様の実施ができるように繰り返し練習をする

2 予備的な運動と場の工夫

❶跳び箱で側方倒立回転下り
・着手の仕方と位置を確認する
・横向き倒立を経過する

❷補助つきで横向き倒立
・着手の仕方と位置を確認する
・脚の振り上げ方向と倒立の姿勢に注意する

3 発展技および変形技

❶側方倒立回転下り
・横向き倒立で素早く脚を閉じながら、1/4ひねる
・着地位置を確認して、安全に着地する

❷ロンダート
・横向き倒立で素早く脚を閉じて、1/4ひねる
・着台は足を前後にする

第3節 平均台運動

9 組み合わせと演技構成の学習

　技を組み合わせたり演技を構成したりする際には、個々の技を完全に習得していることが前提となる。個々の技が行えるようになったら、各々のグループからバランスよく技を選択して組み合わせる。さらに、その組み合わせをもとに演技を構成する。技の組み合わせの練習では、次の技へ移行する際の重心移動の仕方や技をリズミカルに続けるためのタイミングを体得することが主な目的となる。また、演技を構成する際には、ポーズや動き方を工夫して、個性豊かな演技をめざすことが重要である。

1. 演技構成で知っておくこと－基本的な組み合わせ

●ツーステップ～水平バランス

・ツーステップは、腕の位置や顔の向きに注意してリズミカルに行う
・ツーステップから水平バランスに移る際には、体の前方移動のスピードをコントロールして、すみやかに静止できるようにする

2. 組み合わせの例

❶平均台上での組み合わせ　●前転～両足しゃがみ立ちターン

・前転からすみやかにしゃがみ立ちポーズをとり、瞬時静止する
・しゃがみ立ちターンでは、上半身が前かがみにならないようにする

❷上がり技・下り技を加えた組み合わせ　●片足踏み切り支持上がり～ねこ跳び

・平均台上に上がったら、素早く立ち上がり、ねこ跳びに備える
・上がりからのリズムを断ち切ることなく、1歩踏み出してねこ跳びを行う。頭部および上半身が左右にふらつかないようにする

- ●片足ターン～助走から伸身跳び下り
- ・片足ターンから助走へと移っていく際には、瞬時片足つま先立ちポーズを経過する
- ・助走では、頭部および上半身が左右にふらつかないようにする

❸ 1往復の演技の例
● 〈往路〉片足踏み切り上がり～前後開脚跳び～片足１回ターン（向きを変えて）

- ・上がり技では、振り上げ足で正確に平均台をとらえ、安定した着台が行えるようにする
- ・上がり技から瞬時静止の後、リズムを断ち切ることなく前後開脚跳びを行う
- ・前後開脚跳びの着台では上半身が前かがみにならないようにし、その後素早く片足ターンの準備ポーズをとる
- ・水平バランスからすみやかにしゃがみ立ちとなり、前転へとつなげる
- ・一連の動作がとぎれることなく、リズミカルに行えるようにする

● 〈復路〉水平バランス～前転～側方倒立回転下り

第4節
跳び箱運動

1 跳び箱運動の特性と技の体系

　跳び箱運動では、跳びやすい高さの跳び箱で「手のジャンプ」（支持跳躍）によって、跳びやすい高さから着地までの難しさ、格好よさ（出来栄え）を競い合う。これはテレビなどで見かける、高さへの挑戦の「脚ジャンプ系」種目（モンスターボックス）とは異なった種目特性と言えるだろう。跳び箱を使った全く異なった2つの種目は、どちらも子どもたちに興味をもって取り組ませることは可能だが、器械運動で取り上げられる「出来栄え式」と混同してしまわないように、しっかりと認識する必要がある。

　出来栄え式では、「どの跳び方で」「どのように跳べたか」という課題に挑戦する。生徒が助走で立ち止まったり、跳び箱上に座ってしまったりするときは、「跳べたかどうか」という二者択一的な課題設定が「跳べそうもない」と感じさせてしまった結果と言える。用具の高さや大きさ、そして課題の与え方などの段階的な工夫、そして着地の際の安全を確保することで、常に「できるかもしれない、できそうだ」という気持ちをもちながら、楽しく練習に取り組ませることが器械運動としての跳び箱の特性なのである。

　技の体系としては、切り返し系と回転系の2つの大きな系統に分かれる（図Ⅱ-3-8）。

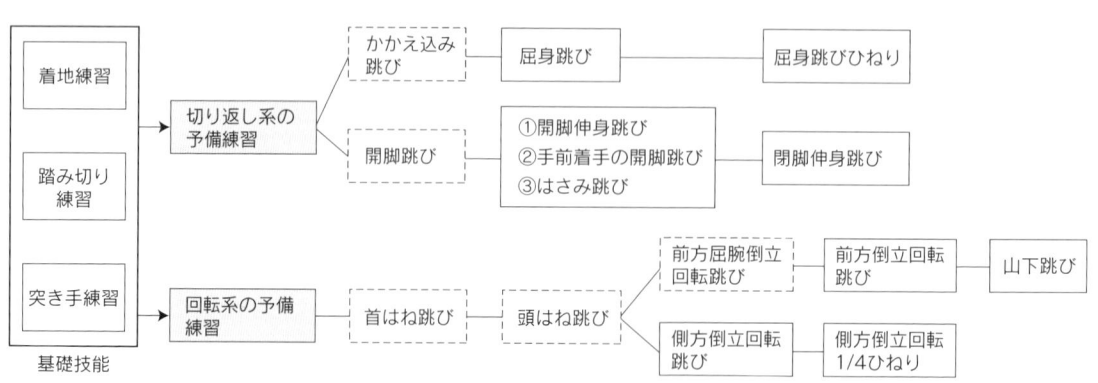

跳び箱に共通する3つの基礎技能の学習を経て、切り返し系、回転系の大きな系統に分かれる。目標となる技ができるようになるには、前段階の練習技に習熟することが必要となる。点線で示された技は、実践で囲まれた目標技につながるステップ課題として取り上げられるもので、習熟とともに次の技に挑戦するようにする

[図Ⅱ-3-8] 跳び箱運動の技の体系

2 跳び箱運動の予備的運動と体ほぐしの運動

　跳び箱運動は、踏み切りと突き手、そして着地という3つの基礎的技能が要求される。安全な学習には着地の技能習得が極めて大切であり、どんなときでも着地がいい加減にならないよう注意する。両足踏み切りや突き手は慣れない動きなので、あらかじめ簡単な課題練習を用意することで、感じをつかんでおく必要がある。

①着地の予備練習と体ほぐしの運動

●着地の課題
- 着地はつま先から足－膝－腰－上体と順々に緩衝し、上挙した腕を最後に下げるようにする。直立で胸を張り、手は斜め上方にピンと伸ばして静止する。いろいろな姿勢へのアレンジも可能である

●跳び下りジャンケン
- 跳び箱上から互いに向き合ってジャンプし、空中でジャンケンをしてから着地で静止。足でのジャンケンや跳び箱の高さを変えるなどのアレンジもできる

●川跳び
- マットの間を跳び越せる程度まで広げ、助走して跳び越した後に静止（着地）することを課題にする。完全に止まるという課題にチャレンジしながら、着地の先取りを身につける

②踏み切りの予備練習

●両足ジャンプ連続で前に移動
- 腕を鋭く振り上げ、正面で急ブレーキをかけるようにして、リズミカルに連続ジャンプする。脚を深く曲げすぎないで、腰を締めながら短く蹴るようにする

●助走から切り返しジャンプ
- 2、3歩のステップから両足で踏み込んで、蹴った位置より手前に下りるようにして低く素早く踏み込み、体の「締め」の感じをつかむ

●踏み切りから腹ばい
- 助走から踏み切り、体全体でスポンジマット上に腹ばいで着地する。前に突っ込まずに、体全体で受けられるように蹴る。向き合って手を組んだ仲間同士で受け止めることもできる

③突き手の予備練習

●馬跳び
- 馬は頭が横に出ないようにして、跳びやすい高さにする。踏み切りに合わせた腕の振り上げを使って、馬の背中にしっかりと体重をかけて跳び越す。腕で支えて跳び越し、安全に着地する一連の感覚をつかむ

●腕支持で前方に手足ジャンプ
- 両手・両足を同時に突き放して前に移動する。腰と腕の屈伸をうまく利用して、背中が丸まるくらい突き放して空中に体を浮かせる。左右方向や、足を中心に扇形にも移動してみる

3 切り返し系グループの学習

　切り返し系グループは、回転方向が途中で切り替わる運動経過が特徴で、踏み切りから着手までの間に上体を前に倒して着手し（前方回転）、突き手によって再び直立体勢にもち込み（後方回転）、着地となる。このグループでは、頭越しに1回転することがないのでより身近な跳び方と言えるが、切り返しをはっきりと示す手の突き放し方は見た目以上に難しい技術と言える。

　ここでは回転の切り替えがあまりない「馬跳び」を導入として、明確な切り返しの見られる「伸身跳び」系が最終的な目標となる。ちなみに「あお向け跳び（写真Ⅱ-3-1）」は「脚ジャンプ系」種目としてよく取り上げられるが、出来栄え式のこのグループでは、踏み切り方（片足）や腕の突き放しに発展性がないので、ここでは省略する。

[写真Ⅱ-3-1] あお向け跳び

1．開脚跳び

1 技の説明とポイント

軽い助走で、手を下から振り上げて踏み切り（①）、台の前方に素早く着手すると同時に鋭く突き放す（②）。突きとともに上体を起こして空中の姿勢を示し、着地の準備のために腕は少し上挙したまま着地にもち込む（④）。しゃがみすぎないように軽く踏ん張り、頭を起こして静止（ポーズ）姿勢をしっかりと見せる（⑤）

技術ポイント
- できるだけ跳び箱の前方に着手できるように、踏み切りで体を前に投げ出すようにして跳び上がる
- 手の突き放しは馬跳びのような「か（掻）き手」にならないように、「手でジャンプ」するように力強く行う

つまずきへの対応
- **着手する場所が前にならない➡**
  ・最初は軽い助走から手を前に着いて馬乗りになり、補助や安全確保などにより、不安を取り除きながら予備運動でつかんだ感じにつなげていく
- **腰が跳び箱にひっかかりそうになる➡**
  ・しっかりと前に着手できているか確認する。手が股の間に入った「かき手」の状態のままで体重移動すると起きやすい

2 予備的な運動と場の工夫

❶うさぎ跳びの連続
・両手、両足を交互に床に着くようにして、前に進む
・かき手にならない、強い突き放しの感覚をつかむ

❷連続馬跳び
・並んだ馬を連続して跳び越す。積極的に腕が振り出せるように、踏み切り位置と馬との間隔を広げ、リズミカルに連続して行えるようにする

❸2人馬跳び越し
・横に並んだ馬を使って、遠いほうの馬の背中に手を着いて跳び越す
・馬の高さや並び方を変化させて、前方に着手する感覚に慣れる

3 動き方をつくり出すための課題と場の工夫

❶低い跳び箱で手の突き放しの練習
・着地位置の落差を軽減することで、思いきった突き手の練習をすることができる
・着手位置より前方の離れたところに着地できるように突き放す

❷階段状の跳び箱からの開脚跳び
・踏み切り位置を高くし、着手に対する恐怖心を軽減して跳び越す
・助走なしで可能な高さから始め、1、2歩の助走とともに徐々に落差をつけていく

《補助の仕方》
　補助の方法としては、①「突き手を助ける」ために上腕部を前上方に持ち上げ、腰がぶつかりそうな場合は同時に腰を前に押し出す、②「着地時の安全確保（倒れ込み防止）」のために上体を支え、実施者が1人で跳べるような感じをもてるようにする

4 発展技および変形技

❶開脚伸身跳び
・助走スピードを増し、より素早く強い突き手を使って上体を起こすことによって、空中で腰を伸ばした開脚姿勢を示す
・最初は切り返しを少なくするために、脚の振り上げを抑える

❷手前着手の開脚跳び
・跳び箱の手前に着手して、開脚で跳び越し、踏み切り位置を少し離し、踏み切りの後半には突き放しを始めて、長い空中局面をつくってから着地する

❸はさみ跳び
- 開脚の空中姿勢から体を半分ひねって、閉脚で着地
- 開脚跳びで空中姿勢をしっかり見せることができたら、腰を伸ばすタイミングに合わせてひねりを試みる

2．かかえ込み跳び

1 技の説明とポイント

跳び方に合わせて助走し（①）、踏み切りと同時に手を下から前へ振り出し、着手に入る（②）。手の突き放しに合わせて膝をかかえ込み、両手の間を抜くようにする（③④）。上体を起こしながら膝を伸ばして着地体勢にはいる（⑤）

技術ポイント
▶ 踏み切りで体の前方への投げ出しをしっかり行う
▶ 手の突き放しによって上体が浮いたときに、足の引き寄せを一気に行う

つまずきへの対応
● 着地前に腰が伸びない➡
- 手の突き放しがかき手になってしまうと、上体を起こすのが難しく危険である。手の間に脚を通すことになるので着手時間が長くなりがちだが、突き手は常に強く短くするよう心がける

2 予備的な運動と場の工夫

❶うさぎ跳び
- 両手を強く突き放して、膝を曲げたまま着手位置を越えて着地する

❷台上へのかかえ込み跳び上がりージャンプ
- 両足をそろえて台上に跳び乗り、そのままジャンプにつなげる
- 足を乗せたときに、手が着いたままにならないように突き放す

3 動き方をつくり出すための課題と場の工夫

❶ラインより前にかかえ込み跳び上がり
・着手位置より前に引かれたラインを越して足を乗せる。跳び上がりが前後に振られないように、しっかりと乗せるようにする

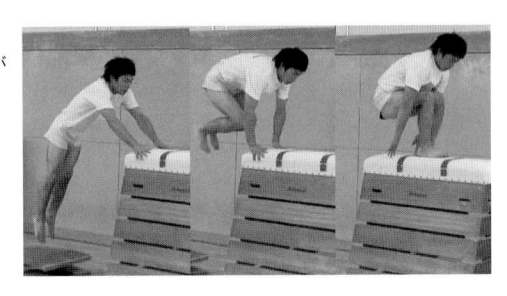

❷横向きの跳び箱でかかえ込み跳び
・跳び越しを楽にするために、最初は台を横向きにする
・手は前のほうに着き、慣れてきたら跳び箱から離れた位置に着地できるようにする

4 発展技および変形技

●伸身姿勢を見せてからのかかえ込み跳び
・着手の際、体を一直線に伸ばす。腰を伸ばすには上体を前に倒すだけでなく、踏み切りで足を後ろに振り上げる感じで行う
・着手後は、腰をつり上げるようにしてかかえ込み姿勢をつくる

3. 屈身跳び

1 技の説明とポイント

少しスピードを出した助走から、腕の振り上げとともに低く、かつ鋭く両足を踏み込み（①）、腰がしっかりと伸びるように足を振り上げて着手する（②）。腰を引き締めながら、手の突き放しに合わせて屈身姿勢をつくり、両手の間を抜くようにする（③④）。足が跳び箱を通過したら、直ちに腰を伸ばし、着地の準備をする（⑤）

技術ポイント
▶かかえ込み跳びよりも助走を早くする
▶膝からではなく、足先から手の間に通すようにする

つまずきへの対応
●**膝が曲がってしまう**➡
・早くから脚を通そうとすると、膝が曲がりやすくなる。腰をつり上げ、げたを履いたような感じで足先から通すようにする
●**着地で体が起きてこない**➡
・脚を手の間に通そうとすると、突き手が不十分になり、体を起こせなくなる。そのため、脚を通すのは腕を強く突き放した後で、前を見て腕はそのまま上挙するようにする

2 予備的な運動と場の工夫

❶腕立て姿勢から腰の反動で屈身立ち
・腰の屈伸（反動）を使って屈伸姿勢で立つ。手の突き放しと同調させながら、足先を前に引きつけて立つ

❷膝を伸ばしたうさぎ跳び
・膝を曲げないで手足で交互に床を蹴り、リズミカルに前進する
・最初は小さな連続から、リズムに乗ったらだんだん大きく跳ぶようにする

3 動き方をつくり出すための課題と場の工夫

❶開脚屈身跳び
・突き手が不十分なままだと思いきり跳ぶことができないので、跳び箱の側面に足が触れない程度に脚を軽く開き、足がひっかかる不安をなくして思いきって突き手の練習をする。その際、側方から見て足の高さが跳び箱の上を通過するようにする

❷横向きの跳び箱で屈身跳び
・縦向きの開脚屈身跳びができたら、同様にして横向きの跳び箱で閉脚に挑戦する
・最初は台上前端に足を乗せて、少しずつ跳び越せそうな感じをつかんでいく

4 発展技および変形技

●屈身跳びひねり
・着手後にしっかりと腰を伸ばし、腕を上挙して着地の準備ができるようになったら、空中で腰の伸ばしに合わせてひねりを加える。後ろ向きの着地となるので、転倒しないように安全を確保（補助など）して行う

4 回転系グループの学習

　回転系グループは、切り返し系とは異なり、左右軸を中心に1回転する特徴をもつ。マットや低い跳び箱で、回転のための基礎技能を身につけてから練習に入るようにする。

　切り返し系が助走のスピードをあまり必要としないのに対し、このグループの最終的な目標である前方倒立回転跳びでは、助走スピードを利用して勢いよく踏み切りを行うことになる。

1．首はね跳び

1 技の説明とポイント

勢いよく踏み切り、腰を上に持ち上げるようにして頭越しに回転し（①②）、腕を曲げて首（後頭部）で支えた姿勢にもち込む（③）。腰と腕を同調させて前上方に足を投げ出し（④）、一気に体を伸ばして着地体勢に入る（⑤⑥）

技術ポイント
- ▶踏み切りで腰を引き上げるようにして、首で支える姿勢にもち込む
- ▶腰が首の支持点より前に移動するタイミングをねらい、手の押し放しと足の投げ出しによって、腰の伸ばしと前方への回転力をつくる
- ▶空中で体を反らしてから、着地体勢に入る

つまずきへの対応
- ●腰の屈伸が使えない➡
  - ・はね動作をするためには、踏み切りで前方に回ろうとするのではなく、首支持姿勢になるようにして後頭部で支えられるようにする
- ●直立で着地できない➡
  - ・首支持姿勢で背中をしっかりと丸め、腰の位置を高く保つようにする。腰が下がっていると投げ出し方向が低くなり、着地が難しくなる

2 予備的な運動と場の工夫

❶高い場所への跳び上がり前転
・腕でしっかりと上体を支えて、確実に後頭部を台上に着けるように踏み切りの勢いを調節する。踏み切りは腰を引き上げ、足を後方に振り上げる感じで行う

❷台上前転
・台の手前に手を着き、腰が台から外れないように前転して立つ。後頭部で支えた体勢を確実に経過するようにする

3 動き方をつくり出すための課題と場の工夫

❶ マットでの首はねおき
・首支持の姿勢から腰を軽く曲げ、腰と腕を一気に伸ばして立つ。次に、踏み切りから頭越し回転で首支持姿勢になり、タイミングが遅れないようにはね起きる

❷ 補助つきの首はね跳び
・軽い助走から踏み切りで脚を後ろに振り上げ、腰をつり上げるように首支持姿勢になり、はね起きる。その際、補助ははねる方向が下がりすぎないように、腰を軽く持ち上げるようにする
《補助の仕方》
　回転系は頭越しに1回転するので、補助などの安全確保が重要である。突き手の不足による高さと回転不足を補ったり、回転過剰による前方への倒れ込みを防いだりして、安全を確保することがポイントになる。ここでは、頭越しに回転してから首支持の姿勢になるために腰を押さえて回転過剰を防ぐ。引き続き、上方へのはね上げを助けるために腰を下から支え、安全確保のためにそのまま着地まで手を離さないようにする

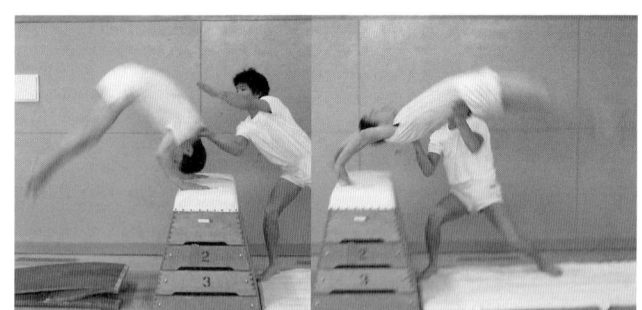

2．頭はね跳び

1 技の説明とポイント

手を振り上げながら勢いよく踏み切り、腰を上に持ち上げるようにして、着手位置を見てから着手する（①）。しっかりと手で支え、手の前に頭（前頭部）を着き、屈身姿勢をつくる（②）。腰の伸ばしと腕の押し放しを同調させ（③）、前上方に向けて一気に体を伸ばして着地体勢に入る（④）

技術ポイント
▶強く踏み切り、上体を前上方に投げ出しながら腰を引き上げ、屈身姿勢をつくる
▶着手と同時に、額のあたりで体を支える
▶腰が支持点より前に移動するタイミングをねらって、腕の押し放しと腰の伸ばしで前方に回転する

つまずきへの対応
●**体を勢いよく伸ばすことができない**➡
・屈身姿勢をしっかりつくり、腰が頭より前に移動するときをねらって一気に伸ばす。「体が倒れかけるまで待って」からはね起きる感じで行う
●**台上でつぶれてしまう**➡
・台上で回転が止まったり、倒立を経過する前に腰を伸ばし始めたりすると跳び越せずにつぶれてしまう。どのタイミングで体を伸ばそうとしたのかを確認し、回転感覚のずれを修正する

2 予備的な運動と場の工夫

❶台上からの頭はね下り
- 台の先端部に頭を着き、屈身姿勢のまま体を前方に倒してから、腰と腕を一気に伸ばす
- 脚を投げ出す方向と腕を突き放すタイミングをつかむ

❷跳び上がり屈身頭支持倒立
- 頭はねおきでは台上での屈身頭支持倒立姿勢が大切になるので、踏み切りからもち込めるようにする。
- 軽く腰をつり上げるようにして着手し、しっかりと支えたまま頭を着く

3 動き方をつくり出すための課題と場の工夫

❶横向きの跳び箱で
- はねおきが不十分な段階では、横向きの跳び箱を用いることで台に接触する不安をもたないで取り組めるようにする

❷首はね跳びで腰の引き上げを高くする
- 腰を高く引き上げ、手でしっかりと支えて頭を浮かすようにする
- 首ではなく、後頭部を着けるようにしてはねる

4 発展技および変形技

●前方屈腕倒立回転跳び
- 頭はね跳びは、踏み切りの力が強くなるにしたがって、かえって腕を曲げるタイミングや頭を着けることが難しくなる。この技ははねおき跳びからの発展技で、前転跳びの予備技にも位置づけられる
- 助走から勢いよく踏み切り、足先を後ろ上方に振り上げる。回転に合わせながら頭をしっかりと起こして腕を突き放す。体を軽く反らして回転し、着地する

3．前方倒立回転跳び

1 技の説明とポイント

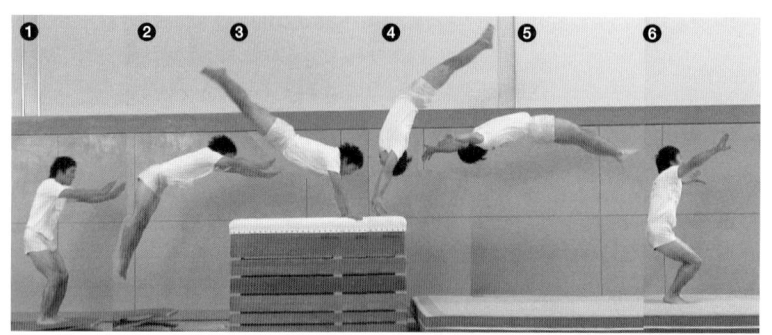

助走スピードを増して、力強く踏み切る（①）。着手位置を見ながら脚は勢いよく後方に振り上げ、着手と同時に腕を強く突き放し、伸身姿勢になる（②③）。体を軽く反らせたまま前方に回転し、着地の準備をする（④⑤）

技術ポイント
- 強い踏み切りから上体の前への倒しに合わせて、脚を勢いよく振り上げて前方への回転力をつくる
- 頭を起こして、両手でしっかりと着手する
- 脚の回転に合わせて手を突き放し、その後の回転力をつくり出す

つまずきへの対応
- ●腰が曲がってしまう➡
  - 前方に回転しようとする意識が強すぎると、頭が早くから腹屈してしまい、脚を振り上げることができない。頭を起こして、脚をしっかりと後方に振り上げるように踏み切る
- ●突き手がうまくできない➡
  - 突き手のときに頭が前屈していると腕が曲がってしまうので、手が台から離れるまでしっかりと頭を起こして突き放す

2 予備的な運動と場の工夫

❶台上からの前方倒立回転下り
- 台上での倒立からブリッジをするようにして反って前に倒れ、落差を利用して着地する
- 腕を最後まで伸ばし、頭はしっかりと起こしておく

❷振り上げ倒立ジャンプ
- 倒立に振り上げる勢いに合わせて、力強く手を突き放す感じをつかむ
- 補助者は突き手に合わせて腰をしっかりと抱え、上方に引き上げるようにする

3 動き方をつくり出すための課題と場の工夫

❶低い跳び箱での前方屈腕倒立回転跳び
- 低い台を使い、助走の勢いを利用して、顔を跳び箱の前に出すようにして屈腕支持になる
- 回転に合わせて腕を押し放し、体を反って着地にもち込む

❷横向きでの前方倒立回転跳び
・力強い助走と踏み切りを使う
・腰が伸ばしにくくならないように、踏切板をあまり近づけすぎないようにする
・手を下から振り上げることで、力強い突き手に結びつける

4 発展技および変形技

●山下跳び
・腰を伸ばして着手した後、上体を一気に曲げて空中で屈身姿勢をつくり、再び体を強く伸ばして着地する
・大きく安定した前方倒立回転跳びができるようになってから挑戦する
・着手では手をしっかりと見て、鋭く突き放したら直ちに頭を前屈して屈身姿勢をつくる

4．側方倒立回転跳び

1 技の説明とポイント

❶ ❷ ❸ ❹

助走でスピードに乗り、前向きで踏み切る。手を振り上げながら側湾体勢をつくり（①）、前後に手を着くことで1/4ひねりを加える（②）。着手時に側方倒立回転を経過して、横向きの姿勢で着地する（④）

技術ポイント
▶前向きで踏み切りをしっかり行うとともに、最初に着くほうの手の準備に入る
▶後から着く手を頭の上まで引き上げながら、脚をしっかりと振り上げる
▶最初に着いた手で跳び箱をしっかり押しながら、脚の回転に合わせて後から着いた手を最後まで突き放す
▶体が空中に浮いたら着地の準備をし、横向きに着地する

つまずきへの対応
●脚が高く上がらない➡
・踏み切りが前向きになっていないと力強い脚の振り上げはできないので、手を着くまではひねらずに脚を強く振り上げるようにする
●着地が不安定になる➡
・後から着く手を最後までしっかり見て突き放し、手を上げて着地に入る

2 予備的な運動と場の工夫

❶低い台での横跳び越し
・両手で支えながら踏み切り、反対側に跳び越す。同じように助走を使って両足の踏み切りから手を前後に着手し、横向きで跳び越す

第4節 跳び箱運動　227

❷台上からの側方倒立回転下り
- マットの側方倒立回転の感覚で行うが、脚を振り上げたらすぐに閉じるようにして着地にもち込む
- 後から着く手は曲がらないよう、鋭く突き放すようにする

3 動き方をつくり出すための課題と場の工夫

❶倒立から 1/4 ひねり下り
- 台上で倒立に振り上げ、片手を前に移動して1/4ひねり側方回転して下りる
- 倒立姿勢の感覚をもつことで、早くひねりすぎないようにする

❷横向きの跳び箱で側方倒立回転跳び
- 助走を利用して両足で踏み切り、手を前後の端にしっかりと着いて倒立姿勢へと振り上げる。
- 跳び越しに慣れて脚が高く振り上がるようになったら、台の高さを下げていく

4 発展技および変形技

●側方倒立回転跳び外 1/4 ひねり
- 側方倒立回転跳びから外向きに 1/4 ひねって前を向いて着地。後から着く手の突き放しを利用して、胸を張り出すようにしてひねる
- 前方倒立回転跳びで、手を前後に着くようにしてもよい

5 演技の構成（発表）の学習

　跳び箱の学習では、個々の生徒に対して課題達成状態を教師が正しく把握・評価できることが大切だが、その際、評価基準とその結果を生徒に確認させることで、後の生徒相互の主体的な学習活動や生徒同士が評価を伴う演技発表会の学習も可能となる。

　発表課題は規定技にするか、選択（自由）技にするか、難しさに応じて技の価値点に格差をつけるかどうか、いくつの跳躍をどういう順序で行うかなどをあらかじめ決めておく。無理に難しい技に挑戦して減点されるよりも、易しい技を欠点なく実施したほうがよいことを学習することもできる。難しさと格好よさの関係を考えながら課題に取り組むことで、技の質に目をむける機会も増えるだろう。また、数人からなるチーム得点方式の発表を取り入れることで、個々の能力差を問わないチーム単位での積極的な学習活動も期待できる。

　生徒の中から交代で審判団を構成し、減点方法や加点方法を確認した後、採点形式で演技の成果を確認し合う。演技の良否を採点する体験は技の理解を深め、生徒自身の練習目標の再確認ともなるので高い学習効果が期待できる。

①チーム演技の発表

　跳び箱の学習では個人的な達成度の違いが生じることは避けられない。学習の成果は個人的な技能の評価が中心になるが、それぞれの技能に合わせ、仲間と協力し合ってチーム演技を考え、発表会として演技することも跳び箱のひと味違った楽しさになる。

[表Ⅱ-3-1] 採点表

跳び箱採点表（とてもよかった◎　できていた○　まあまあだった△　不十分だった×）			
例　（閉脚）屈伸跳び		例　前方倒立回転跳び	
難しさ（価値点）	9.5	難しさ（価値点）	10.0
踏み切り局面	しっかりと踏み切りができたか	踏み切り局面	助走のスピードは十分だったか
	膝が伸びていたか		膝が伸びていたか
着手局面	強い突き手ができていたか	着手局面	強い突き手ができていたか
	跳び箱の前半分に手を着けたか		跳び箱の前半分に手を着けたか
第2空中局面	大きく跳び越せたか	第2空中局面	大きく跳び越せたか
	屈伸姿勢ができていたか		体がしっかり伸びていたか
	脚が閉じていたか、膝が伸びていたか		脚が閉じていたか、膝が伸びていたか
	着地の準備ができていたか		着地の準備ができていたか
着地	静止できたか	着地	静止できたか
	決めのポーズがつくれたか		決めのポーズがつくれたか
（その他）	（　　　　　　）	（その他）	（　　　　　　）
実施減点合計		実施減点合計	
得点（9.5－減点計）◎→＋0.1点　○→＋0.0点　△→－0.1点　×→－0.2点		得点（10.0－減点計）◎→＋0.1点　○→＋0.0点　△→－0.1点　×→－0.2点	

[表Ⅱ-3-2] 採点例

審判	A君	B君	C君	D君	得点
得点	~~8.5~~	~~9.2~~	9.0	8.8	8.9

並列型

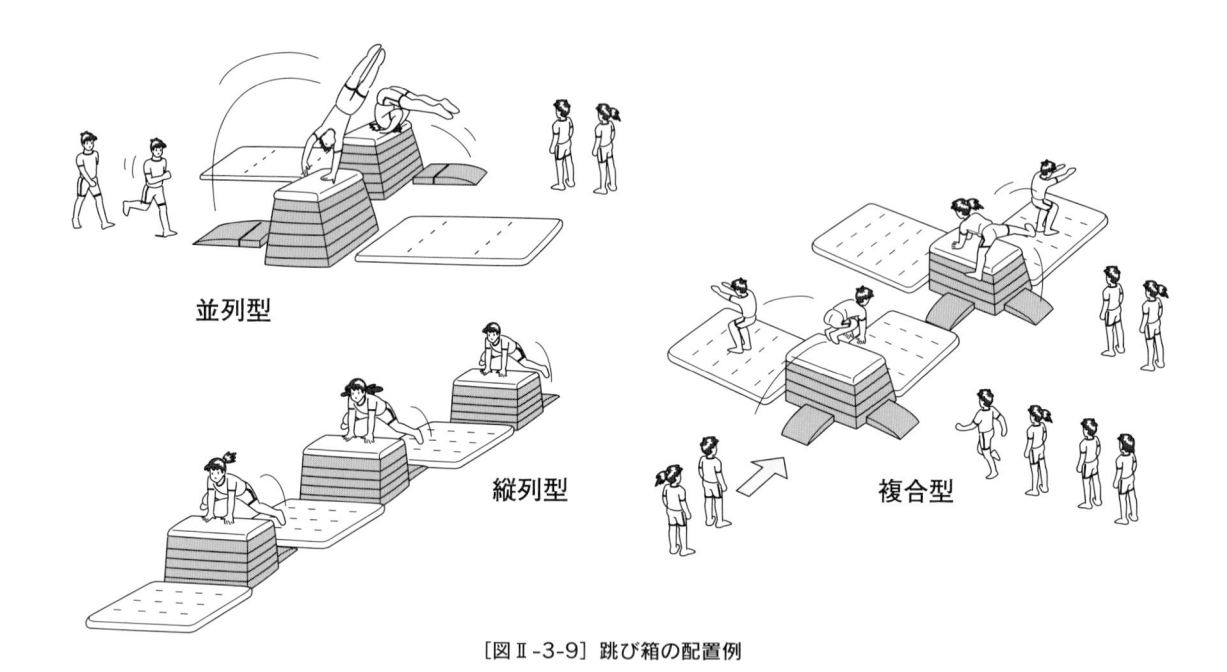

縦列型

複合型

[図Ⅱ-3-9] 跳び箱の配置例

　器具の設置方法はいろいろな組み合わせが考えられる。跳び箱を並列、縦列、あるいはそれらを組み合わせて配置し、同時跳躍とリズミカルな連続をめざして演技構成を考えさせる。跳ぶ間隔、跳び箱の向きや高さを変えたり、縦横交互に跳び越したり、さらに、マットの技と組み合わせることも可能になる。跳び上がり——下りなどはもちろん、個々の生徒がいまできる技能をあれこれと組み合わせて、見応えのある演技づくりにチャレンジさせるようにしたい。

　器具をどのように置き、どのような演技課題にするかは、生徒の人数、器具・用具の数、場所の広さなどによって臨機応変に対応できるようにし、全員が参加できるように演技を工夫したいものである。

②発表の際の注意点

　最初は器具、および試技の間隔を広く取り、遅いテンポで衝突しないように配慮する。

　連続して演技すると器具が少しずつずれたりするので、ヒモなどで器具を固定したり、補助を兼ねた押さえ役を配置して安全確保に努める。

　着地などに失敗した際は、後続者と接触しないように、直ちに横に移動するなどして場所を空けるようにする。

第5節
器械運動の発表会にむけて

　器械運動は、これまでできなかった技ができるようになったり、よりよくできるようになるといった、達成的な楽しみ方を特性にもつ運動領域である。さらに、マスゲームのように集団で演技を発表したり、個人でできるようになったいくつかの技を組み合わせて発表したりする楽しみ方も考えられる。後者の個人で演技を発表するという楽しみ方においては、演技を発表することで授業のまとめとすることもできるが、さらに一歩踏み込んで、発表された演技を生徒同士で「相互評価」するというまとめ方も考えられよう。

　演技を発表するとはいっても、あらかじめその内容を指定したり、技の選択すべてを生徒に委ねたりするような方法などが考えられる。また、生徒同士による「相互評価」においても、感覚的に何段階かで評価させるという方法を採用することもできよう。

　しかしここでは、定めた規則に従って、個人で工夫しながら演技を構成・発表し、それを評価する方法についての参考例を示しておくことにする。種目については、技の失敗による演技の中断が比較的少なくてすみ、また小学校からの学習経験も多いと思われるマット運動を例に取り上げることにする。

1　マット運動採点規則

　得点は10点満点とし、その構成および難度要求は次のとおりとする。

a）難　　度	2.40
b）演技構成	2.00
c）加　　点	0.60
d）演技実施	5.00

①難　度

　演技に求める内容の枠組みを決定するためには、個々の技の難度をある程度決めておく必要がある。しかしながら、本章第1節マット運動で解説・紹介されている技の難度すべてをここで示すことはできないため、「前転グループ」の技を例に難度の考え方を提示しておくことにする。

　A難度：前転、開脚前転
　B難度：倒立前転（注：「倒立」で2秒静止してから前転を実施した場合は「B（倒立静止2秒）＋A（前転）」とする）、伸膝前転

　C難度：跳び前転（空中局面で「伸身姿勢」が認められた場合に限る）

　ここに示された5技以外の前転グループにおける変化・発展技については、この5技の難度をベースとして設定することができる。

　また、あらかじめすべての難度を決定しておかなくても、各生徒が演技に取り入れようとしている技を書き出し、話し合いのもとに難度を定めることも考えられる。

　努力目標として、演技の難度要求は「5B2A（価値点：B＝0.4、A＝0.2）」とする。

②演技構成

　演技には、以下に示す5つのグループの技がそれぞれ少なくとも1つは含まれることとし、各グループの技が実施された場合には0.4の価値点が与えられる。

　Ⅰ：前転グループの技
　Ⅱ：後転グループの技

Ⅲ：倒立回転・倒立回転跳びグループの技
Ⅳ：巧技・支持技グループの技（Ⅴを除く）
Ⅴ：片足平均立ち

③加点

C難度の技が実施された場合には、毎回0.2の加点が与えられる。またどの難度の技であっても、素晴らしい出来栄えであれば熟練性として毎回0.1の加点が与えられる。

《補足》
①技の繰り返しと加点について

技の繰り返しは、1つの技についてのみ2回の実施を認める。しかし、繰り返された技の場合には、難度要求を満たすためにはカウントされるけれども、難度加点や熟練性加点の対象とはしない。すなわち、「跳び前転」が二度実施された場合には、一度めの実施に対してのみ難度加点0.20が与えられる。

あるいは「伸膝前転」が二度実施され、二度とも熟練性の加点が与えられるほどの素晴らしい出来栄えであっても、二度めの実施には加点は与えられない。

②難度の補充について

実施されたB難度の数が4技以下であった場合、余分に実施されたA難度があれば「技の数」としては補うことができるが、価値点の差0.2が減点される。例えば演技が「3B4A」であった場合には、余分に実施された「4A」のうちの2つで不足している「2B」を部分的に補い、0.4の減点となる。また、C難度の技は常にB・A難度の技を、余分に行われたB難度の技はA難度の技を補うことができる。すなわち、「1C5B1A」の演技は「①難度」で述べた要求を満たしており、2.40の難度点が与えられる。

④実施

器械運動においては、美しく実施された技はより高く評価される。したがって、技に求められていない姿勢的な「乱れ」は、表Ⅱ-3-3の項目に基づいて減点されることになる。

[表Ⅱ-3-3] 減点項目

欠点の内容	減点
膝や足首が曲がる	0.1～0.3
小さく1歩踏み出す、両足手で小さく跳ぶ、倒立で歩くなど	0.1
大きく1歩踏み出す	0.2～0.3
尻もちをつく、両手で支えるなどの明らかな大失敗	0.5
正しい姿勢からの逸脱	0.1～0.3
技と技とのつながりがスムーズさに欠ける	0.1～0.3
余分なぐらつきなどの欠点	0.1～0.3

2 評価（審判）方法

生徒同士による相互評価（審判）という点を考慮すると、前頁で述べたような①から④の項目すべてをひとりでこなすのは、少し難しいと思われる。また、できるだけ多くの生徒が採点に携われるような配慮も必要であろう。

したがって、ここでは4人1組での採点方法について例示しておくことにする。

そのひとつは、4人をA、Bそれぞれ2人ずつに分け、役割を分担して採点するという方法である。それぞれの役割は次のとおりとする。

> A：行われた演技を記録し、難度・構成・難度加点（演技価値点）を決定する
> B：行われた技に対する減点を行う

4人による得点決定に至るまでの流れは、次のとおりとする。

①2人は互いに相手に影響されることなく採点を行い、その後に2人で協議のうえ、A、Bそれ

それの採点結果を決定する。

②Aによって決定された演技価値点から、Bによって決定された減点を引いて、第1段階の得点を決定する。

③熟練性の加点に関しては、4人で協議のうえ決定し、上記得点に加えて最終的な得点を決定する。

以上が、どのような演技が発表されるのかわからないという前提で、役割分担して採点を行う場合の方法である。

それに対して、採点時間の短縮を考慮するならば、演技構成と演技の価値点とを記入した演技表をあらかじめ提出しておく方法もある。演技表で確認しながらの採点であれば、A、B両方の役割を1人でこなすことも可能となる。その場合も、最終的に4人で1つの得点を決定する。

演技発表会に際しては、生徒全体を5つのグループに分け、各グループからは適宜交代しながら4人組の審判を出すようにする。5つの審判グループのうち、同じグループの生徒が演技を行う審判グループは採点を行わないようにすれば、行われた演技に対して4つの得点が出されることになる。その中の最高と最低を除いた、中間の2つの平均点を、行われた演技に対する決定点とする。このような方法で個人戦や団体戦を行うことによって、また新たな器械運動の楽しみを見いだすことができるだろう。

これまで体操競技の競技方法を参考に、器械運動における発表会の一例を示してきたが、かつては「お家芸」とまで言われた体操競技はどのようにして競われているのか、補章に「体操競技のルールと審判法および見方」を記しておくこととする。

第6節
器械運動の幇助（補助）法

　器械運動では、技を「できる」ようにすることをめざして学習が進められるが、非日常的驚異性を特性とする技を、誰もが自分の力で「できる」ようにすることはなかなか難しいものがある。そのためにも技を系統的・段階的に学習することが必要になるが、実施者の技能レベルによっては、幇助による指導を用いるほうが効果的で正しい動きの習得に早くつながることもある。器械運動では他の種目に見られない指導法のひとつとして幇助法が挙げられる。

　幇助は一般的には「補助」とも言われるが、実施者の技の実施に対して直接支えたり、安全のために抱きかかえたりすることを「幇助する」と言う。補助は何らかの不足を補充して「助ける」の意味であり、補うことが活動の中心になる。その補充の結果として今までの不足が解消して助かるという、極めて消極的な意味でしかない。しかし、技を正しく成功させるためには積極的に手助けをしていく行為を表す必要性から幇助の言葉を用いることによって、幇助が指導上の重要な指導法のひとつであることを表している。

　※第Ⅱ部第1～3章では、幇助という言葉を用いずに、学習指導要領などで使われる補助という言葉を使っている。この補助には幇助のもつ積極的な意味を含んだ言葉として使っていることを理解していただきたい。

1 直接的幇助法と間接的幇助法

①直接的幇助法

　直接、体に触れて、正しい運動経過へと導くために体を支えたり、運動の方向を修正したりすることである。この直接的幇助には、いつ、どのようにして、体のどこを支えるかというような幇助技術を身につけておくことが必要になる。この幇助の仕方を知らない人が無理に幇助をすると、かえって体の動きをじゃましたり、危険な状態をつくり出したりすることがある。直接的幇助を行うときには、技の運動経過をよく知り、実施者の運動の欠点がよくわかっていることが条件になる。また、体を支えての直接的幇助は、すべての運動に対してできるかと言えばそうでないものもある。運動のスピードが速すぎたり、空間的な移動が大きかったり、手の届かない場所での運動だったりすると直接的幇助はできない。生徒同士で幇助をさせるときは十分に気をつけて行わせるようにしなければならない。

　手で支えられないような運動の場合は、ロープ（柔道の帯）などを腰に結びつけたりして、補助することになる。このような補助も直接的幇助のひとつである。

②間接的幇助法

　間接的幇助には、2種類の方法が挙げられる。ひとつは人による間接的幇助で、幇助してくれる人がそばにいてくれるだけで、実施者は安心して技を行うことができる。例えば、跳び箱のかかえ込み跳びが跳べるようになっても、「もし足が引っかかったらどうしよう」と不安になると、思いきって跳ぶことができない。このとき、跳び箱のそばに他の人に立ってもらうことによって、安心して跳ぶことができる。

　もうひとつは、場の工夫によって、間接的に幇助する方法である。器械運動の場合、「場づくり」

とか「場の工夫」が大切だと言われる。場づくりによっては、運動が比較的簡単にできるようになったり、新しい運動に挑戦したくなるような場をつくることで、「できそうな気がする」「できる感じがわかった」など生徒の動きの可能性を引き出すことができる。

例えば、着地場所などにスポンジマットを置いて、落下時や着地時の安全を確保しようとするものである。マットが柔らかいので落ちても痛くなく、思いきって運動ができるなどの利点がある。

しかし、このスポンジマットは別名安全マットと呼ばれることもあるが、決して安全がすべて保障されるわけでなく、落ち方によっては大きな事故になることも指導者は知っておく必要がある。また、正しい着地の仕方をしないと、足首をねんざしたりすることもある。生徒はスポンジマットがあると思いきって動ける反面、無謀な動きをして首や腰を痛めることがあるので、使い方を十分に指導しておく必要がある。

2 幇助の必要性

①幇助によって運動経過を経験させる

技の指導にあたって、実施者がはじめての技に挑戦する場合、どのように体を動かし、どこでどんな力を入れればよいのか、わからないものである。そのために、その技に求められる身体的能力としての柔軟性や姿勢支持力などの予備的動作などで高めておく必要がある。また、技の運動経過をある動作部分に分けて、部分練習をしておくことも必要になる。このような予備的な運動や部分的動作を身につけるために幇助をつけて行うと、効果的にそのような動きを身につけることができる。

しかし、動き方の中には、どうしても動きを部分に分割することができなかったり、技の全体経過を一気に行わないと技としての動きがつくり出されなかったりする場合がある。そのようなときも幇助を用いて練習を行うと、正しい動きの習得につながっていく。

例えば、前方倒立回転跳びについて、2つの練習法に分けて練習例を挙げておく。
（a）動作部分に分けての練習
　・ホップ走の練習（写真Ⅱ-5-2）
　・勢いをつけた片足振り上げの倒立練習（幇助による）（写真Ⅱ-5-3）
　・倒立から体を反らし、前方に回転して立つ練習（幇助による）（写真Ⅱ-5-4）
（b）助走からの前方倒立回転跳びを一気に行う練習

②幇助によって動きの感じや動きのコツをつかむ

直接的幇助を行うことによって、その技に求められる体を動かす方向やスピード、力の入れ具合などを実施者に経験させることができる。そのとき、実施者は自分の動き方について、はじめはあいまいな自己観察しかできなかったとしても、幇助によって修正された身体各部の動きの感じに意識を向けることで、次第に自己観察能力が高まり、

［写真Ⅱ-5-2］ 　　［写真Ⅱ-5-3］ 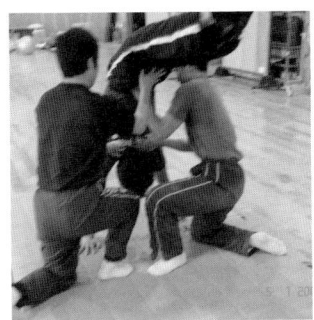　　［写真Ⅱ-5-4］

動きの感じについて話すことができるようになる。幇助者も幇助をした動きの感じ、「軽くなった」「幇助の動きに合っていた」というように、幇助した際の動きの感じを伝えてあげることが大切になる。

③幇助による仲間との教え合い

実施者同士で互いに助け合って幇助することは、どのように幇助すればよいか、どんな工夫をすればよいかなど、学び方の学習にとって重要な内容になる。さらに、友だちが技をできるようになっていく過程で、ともに喜びを共有することができる。そのためにも幇助者は、幇助する技の運動構造（運動の仕組み、身体各部の動き方）をよく知っておく必要があり、また、どのタイミングで力を入れて幇助すればよいかなど、動きの力動性までも共感する能力が求められる。このことは、幇助者の他者観察能力を高め、技のポイントを見抜く能力を養うことになるので、教師は生徒に正しい幇助法について指導をする必要がある。

3 幇助に求められる能力

①動きの先取りができる能力

同じ技を行っても、個人によってその技はさまざまな動き方として現れる。それだけに、個の動き方に応じた幇助の仕方が求められる。個人の動きの特徴を知ることと、動きの先取り能力、すなわち、とっさの判断をするために動き方の中に現れるちょっとした動きの変化を感じ取る能力とを備えておく必要がある。特に、技がまだ完全にできない生徒の場合、途中で動きが止まってしまい、危険な状態になることがある。そのようなとき、どこで失敗しどんな状態になるのかを予測し、それに応じた幇助ができるようにするためには、その技の運動経過に合わせて、先取り的にいつでも幇助ができる準備をしておくことが大切になる。

②安全性を確保する能力

幇助者は常に安全性を確保することを頭に入れて行うことになる。実施者も幇助による安全性が確保されていることに安心して、思いきって運動を行うことができる。

そのためにも、直接的幇助では常に失敗に対応できる握り方や支え方を前もって準備しておくことが大切になる。また、落下に備えてスポンジマットなどを用いることになるが、落下の場合、けがをしないような安全な落ち方になるように幇助することになる。そのとき、どんな落ち方が安全かを前もって経験させておくことも必要になる。

間接的幇助では、技によって立つ場所も異なり、どちらに移動するのかということも前もって知っておく必要がある。さらに、事故防止の観点から、どんな状態になったときに幇助するのかを臨機に判断して実施できる能力も必要になる。

4 幇助の方法

①**直接的幇助法**

次の2つの方法が挙げられる。

・握り幇助（写真Ⅱ-5-5）

幇助者がそばに立って、実施者の上腕や足を両手でつかむようにして握る。最初から実施者の腕を握って行う場合もあるが、多くは運動の途中で腕や足をつかんで幇助することになる。

・支え幇助（写真Ⅱ-5-6）

実施者の運動経過に沿って、必要なポイントで手で体を支えるように動きを幇助する。幇助する部位は腰や肩、膝などで、体を支えながら上昇や回転を助けるようにする。

②**間接的幇助法**

人による幇助（写真Ⅱ-5-7）と、場の工夫による幇助（写真Ⅱ-5-8）の2つの方法がある。

- ●上腕を握る：開脚跳びやかかえ込み跳びの幇助
  - 実施者が跳び箱に手を着き、幇助者が上腕を両手ではさむようにして、握る位置を確認する
  - 着手に合わせて握り、着地まで行う

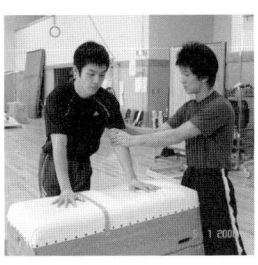

- ●足を握る：倒立の幇助
  - 振り上げ足のそばに立ち、振り上がってくる膝をしっかりと握り、倒立位まで支える
  - 倒立の状態になったら、体がまっすぐになるように上方に引き上げる

［写真Ⅱ-5-5］握り幇助

- ●腰を支える：側方倒立回転の幇助
  - 側方倒立回転の背中側に立ち、回転に合わせて素早く腰を両手で支える
  - 腰を支えながら回転方向に移動させ、着地まで幇助する

- ●肩と腰を支える：前方倒立回転跳びの幇助
  - 実施者の着手に合わせて、肩と腰を支える
  - 回転に合わせて腰を支えて、肩を回転方向に起こすようにする

- ●腰と膝を支える：前方支持回転やけ上がりの幇助
  - 上昇への回転に合わせて、腰と膝を鉄棒から離れないように支える

- ●腹と肩を支える：跳び箱運動の前方倒立回転跳びの幇助
  - 肩とお腹の支える場所を確認しておく
  - 肩の支えで肩の位置を保ち、腹部を回転方向に押し上げながら、回転を支える

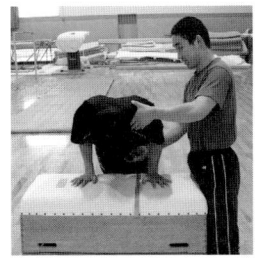

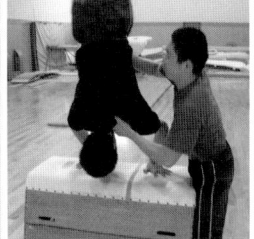

［写真Ⅱ-5-6］支え幇助

第6節 器械運動の幇助（補助）法　237

● そばに立つ：跳び箱運動（左）や鉄棒運動の下り技などの幇助
・いつでも幇助の手をさし出せるような状態でそばに立つ

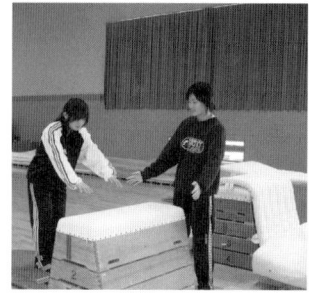

［写真Ⅱ-5-7］人による間接的幇助法

《落差法による場つくり》
● 高い場所から低い場所への落差法：伸膝前転、側方倒立回転、前転跳びなどの幇助
・重ねたマットの間に踏切板を置いて
・マットを何枚か重ねて
・2つ折りのマットをマットの上にのせて

● 低い場所から高い場所への落差法：跳び前転、前方宙返り、後転跳びなどの幇助
・マットを重ねて高さをつくる

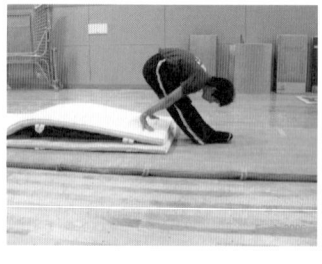

《安全確保の場つくり》
● 跳び箱の場合
・台の上に跳び箱1段を置く
・跳び箱と着地位置を同じ高さにする
・跳び箱にマットをかけて

● 平均台の場合
・平均台にスポンジマットをかけて

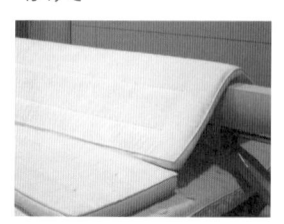

［写真Ⅱ-5-8］場の工夫による間接的幇助法

■第Ⅱ部引用・参考文献一覧

〔第1章〕
・文部省『中学校学習指導要領解説 保健体育編』東山書房 1999年
・文部省『高等学校学習指導要領解説 保健体育編・体育編』東山書房 1999年
・杉山重利他編『新学習指導要領による中学校の体育の授業 上巻』大修館書店 2001年
・杉山重利他編『新学習指導要領による高等学校の体育の授業 上巻』大修館書店 2001年

〔第2章〕
・金子明友『教師のための器械運動指導法シリーズ2 マット運動』大修館書店 1982年
・国立教育政策研究所教育課程研究センター『評価規準の作成、評価方法の工夫改善のための参考資料（中学校）－評価規準、評価方法等の研究開発（報告）－』国立教育政策研究所 2002年
・国立教育政策研究所初等中等教育研究部『ポートフォリオ評価を活用した指導の改善、自己学習力の向上及び外部への説明責任に向けた評価の工夫 －生活、国語、社会、算数・数学、理科、音楽、体育、技術、英語、特別活動を事例にして（第2次報告書）－』国立教育政策研究所 2004年
・文部省『中学校学習指導要領解説 保健体育編』東山書房 1999年
・文部科学省初等中等教育局『小学校児童指導要録、中学校生徒指導要録、高等学校生徒指導要録、中等教育学校生徒指導要録並びに盲学校、聾（ろう）学校及び養護学校の小学部児童指導要録、中学部生徒指導要録及び高等部生徒指導要録の改善等について（通知）』文部科学省 2001年
・本村清人・戸田芳雄編著『改訂 中学校学習指導要領の展開 保健体育科編』明治図書 1999年
・金子明友『教師のための器械運動指導法シリーズ1 とび箱・平均台運動』大修館書店 1987年
・中島光廣『器械運動指導ハンドブック（改訂版）』大修館書店 1991年
・太田昌秀『楽しい器械運動』ベースボール・マガジン社 1992年
・伊藤健三他『図説 器械運動』文化書房博文社 2001年
・金子明友『体操競技のコーチング』大修館書店 1974年
・金子明友・朝岡正雄編著『運動学講義』大修館書店 1990年
・マイネル.K、金子明友訳『スポーツ運動学』大修館書店 1981年
・高橋健夫他編著『MY SPORTS 総合版』大修館書店 2004年

〔第3章〕
・金子明友『教師のための器械運動指導法シリーズ2 マット運動』大修館書店 1982年
・金子明友『教師のための器械運動指導法シリーズ1 とび箱・平均台運動』大修館書店 1987年
・中島光廣『器械運動指導ハンドブック（改訂版）』大修館書店 1991年
・太田昌秀『楽しい器械運動』ベースボール・マガジン社 1992年
・伊藤健三他『図説 器械運動』文化書房博文社 2001年
・高橋健夫他『器械運動の授業づくり』大修館書店 2000年
・神谷一成「集団演技のための用具や場の設定」『学校体育』2001年11月号 日本体育社
・金子明友『体操競技のコーチング』大修館書店 1974年
・三木四郎「できない子どもの指導について考える（3）補助について」『小学校体育ジャーナル』第37号 学習研究社 2003年
・（財）日本体操協会『採点規則 男子』2001年
・（財）日本体操協会『採点規則 男子』2006年
・（財）日本体操協会『採点規則 女子』2006年

補章

体操競技のルールと審判法および見方

体操競技のルールと審判法および見方

体操競技は、規則に基づいた採点競技であるという特性をもっている。そのために、フィギュアスケートやシンクロナイズドスイミングなどと並んで、一般の人々にはその優劣がわかりにくいスポーツ種目のひとつに挙げられている。

体操競技に関して言えば、4年に一度、オリンピックが終了した年度の末に、採点規則の改正が行われてきた。世界各国の選手の努力・精進による技の高度化の広がりに伴って、4年を経過することにより、同一の規則ではもはや演技の優劣を決定することが難しい状況に追い込まれてしまうという現実がそこには潜んでいる。2004年に開催されたアテネオリンピックにおいて、日本男子チームがモントリオールオリンピック以来28年ぶりに団体優勝を成し遂げたのは記憶に新しいところである。しかしその後の規則改正が遅れ、1年遅れでようやく新しい採点規則が発表された。

男子が6種目、女子は4種目と多くの種目があり、それぞれに種目の特性をもっている。また、体操競技のルールは非常に複雑で、専門的な知識を必要としているのは確かである。しかし、ルールが多少なりとも把握できると、体操競技をより楽しく観戦することが可能になると思われる。そこで2006年版規則について、その概略を説明しておくことにする。

1．体操競技のルール

「10点満点」という表現でよく知られているように、採点規則が定められて以降守られてきた10.0という上限が廃止されたのが2006年版規則の大きな特徴と言える。これからは、多くの競技会で10点を超える得点が表示されることになってくるが、どのような観点でどのような採点が行われて点数化されるのか、その配点領域について男女に分けて解説していく。

1－1　男子

a．難度

跳馬を除く種目（ゆか、あん馬、つり輪、平行棒、鉄棒）では、それぞれの技にその難しさに応じて難度が設定されている。2006年版の採点規則では最も易しいA難度から、最も難しいF難度までの6段階が設定されており、それぞれの難度には表1に示すような価値点が与えられる。

[表1] 技の難度と価値点

難　度	A	B	C	D	E	F
価値点	0.1	0.2	0.3	0.4	0.5	0.6

行われた演技の中から、難度の高い9つの技と終末技、合計10技の難度が選択され、それに応じて演技の難度点が計算される。その10技を選択するにあたっては、いくつかの条件が複雑にかかわってくるが、専門的になるのでここでは割愛する。

例えば、演技の難度が、1F、1E、2D、3C、2B、1Aで構成されていたとすると、その演技の「難度点」は $0.6 + 0.5 + (0.4 \times 2) + (0.3 \times 3) + (0.2 \times 2) + 0.1$ という計算で、「3.3」となる。

b．要求グループと終末技

跳馬以外の5種目では、それぞれの種目特性を考慮して、技がⅠからⅣまでの4グループに分けられ、さらにゆか以外ではⅤとして「終末技グループ」が示されている（ゆかにおいては、条件を満たす宙返りグループの技が終末技として行われるため、終末技グループとして独立していない）。

選手は演技の中にすべてのグループの技を、少なくとも1つは実施することが求められている（難度は問われない）。その一方で、同一グループからは4技までしか演技に組み入れることはできない。演技の中に4つのグループの技が含まれていた場合には、1グループにつき0.5、合計2.0の「グループ点」が与えられる。

終末技については上記4グループとは少し異なり、難度に応じて「グループ点」が与えられる。すなわち、A・B難度ではグループ点は与えられず、C難度で0.3、D難度以上で0.5の「グループ点」が与えられる。

したがって、演技が4つのグループと終末技の難度要求を満たせば、合計2.5の「グループ点」が与えられることになる。

c．組み合わせ点

ゆか、つり輪、鉄棒においては、大欠点のない直接的な技の組み合わせに対して、0.1～0.2の組み合わせ点が毎回与えられる。

基本的には高難度（D難度以上）の技との組み合わせに対して与えられるが、種目によって異なっているため、それぞれの種目のところで簡単に説明する。

d．演技実施

この領域は、演技そのものの構成や演技中に見られる姿勢の乱れ、着地の乱れ、あるいは行われた技の出来栄え（質的な観点）について評価する領域である。2001年度版の規則から、1回宙返りでも3回宙返りでも、脚の開き具合が同じであれば、同じ減点がなされるようになった。そのことが、今後の体操競技の発展へとつながるかどうかについては、依然賛否両論ではある。

基本的な減点内容は、「小欠点」0.1、「中欠点」0.3、「大欠点」0.5、「落下など」は0.8と定められており、例えば着地で1歩前に踏み出したときの減点は0.1あるいは0.3であり、その中間の0.2は存在しない（ただし、倒立で2歩歩くといった小欠点の0.1が積み重ねられた場合は除く）。減点のほとんどは0.1単位を基本としているが、0.05

の減点も認められている。この領域の得点は 10.0 からの減点法が用いられる。

これまで採点領域を簡単に説明してきたが、難度点と組み合わせ点には上限はなく、グループ要求（終末技を含む）と演技実施には上限が設定されている。演技実施の領域が 10.0 からの減点となっていること（2001 年度版では 5.0）が、今後 10.0 を超える得点表示となる大きな要因ではある。したがって 12.5 という上限の決まっている点数に、難度点と組み合わせ点をどれだけ積み上げることができるのかによって、その選手にとっての演技価値点が決まってくる。

跳馬の項目（1-3）で再度触れることになるが、他の 5 種目とは異なり上述の難度点、グループ点、組み合わせ点という 3 つの採点領域を考慮して、1 つの跳躍技に価値点が決められている。そのことを考えると、跳馬においては、かつての 10.0 は 17.0 に相当するようである。しかし、他の器械種目の現状からすると、15.5 から 16.0 あたりの価値点がかつての 10.0 に相当するのではないかと思われる。

1－2　女子

a．難　度

女子採点規則においては、A 難度から G 難度（0.7 の価値点）までの 7 段階が設定されている。行われた演技の「難度点」の計算方法は、男子の場合と同様である。

b．要求グループと終末技

跳馬を除く 3 種目（段違い平行棒、平均台、ゆか）では、男子と同様に技が 5 つのグループに分けられ（ゆかは 4 つのグループ）、最高で 2.5 のグループ点が与えられる。

c．組み合わせ点

大欠点がなく、独創的で高度な技の組み合わせに対して、0.1 または 0.2 が与えられる。多くは D 難度以上の技との組み合わせであるが、種目ごとに加点が可能となる組み合わせが異なっているため、それぞれの種目のところで簡単に説明する。

d．演技実施

演技全体の構成や、演技中に見られる姿勢の乱れ、着地の乱れ、あるいは行われた技の出来栄え（質的な観点）についての評価が中心となる領域である。女子特有の観点として、平均台とゆかにおける芸術的表現もこの領域での採点項目となっている。

1－3　跳馬について

他の器械種目では、少なくとも 10 以上の技を実施し、難度点・グループ点・組み合わせ点を積み重ねることによって、演技の価値点が決定されることになる。それに対して、跳馬では種目別決勝を除けば、1 回の跳躍で演技が終了するという特徴をもっている。

男女ともに、技のグループ分けの方法は異なるものの、すべての跳躍技を 5 つのグループに分類している。5 つにグループ分けされている理由は、種目別決勝との関係であるが、そのことについては後述する。

それぞれの跳び方に対して、価値点が定められていて、他の器械種目における「難度点」「グループ」「組み合わせ点」という 3 領域について、その跳び方に対する評価があらかじめ行われているのである。男子規則集に掲載されている跳躍の中で、最も価値点が高い跳び方は、7.00 の価値点をもつ前転跳び前方かかえ込み 2 回宙返り 1/2 ひねり（図 1 上）や、前転跳び前方伸身宙返り 2 1/2 ひねり（図 1 下）をはじめ、5 つの跳び方がある。近い将来、ひねりの回数や姿勢の変化によって、さらに価値点の高い跳躍技が発表されることになろう。

着手から着地まで、わずか 2 秒足らずの演技であるため、体操競技の技を見ることにあまり慣れ親しんでいない人にとっては、一体何が起こっているのかわからないような動きになるであろう。

前転跳び前方かかえ込み 2 回宙返り 1/2 ひねり
（ドラグレスク）

前転跳び前方伸身宙返り 2 1/2 ひねり（ヨ－2）

[図 1] 価値点 7.00 の跳び方

2．審判員の任務

上述したような規則に従って、できるだけ高得点を得ようと構成された選手の演技を採点するのが審判員の役割である。審判員活動には、当然のことながら資格が必要である。日本体操協会が公認しているのは、第 1 種から第 3 種までの 3 種類があり、毎年更新しなければならない。全日本選手権大会のような大規模な大会になると、第 1 種審判員で構成されることになる。

一方、国際大会の場合は、国際体操連盟（F.I.G.：Fédération Internationale de Gymnastique）が公認する審判員資格が必要となる。この資格は 4 年ごとに試験が実施され、どの規模の大会でどの役割を務めることができるのかというランクづけが行われる。

技の高度化に伴って、2001 年度版採点規則以降 A 審判と B 審判という分業制が導入されて、採点実務が行われるようになった。A 審判は配点領域の中の「a：難度点」

[表 2-1] 国内大会における決定点の算出方法

	Aスコア	B1	B2	B3	B4	Bスコア平均	決定点
例1	5.2	9.7	~~9.5~~	~~9.8~~	9.6	9.65	14.85
例2	5.5	~~9.55~~	9.65	9.6	~~9.7~~	9.625	15.125

[表 2-2] 国際大会における決定点の算出方法

Aスコア	B1	B2	B3	B4	B5	B6	Bスコア平均	決定点
5.5	9.65	~~9.5~~	~~9.8~~	9.6	9.65	9.55	9.6125	15.112

「b：終末技を含めたグループ点」「c：組み合わせ点」という3領域を担当し、その合計で当該選手の演技価値点（Aスコア）を決定する。

一方、B審判は「d：演技実施」について、行われた演技の姿勢的・技術的要素を採点（減点）し、10.0から差し引いた点数（Bスコア）を決定する。

姿勢的欠点については、その技に不必要な膝の曲がりや脚の開きといったもので、一般的にもわかりやすい内容である。しかし、たとえそのような姿勢的欠点はなかったとしても、技術的な欠点が技の実施の中に潜んでいる場合がある。それを適性に評価することが、B審判の使命とも言えよう。

B審判の採点は0.1刻みを基本としながらも、序列を明確につけるための0.05採点も認められている。その結果として「14.125」というような少数第3桁までの得点が、国内大会でも頻繁に見受けられる。

最終的にどのような計算方法で、演技に対する得点が算出されるのかを示したのが表2-1である。全日本選手権大会では、2人のA審判と4人のB審判、合計6人の審判員構成で演技が採点される。A審判の合意によって演技価値点（Aスコア）が、またB審判からは演技実施の領域の得点（Bスコア）が提示される。4人のBスコアの中から、最高と最低のスコアが無効とされ、残りの2人のBスコアが平均され、演技価値点に加算される。国内の大会ではB審判は4人制を採用しているので、どれほど細かくなったとしても小数点第3位の桁は「14.xx5」という表示となる。

一方、オリンピックや世界選手権といった国際体操連盟主催の大会では、B審判6人制を採用している。無効とされるBスコアは、4人制と同様に上下2人の採点である。残りの有効な4人の採点の平均がAスコアに加算され、小数点第4位の桁が切り捨てられるため、得点表示が細かくなりやすい（表2-2参照）。

その結果として、比較的同点が出にくくなり、とりわけ種目別決勝における序列の決定に貢献している。有効なBスコアを平均するとはいえ、それは常に単純作業として行われるわけではない。有効なBスコアの開きにも、「許容点」と呼ばれる一定の限度が設定されている。その限度を超えた場合には、合意を得るための協議が行われる。国際大会で、演技終了後の得点表示に時間がかかったり、国内大会で審判員が主審のもとに集まっている場合などがそれにあたる。

また先のアテネオリンピックにおいて、審判の採点に対する疑問などから、競技が中断されてしまうような場面もあった。そのような問題を避けるために、国際大会においてはすべての演技をビデオ撮影し、必要であれば演技終了後直ちに再確認できるよう定められた。しかし、そのようなシステムを国内大会で導入することができるかどうかは現在のところ不明である。

以上が規則のうえでのA・B審判制である。これまで日本国内における多くの競技会では、5審制（主任審判、1審～4審）や4審制（主任審判兼1審、2審～4審）が採用されており、すべての審判員が、A・B両審判の任務を果たしながら、選手の演技を採点してきたのが実情である。したがって、とりわけ規則改正年度には新しい規則に対応するために、かなりの努力・研鑽が求められている。

3．競技の種類と各種目の特徴

3-1　競技の種類とその方法

競技の種類は、団体総合、個人総合および種目別の3種類である。個人総合決勝と種目別決勝の予選は、団体総合の予選で兼ねている。いずれの決勝競技においても、予選の得点が加算されることはない。3種類の競技の中でも、とりわけ団体総合の競技方法に特色がある。以下に団体総合を中心に、他の決勝競技についても簡単に紹介しておくことにする。

【団体総合予選】1チームは6人の選手で構成されている。その中から、各種目5人の選手が演技を行い、上位4選手の合計点がその種目のチーム得点となる。したがって、6種目すべてを演技しない選手も出てくることになり、その選手は個人総合決勝に出場するチャンスを失う。しかし、このシステム（6-5-4制と言われている）を採用することにより、チームの戦略として、ある種目のスペシャリストを6人の中に選ぶこともできるようになった。一方、当該大会への団体での出場権を得られずに個人出場となった国の選手は、個人総合決勝や種目別決勝に出場することをめざして競技を行う。

【団体総合決勝】予選の場合とは異なり、各種目3人の

選手が演技を行い、その合計点がその種目のチーム得点となる（6-3-3制）。予選では、たとえ1人の選手がミスをしたとしても、あとの4人でマイナスを最小限に抑えることができる。しかし決勝においては、1人のミスさえも致命傷となってしまう。その意味では、決勝で演技する選手にかかる重圧は、計り知れないほどであろう。ちなみに、全日本選手権大会における団体戦は、現在でも6人全員が全種目の演技を行い、各種目上位5人の得点合計をチームの得点とする以前の方式が採用されている（6-5制）。国際大会と似通った方式で団体戦が行われているのは、現在のところ国民体育大会だけである（5-4-3制）。

【個人総合決勝】男女とも各国上位2名まで、合計24名の選手が個人総合決勝へと進出する。決勝の得点だけで順位が決定されるため、予選で多少失敗してしまった選手にもチャンスがあり、緊迫した得点争いが繰り広げられる。

【種目別決勝】各国上位2名まで、各種目8名の選手が種目別決勝へと進出する。団体戦や個人総合決勝のときには、男子は6種目、女子は4種目が同時進行するために、場合によってはどの選手（チーム）を見ればよいのか悩むこともある。しかし種目別決勝において、演技台の上で演技している選手は、常に1人だけであるため、集中して世界のトップ選手の演技を観戦することができる。また例えば、男子のあん馬の選手と女子の跳馬の選手という、2種目の選手が同時に入場してきた場合でも、交互に1人ずつ演技を行うため、2人が同時に演技を行うことはない。種目別決勝においては、わずかなミスでも致命傷となるが、とりわけ上位の順位争いは熾烈となりやすい。アテネオリンピック以降、たとえ決定点が同点であっても序列を決定するために、タイブレーク規則が導入されている。

3-2　各種目の特徴

国内大会では希であるが、国際大会においては演技台が組まれる。ゆかからおよそ1.5 mの高さに器械が設置され、演技に直接かかわりのない選手・監督・コーチだけでなく、審判員の姿さえも観客の目から遠ざけられることになる。男女別に各種目を簡単に紹介しておく。

■男子種目の解説

【ゆ　か】選手が演技を行うゆか面は、演技台よりも少し盛り上がっており、硬質ゴムやバネで弾みやすくなっている。12 m四方の「ゆか」の上で、70秒以内に演技を行う。後方や前方の宙返り（アクロバット的跳躍技）を中心に、倒立技やバランス技などを織り交ぜて演技が構成されている。ゆかにおける組み合わせ点は、宙返りの連続によってのみ得られる。高難度の宙返り技（E・F難度）であれば、A難度の宙返りとの連続でも組み合わせ点を得ることができる。

したがって、宙返りが連続して行われた場合には、組み合わせ点を得るための構成と考えてよい。2001年度版の規則では、宙返りの連続が高難度を得るためや演技の価値点を高めるうえで優遇されていたため、多くの選手が3回以上の宙返り連続を多用していた。しかし今後は、ゆか運動の大きな魅力である単独でのダイナミックな高難度の宙返りが多く見られるようになるものと思われる。

【あん馬】マットから105 cmの高さの馬の背に、2つの把手（ポメルと呼ばれている）が取りつけられている。演技は静止することなく、把手やあん馬全体を使って、旋回技を中心に交差技などを交えて行われる。体の正面や背面といった、支持の体勢を多様に変化させながら、クルクルと回ったり、縦向きで前や後ろに移動したりする技が、スピード感豊かに次々と繰り広げられる。少しのバランスの乱れが過失につながりやすいため、選手にとっては油断のできない種目のひとつである。

【つり輪】マットからの高さ260 cmの2つの輪を握ったまま、振動技・力技・静止技を組み合わせて演技が構成される。つり輪における組み合わせ点は、D難度以上の力静止技や力技の連続で、最初に行われた静止姿勢から身体の上昇が認められて次の静止姿勢に持ち込まれた場合にのみ与えられる（図2参照）。あたかも重力を感じさせないかのように、体が上下にゆっくりと移動したり、振動技から力静止技への（動から静への）鮮やかな移り変わりは、つり輪の大きな魅力のひとつである。

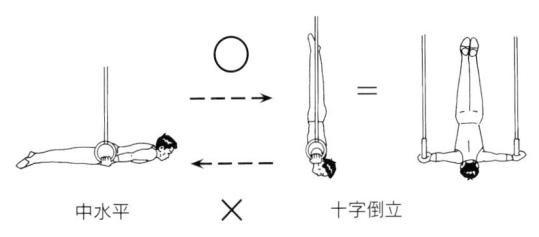

[図2] つり輪における組み合わせ点の可否

中水平　×　十字倒立

【跳　馬】マットから140 cmの高さに設定された跳馬に両手を着いて跳び越す種目である。長年にわたり使用されてきた縦長の器械の形状が、2002年に変更され、現在のような形となった。また、踏切板のバネの改良も進んでおり、現在では8個のコイル式バネを取りつけたものが使用されている。助走からそのまま両足で踏み切るのではなく、踏切板の手前でロンダートを行い、後ろ向きで踏み切る選手も増えてきている。助走距離は最大25 mで、一度助走を開始したらやり直すことはできない。着地マットの上には図3に示すような斜めのラインが引かれており、それを踏み越してしまった場合には減点となる。

団体総合（予選、決勝）、個人総合決勝ともに1回の跳躍で評価される。しかし種目別決勝においては、2回の跳躍の平均点で競われる。その際には、5つの跳躍グループの中から、2つの異なるグループの跳び方で、なおかつ第二局面（両手を突き放してから着地するまで）も異なる跳躍を実施しなければならない。

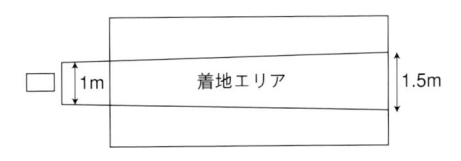

[図3] 男子跳馬の着地エリア

【平行棒】マットから180cmの高さにある2本の棒を使って、支持姿勢（棒の上）や懸垂姿勢（棒の下）などで演技が構成される。支持振動や懸垂前振りから、ダイナミックに棒の上へと身体が舞い上がるような技が行われたり、棒を横に使ったりしながら多様な技が展開される。演技中の明確な静止（1秒以上）は3回までとされているが、終末姿勢が倒立へと収まる技の「キメ」はこの種目の魅力のひとつである。

【鉄　棒】マットから260cmの高さにある鉄棒で、静止することなくすべて振動技で演技が構成される。順手、逆手、大逆手（図4）など、さまざまな握り方での車輪や、両手を同時に放して再びバーを握る豪快な技などが次々と繰り広げられる。組み合わせ点が与えられるのは、C難度以上の手放し技とD難度以上の手放し技の連続や、D難度以上の技とD難度以上の手放し技の連続である。しかし、鉄棒の華とも言える雄大な手放し技も、常に落下の危険性を伴っているため、選手にとっても気の抜けない技となっている。

順手　　　逆手　　　大逆手

大逆手握りとは、逆手握りから両腕を外側に1回転させた握り方を言う

［図4］握り方

■女子種目の解説

【跳　馬】125cmの高さに設定された跳馬に、両手を着いて跳び越す種目である。長年にわたり男子と同じ器械を、高さを変えて横向きに使用されてきたが、2002年に変更されて現在のような形となった。女子の跳馬においては、以前から踏切板の手前でロンダートを行い、後ろ向きで踏み切る選手が多く見られた。今回の器械の形状の変化によって、着手局面の安心感は増大したように思われる。助走距離は25mを越えても構わず、踏切板や跳馬に身体が触れなければ、1回の助走のやり直しが認められている。着地マットの上には、跳馬の中心線から左右50cmの位置にラインが縦に引かれており、このラインを踏み越してしまった場合には減点となる。

女子の競技では、あらかじめ実施予定の跳躍の番号を表示することが義務づけられている。以前は2回の跳躍を行い（同じ跳び方でもよかった）、よい得点のほうを跳馬の得点としていた。しかし2002年の改正により、男子と同様に団体戦（予選、決勝）、個人総合決勝ともに1回の跳躍で評価されるようになった。種目別決勝においては、5つの跳躍グループの中から、2つの異なるグループの跳び方を実施しなければならず、さらに宙返りの方向（前方もしくは後方）も異なっていなければならない。

【段違い平行棒】250cmと170cmという高さの異なる2本の棒を使って、変化に富む演技が行われる。2本の支柱間の幅は、規則によってその最大値が決められている。年々広くできるようになってきており、現在では160cmまで広げることができるようになった。その結果、高棒では車輪や両手を放して再び握るといった、男子の鉄棒と同じような技が次々と繰り広げられている。また倒立姿勢で終わる多くの技に、両手を素早く握り替えることによって「ひねり」を合成し、加点を得る技も多くの選手によって行われている。演技は低棒での支持回転を中心とした技や、2つの棒を移動する技などを組み合わせて、停止することなく構成されなければならない。特に棒間移動の技は、他の技との組み合わせで行われたりするなど、演技構成上の工夫も見られる。組み合わせ点が与えられるのは、D難度以上の技の組み合わせであるが、一部条件つきでD難度とC難度の組み合わせにも適用される。

【平均台】高さ125cm、長さ5m、幅10cmの台の上で、90秒以内に体操系の技（ターン・波動・跳躍・歩・走・バランスなど）やアクロバット系の技（宙返りなど）で演技が構成される。わずか10cmの幅しかない台上で、平然と宙返りなどの技が行われるのは驚異的である。

平均台における組み合わせ点は、空中局面を伴うアクロバット系の2ないし3技の連続に対して与えられる。平均台の場合には、動きが途切れなければ組み合わせと判定されるため、2つの技の運動方向が異なっていたり（前方宙返り－後転跳びなど）、アクロバット系の技とそれに引き続いて行われる高難度の跳躍技も組み合わせ点の対象となる。そのため、多くの選手が動きを止めないで、いくつかの技を連続して組み合わせ点が得られるような演技構成をめざしている。しかし、少しのバランスの乱れが大きなぐらつきや落下につながってしまうため、選手にとっても気の抜けない種目である。

【ゆ　か】12m四方の「ゆか」の上で、90秒以内に、アクロバット系の技（宙返りなど）、ジャンプの組み合わせやターンなどを音楽伴奏に合わせて演技を行う。選手一人ひとりが、思い思いの音楽に合わせて優雅さを前面に押し出したり、あるいは躍動感を強調したりというようにさまざまな表現を楽しめるのがゆか運動の面白さのひとつと言えよう。男子と同様に、高さのある宙返り系の技は見どころのひとつではあるが、ターンやジャンプといったダンス系の技にも高難度のものもある。しかしそのような技においては、ひねりの度数や開脚の度合などに対して厳しい正確性が求められている。

ゆかにおける組み合わせ点は、C難度以上の宙返りの直接的な組み合わせや、2つ（あるいはそれ以上）の技の間にロンダートや後転跳びといった技を実施する、間接的な組み合わせに対しても与えられる場合がある。

■ 編著者

三木 四郎（みき しろう）神戸親和女子大学教授
〔担当：第Ⅰ部第1章〕
体操競技：東京ユニバーシアード大会団体優勝
専　門：スポーツ運動学　保健体育科教育　器械運動
著　書：『運動学講義』（大修館書店）共著、『教師のための運動学』（大修館書店）共編著、『新しい体育授業の運動学』（明和出版）等

加藤 澤男（かとう さわお）白鷗大学教授
〔担当：第Ⅰ部第2章第3節〕
日本体操協会常務理事、世界体操連盟FIG委員
体操競技：メキシコオリンピック、ミュンヘンオリンピック　個人総合優勝
専　門：体操競技論　個人スポーツ論
著　書：『スポーツの知と技』（大修館書店）共著

本村 清人（もとむら きよと）東京女子体育大学教授
〔担当：第Ⅰ部第3章〕
元文部科学省スポーツ・青少年局体育官
専　門：保健体育科教育法　スポーツ行政論　講道館（柔道）七段
著　書：『新学習指導要領による高等学校体育の授業 上・下巻』（大修館書店）共編著、『新学習指導要領による中学校体育の授業 上・下巻』（大修館書店）共編著、『どう変わる21世紀の学校体育・健康教育』（大修館書店）共著 等

■ 執筆者（執筆順）

浦井 孝夫　東京成徳大学教授
〔担当：第Ⅰ部第2章第1節〕

三上 肇　中京大学教授
〔担当：第Ⅰ部第2章第2節〕

神家 一成　高知大学教授
〔担当：第Ⅱ部第1章〕

三輪 佳見　宮崎大学教授
〔担当：第Ⅱ部第2章第1節〕

木下 英俊　宮城教育大学教授
〔担当：第Ⅱ部第2章第1節〕

金谷 麻理子　筑波大学准教授
〔担当：第Ⅱ部第2章第1節、第3章第3節〕

石田 譲　北海道教育大学教授（釧路分校）
〔担当：第Ⅱ部第2章第1節〕

田澤 トニオ　北海道平取養護学校教諭
〔担当：第Ⅱ部第2章第1節〕

図師 正敏　宮崎県立延岡商業高等学校教諭
〔担当：第Ⅱ部第2章第2節〕

内窪 誠　茗渓学園教諭
〔担当：第Ⅱ部第2章第3節〕

柴田 俊和　びわこ成蹊スポーツ大学教授
〔担当：第Ⅱ部第2章第4節〕

渡辺 良夫　筑波大学教授
〔担当：第Ⅱ部第3章第1節〕

田口 晴康　福岡大学教授
〔担当：第Ⅱ部第3章第2節〕

川口 鉄二　仙台大学教授
〔担当：第Ⅱ部第3章第4節〕

古和 悟　大阪教育大学教授
〔担当：第Ⅱ部第2章第5節、補章〕

三木 伸吾　大阪大谷大学講師
〔担当：第Ⅱ部第2章第6節〕

最新 体育授業シリーズ

中・高校 器械運動の授業づくり
©S. Miki, S. Kato, K. Motomura, 2006　　　NDC 375　246 P　26cm

初版第1刷────2006年6月1日
　第2刷────2014年9月1日

編著者────三木四郎　加藤澤男　本村清人
発行者────鈴木一行
発行所────株式会社 大修館書店
　　　　　〒113-8541　東京都文京区湯島2-1-1
　　　　　電話 03-3868-2651（販売部）　03-3868-2299（編集部）
　　　　　振替 00190-7-40504
　　　　　［出版情報］http://www.taishukan.co.jp

装丁者────中村友和（ROVARIS）
イラスト───イー・アール・シー
印刷所────横山印刷
製本所────三水舎

ISBN 978-4-469-26602-3　　　　　Printed in Japan
Ⓡ本書のコピー、スキャン、デジタル化等の無断複製は著作権法上での例外を除き禁じられています。本書を代行業者等の第三者に依頼してスキャンやデジタル化することは、たとえ個人や家庭内での利用であっても著作権法上認められておりません。